日本型コミューン主義の擁護と顕彰

内田樹

K&Kプレス

まえがき

最初に説明が必要だが、本書はかなり奇妙な構成の本である。もともとは権藤成卿《ごんどうせいきょう》『君民共《くんみんきょう》治論《ちろん》』が復刻されるというので、その解説を頼まれて書いた。これはよくある話である。だが、解説が気がついたら本文の2倍になってしまった。これはよくある話ではない。でも、仕方がないのだ。『君民共治論』は権藤成卿の代表作の一つであるが、90年以上前の本である。まだ日本が大日本帝国であり、人々が臣民であり、「君」という語が、今の私たちが想像できないほどに、リアルで手触りのはっきりしたものだった時代の書物である。いきなり読み始めても、いったい著者が何を力説しているのか、読者には意味がわからないと思う。だからどうしても長めの解説が必要になる。

ふつうは、読者に「読解の手がかり」として伝記的事実とか、当時の歴史的状況などについての情報を提供するのが解説の主務である。もちろん、私もその仕事は誠実に果たしたつもりでいる。でも、書いているうちに思ったのだけれど、必要なのは読者に「情報を提供する」ことよりもむしろ読者から「情報を抜く」ことではないかという気がしてきた。少しその話をする。

90年前に権藤成卿がこの文章を書いている時、権藤自身は、その後日中戦争があり、日米戦争があり、日本が敗れ、国土を失い、国家主権を失い、アメリカの属国になり、経済戦争でアメリカにリベンジを果たそうとするが、それにも敗れ、以後30年にわたる国運衰退途上にある……という今に至る日本の未来を知らない。だから、90年後の今権藤成卿を読むと、「夢のようなことを語っている」としか思えないだろう。その通りである。けれども、昭和7年時点では、その「夢のようなこと」がやがて現実化するかもしれないという期待を持った人たちが少なからず存在したのである。だから、「昭和維新」というスローガンに熱狂する人たちが存在したのである。そして、その人たちを駆動した政治的熱狂を私たちは想像的にではあれ追体験することができない。時代が違うのだから仕方がない。でも、それを実感しないと、権藤成卿を「読んだ」ことにはならないと私は思う。

私が読者に求めたいのは、90年前に想像的に立ち戻って、その時代の人として、まだそれから後に日本に起こることを知らないふりをして『君民共治論』を読んで欲しいということである。難しい注文であることはわかる。でも、ぜひ受け入れて欲しい。

鈴木邦男は権藤成卿の次の言葉を引いている。

「国民と皇室との間を遮っているものがありはしませんか。財閥といい、政党といい、官僚といい、兎に角現在の国家組織では養う者と養われる者の二つがあるんです。(……)私は唯綺麗《ただきれい》なものが欲しいのです」(鈴木邦男、「あなたに夢の翼が見えますか＝権藤成卿MEMO＝」、『権藤成卿の君民共治論』、展転社、2019年、22―23頁)

この「綺麗なものが欲しいのです」という一言を鈴木は権藤思想の本質と見た。

「権藤成卿は、『綺麗なもの』、『聖なるもの』を求めて、その人間回復の夢を、社稷という〈ことば〉としてのこした。

ただ、この社稷は、ある意味では夢の架け橋である。信ずる者のみが渡りうるのである。」(同書、26頁)

「社稷《しゃしょく》」というのは「土地の神(社)」と「五穀の神(稷)」を合わせた語で、「共同体」を意味する。権藤成卿によって広く人口に膾炙《かいしゃ》するようになった言葉である。「コミューン」と言い換えてもよい。国家ではなく、もっと小さな、しかし、深い紐帯によって結ばれた共同体のことである。権藤は社稷が人間社会の基本単位でなければならないと考えた。「人民は気象風土にしたがい多少の風俗を異にし、風俗によってその適所に適意があり、自ら是とするところを固守するもの」だからである。そして、政府による上からの強権的な「官治」を退け、共同体が主体となる「自治」をめざした。「民自ら治めしむ」ことをめざした。

これは「日本型コミューン主義」と言ってよいだろう。マルクスの「コミューン主義」と違うのは、マルクスはコミューンの「上」にあるものを具体的には想定しなかったという点である（あるいは「類的存在」がマルクスにおいては「上」に当たるのかも知れないが、これは実在するものではない）。これに対して、日本型コミューン主義はコミューンをたばねる統合機能として「君」を措定する。

ただし、この「君」は決して権力を占有して、圧政によって人民を支配することのない「聖君」である。だから、崇敬の対象となる。社稷人民の安寧をもたらすからである。もし「宗廟《そうびょう》朝廷の威服のみを拡充して社稷民人を駆御《ぎょぎょ》誅圧《ちゅうあつ》すれば、其国《そのくに》の根底基礎は忽《たちま》ちにして決壊する。故に孟子はこれを『社稷を重しとして、君を軽しとなす』と喝破しておる」（権藤成卿、「君民共治論」、『権藤成卿著作集第三巻』、黒色戦線社、１９７６年、45頁）。

「社稷を重しとして、君を軽しとなす」と権藤は明言している。「君民共治」というのは君と民の対等な共同統治のことではないのである。人民が君を崇敬するのは、そうした方が社稷が安定するからである。これが逆転して、宗廟朝廷への尊奉が社稷人民に優先するようになると、必ず君の権威を借りて私利私欲を満たそうとする奸臣佞臣《かんしんねいしん》の類が湧いて出てくる。そうなれば、「忽ち社稷民人の生存は危殆に陥ゐる」（同書、45頁）。

日本型コミューン主義はひどく取り扱いのむずかしい政体なのである。人民が君を崇敬し、君に忠良であるのは、赤心からの、純正な気持ちからのものでなければならない。決して、「強者に阿附追随するが如きもの」であってはならない。一方、君は人民から向けられる崇敬、人民から委託された統治権力を決して私物と解してはならない。これは一種の「業務委託」なのである。そういう君民双方の相手に対する細やかな気配りによってかろうじて日本型コミューンは存立する。君民ともに純良な人間的資質を持たない限り成立し得ない政体なのである。

このような政体を理想として掲げた政治思想は、管見の及ぶ限り、近代の欧米には見ることができない。例えば、アメリカ民主政の卓越した点は「愚鈍な人間が権力を持っても大きな被害が出ないような統治機構」を創り出した点にあるとトクヴィルは道破している。有権者がつねに賢明な人物を統治者に選ぶことはないということは欧米の近代国家論の前提である。それに対して、日本型コミューン主義は「聖君と良民」が中間的権力装置を排除して直接結びつく政体を理想に掲げた。ことの良否についての判断は措いて、これが日本人が手元にある素材だけを用いて自力で創り出した日本固有の政治思想なのであることは間違いない。

鈴木邦男は権藤の提示した「社稷」という概念、あるいは〈ことば〉をどれくらいリアルなものとして「信じる」ことができるかを私たちに問う。それを「信じる」と言い切れる者の目には君民共治の理想境へと続く「夢の架け橋」が見えるだろう。だが、「信じる」と言い切れない者の目にはその橋が見えない。

鈴木の問いかけはこれから『君民共治論』を読もうとする皆さんにもそのまま向けられている。この書物を読み始める時に、まだ権藤の文章を一度も読んだことがないけれども書き手の知性と道義性を「信じる」という前提で読み始めた者には権藤が何を夢見ているのかが望見されるはずである。文字列の向こう側に、「かつて一度も現在になったことのない過去」が幻視されるかも知れない。でも、見ず知らずの権藤成卿なる人物をどうして「信じる」ことができるだろうといぅ（持って当然の）猜疑心を抱えたままこの本を読む人は残念ながらついに権藤成卿の「夢」に触れることができないと思う。そういう読者は『君民共治論』全体を「たわごとだ」と切り捨てるかも知れない。せっかくいくばくかの貨幣を投じてこの本を購入し、いくばくかの時間を読書のために割いてくれた読者に私はそんな思いをさせたくない。

私が長い解説を書いたのは、とにかく読者に権藤成卿という人の知性と道義性を信じて欲しかったからである。そのためにはまず「五・一五事件の黒幕」とか「昭和維新の指嗾者《しそうしゃ》」とか「農本ファシスト」といった定型的（かつ否定的な）ラベルをいったん「なかったこと」にして欲しいのである。結果的に権藤にそのような歴史的評価が下るより前の、まだ未来がどうなるかわからない昭和初年の日本社会に生きている一人の生活者として権藤の書いたものを読んで欲しいのである。

本書が書かれた１９３２年と言えば、大恐慌の直後で、上海で日中の軍事衝突があり、関東軍がハルピンを占領し、満洲国が建国を宣言し、団琢磨が撃たれ、井上準之助が撃たれ、犬養毅が撃たれ、ドイツでナチスが第一党になった年である。日本資本主義の発達に伴って経済格差が拡大し、政党と財閥が癒着して公共財を私物化し、「今日の労働者、農民が全く奴隷の境涯にある」と血盟団事件の被告一人が陳述するような絶望的な状況である。既存の政党や政治家に信を託して、制度の漸進的な改良を待つような余裕はもうないように思われた。読者には想像的にそのような社会状況に身を置いて欲しい。そして、この状況からどうやって脱出できるのか、それを自分で考えてみて欲しい。

この後に付した「解説」を最後まで読むとわかるけれど、権藤成卿の政治的企てはすべて失敗に終わった。でも、結果的に失敗した政治的企ては無意味なものであり、詳細を知るには及ばないと言う人がいたら、私は「それは違う」と言いたい。企てが失敗に終わったとしても、そこに託された強い「思い」は生き残る（ことがある）。

私が読者に「想像的に１９３２年の一市民であると仮定して、『君民共治論』を読んで欲しい」と懇請するのは、そのような構えで読まないと権藤成卿の「強い思い」が像を結ばないからである。私が読者に読み取って欲しいのは、それだけである。権藤成卿が夢見た「綺麗なもの」を私は皆さんにも見て欲しいのである。

本書の構成をあらかじめ説明しておく。この「まえがき」の後に、「はじめに」がある。これはこの本の成り立ちについて、つまりなぜ今権藤成卿の本が復刻されるのか、なぜ私が解説を依頼されることになったのか、その事情が書いてある。その後に私の長い「解説」が来る。ふつうは本文の後に付録として付けるべきものだけれども、如上の経緯により本文の前に「解説」がある。復刻された『君民共治論』はその後に置かれる。

『君民共治論』は『皇民自治本義』(1920年)、『自治民範』(1927年)『自治民政理』(1936年)と並ぶ権藤の主著の一つである。どの本でも権藤は古代史の事例を踏まえて社稷と自治について語っている。君民共治の理想社会は崇神天皇の治世や大化の新制の時に実現したと権藤は夢見るような筆致で書いている。だが、それはおそらく権藤の脳裏にのみ存在するかつて一度も現実になったことのない過去である。でも、その幻想的な過去だけが日本人の政治的エネルギーを爆発的に亢進させるだろうと権藤は直感した。この直感は21世紀においてもなお吟味に値する論件だと私は思う。

なお、タイトルの『日本型コミューン主義の擁護と顕彰』は16世紀のフランスの詩人、ジョアシャン・デュ・ベレーの『フランス語の擁護と顕彰』(*Défense et illustration de la langue française*)からお借りした。ギュスターヴ・ランソンの『フランス文学史』でこのタイトルを知った時からいつか「~の擁護と顕彰」という本を書きたいと願っていたが、こんなかたちで実現するとは思わなかった。デゥ・ベレーにとって身体を張っても守りたいものは美しいフランス語であった。私にとっては日本型コミューン主義がそれに当たる。

君民共治論　権藤成卿

凡例

一、本書は『君民共治論』（文藝春秋社、昭和七年）を底本とした。
一、旧漢字は新漢字に改め、旧仮名づかいは新仮名づかいに改めた。
一、漢字は適宜仮名に改め、送り仮名も適宜修正した。
一、段落、句読点は適宜修正した。
一、原文の平出、闕字は省略した。

権藤成卿の人と思想

内田樹

はじめに　三島由紀夫からの「宿題」

『月刊日本』から、権藤成卿《ごんどうせいきょう》の『君民共治論』が復刻されることになったので、その「解説」を書いて欲しいという不思議なオファーを受けた。「不思議」だと思った理由は二つあって、「どうして今頃になって権藤成卿を復刻するのか?」ということと、「どうして私にそんな仕事を頼むのか?」ということであった。

後の方の理由は何となくわかった。おそらく担当編集者の杉原悠人君が何度か私の書斎を訪れているうちに、書架に権藤成卿や頭山満や内田良平や北一輝や大川周明の本や研究書が並んでいるのを見て、日本の右翼思想に興味がある人だと思ったのだろう。この推理は正しい。

私はこれまで日本の右翼思想についてまとまったものを書いたことがない。だから、ふつうの人は私の興味がそこにあることを知らない。でも、書斎を訪れた人は本の背表紙を見て、私の興味の布置を窺い知ることができる。思想家たちについての書物は私の書架の一番近く、手がすぐに届くところに配架されている(私の専門であるはずのフランス文学や哲学の方がずっと奥に追いやられている)。

その配架はたぶんに無意識的なものだと思う。どうして、そんな本を私は手元に置いておきたがるのか。それは、おそらくこの思想家・活動家たちのことを決して忘れてはならないと久しく自分に言い聞かせてきたからだと思う。彼らのことを決して忘れてはならない。彼らのことを忘れた時に、私は必ずや「日本的情況に足をすくわれる」だろう。そのことについては深い確信があった。

権藤成卿の思想の今日的な意義にたどりつくために、いささか長い迂回になるけれども、まず少しその話をしたい。

私は全共闘運動の世代に属する。10代の終わり頃のことだから、その時代に取り憑いていた熱狂をよく覚えている。そして、その時にすでにその政治運動がある古い政治思想の何度かの甦り、ある種の「先祖返り」であることに気づいていた。

1968年の米空母エンタープライズ号の佐世保寄港の時、私たちははじめて三派系全学連という人々の組織的な闘争の画像を見ることができた。寄港阻止闘争に結集した学生たちは、党派名を大書したヘルメットをかぶり、ゲバ棒と称された六尺ほどの棒を手に、赤や黒の巨大な自治会旗を掲げていた。そして、世界最大の米空母に向かって、ほとんど徒手空拳で「打ち払い」を果たそうとしていた。

私はその映像をテレビのニュースで見た時に胸を衝かれた。その時の震えるような感動を私はまだ覚えている。ヘルメットは「兜」で、ゲバ棒は「槍」で、自治会旗は「旗指物」に見立てられていたからだ。学生たちがそのようなビジュアルを選択したのはむろん無意識的なことである。だが、それは「黒船来航」の報を聴いて浦賀に駆けつけた侍たちの姿を連想させずにはおかなかった。

マルクスは『ルイ・ボナパルトのブリュメール18日』にこう書いている。

「人間は自分自身の歴史をつくるが、自分が選んだ状況下で思うように歴史をつくるのではなく、手近にある、与えられ、過去から伝えられた状況下でそうするのである。死滅したすべての世代の伝統が、生きている者たちの脳髄に夢魔のようにのしかかっているのだ。そして、生きている者たちは、ちょうど、自分自身と事態を変革し、いまだになかったものを創り出すことに専念しているように見える時に、まさにそのような革命的な危機の時期に、不安げに過去の亡霊たちを呼び出して助けを求め、その名前や闘いのスローガンや衣装を借用し、そうした由緒ある扮装、そうした借りものの言葉で新しい世界史の場面を演じるのである。」[1]

この文章をマルクス主義者を自認していたはずの三派系全学連の活動家たちはおそらく何度も目にしていたはずである。繰り返し読み、読書会では片言隻語の語義をめぐって激しい議論を交わしてきたはずなのに、彼らは今自分たちがまさに「過去の亡霊たちを呼び出して助けを求め、その名前や闘いのスローガンや衣装を借用」しつつ「新しい世界史の場面」を演じていることにはまったく無自覚だったのである。彼らはまさか自分たちが「吉田松陰の115年後のアヴァター」を演じていたとは思いもよらなかったであろう。だが、まさに「過去の亡霊を呼び出して助けを求め」たからこそ、彼らの運動はそれから3年間にわたって、日本列島を混乱のうちに叩き込むだけの政治的実力を発揮し得たのだと私は思っている。

その翌年、三島由紀夫は東大全共闘に招かれて、駒場の900番教室に姿を現し、1000人の学生を前にして、全共闘運動と彼の個人的な政治的テロリズムの「親和性」について熱弁をふるった。三島はこう言ったのである。

「これはまじめに言うんだけれども、たとえば安田講堂で全学連の諸君がたてこもった時に、天皇という言葉を一言彼等が言えば、私は喜んで一緒にとじこもったであろうし、喜んで一緒にやったと思う。(笑) これは私はふざけて言っているんじゃない。常々言っていることである。なぜなら、終戦前の昭和初年における天皇親政というものと、現在いわれている直接民主主義というものにはほとんど政治概念上の区別がないのです。これは非常に空疎な政治概念だが、その中には一つの共通要素がある。その共通要素は何かというと、国民の意思が中間的な権力構造の媒介物を経ないで国家意思と直結するということを夢見ている。この夢見ていることは一度もかなえられなかったから、戦前のクーデターはみな失敗した。しかしながら、これには天皇という二字が戦前ついていた。それがいまはつかないのは、つけてもしようがないと諸君は思っているだけで、これがついて、日本の底辺の民衆にどういう影響を与えるかということを一度でも考えたことがあるか。これは、本当に諸君が心の底から考えれば、くっついてこなければならぬと私は信じている。」[2]

ここで三島は日本の近代政治史において革命の契機となるべき「キーワード」が何であるかを実に正確に言い当てている。それは「国民の意思が中間的な権力構造の媒介物を経ないで国家意思と直結する」という夢である。幕末から近代に至るまで、すべての革命的な思想は、中間的な権力構造の媒介物を経ずに、国民の意思と国家意思が直結する「一君万民」の政体を夢見てきた。これに例外はない。

明治維新のあと、まだ新政府がこれからどういう統治形態を採るべきか明確な意思を示し得なかった時点において、あるべき日本の姿を先駆的に実現した短期的な政体が存在した史実を橋川文三が伝えている。「隠岐コンミューン」と名づけられたものである。

慶応4年3月、隠岐島民およそ3000人が武力によって松江藩郡代を追放し、これからは「中間的な権力構造の媒介物を経ず」に、島民と天皇が直接つながる政体を創り上げると宣言したのである。隠岐ははじめ徳川氏の支配下にあり、のち松江藩のお預かりとなった。島民たちはこの「媒介物」によって「恐れながら天皇の御仁沢を戴き奉るということを知らず」過ごしてきたことを深く恥じるという水戸学的メンタリティーを幕末にはすでに内面化していた。それゆえ「宣言」はこう続く。

「かたじけなくも祖先以来父母妻子にいたるまで養育せしめ、ひとしく年月を送り、あるいは富み栄えて鼓腹歓楽にいたるまで、ことごとく天恩を蒙《こうむ》り奉り候、然れば自己の身命《しんみょう》に至るまで皆天皇の御物《ぎょぶつ》にして、毛頭我《もうとうわが》ものにはあらず、ここを以て鄙賤《ひせん》をかえりみず、身命をなげうって尽力いたし、皇国の民たる名分を尽くさずんばあるべからず。」[3]

この時隠岐島民たちは「幕藩権力の出先機関を追放し、直接に天皇の『愛民』たることを宣言した」わけである。

「彼らは、天皇の心に直接結びついた平等な人間の組織体として自覚し、その間に介在する中間的権力を否定することによって、自治的な政治共同体を樹立することになった。」[4]

橋川はこの自治共同体の企てをそう評価した上で、このような夢想を語る。

「たとえば、もしこの隠岐のコンミューンに似たものが全国各地に凡そ百くらいも次々と出現し、中間的権力機構をそれぞれに排除して全国的にゆるやかなコンミューン連合ができたとしたなら、その後の日本国家はどうなっていたろうか」[5]

残念ながらこの天皇と島民が「直結」することを夢見た「隠岐コミューン」は松江藩によってただちに鎮圧されて、姿を消した。それでも、日本における政治的ユートピアのモデルが「国民と天皇が無媒介的に結びつく統治システム」、渡辺京二が「日本的コミューン主義」と呼ぶものであるという確信はそのあともずっと生き続けた。明治初期から二・二六事件まで、反権力の戦いは久しく「有司専制を廃す」「君側の奸を除く」という定型句の下に行われたが、それはこの「定型」だけが民衆の政治的エネルギーを解発するということを彼らが知っていたからである。

私は三島由紀夫が東大全共闘に向けて語った言葉をその時点では理解できなかった。なぜ「天皇と一言言えば」、極右である三島と極左である過激派学生たちが共闘できるのか。その理路が18歳の私にはまったくわからなかった。しかし、それが理解できるようにならない限り日本における政治革命の可能性について語ることはできないということはわかった。だから、私は三島の言葉を私に課せられた一種の「宿題」として引き受けることにした。

私がそう考えるようになったのには、同じ頃に読んだ、吉本隆明の転向論にも大きく影響されていた。

戦前の共産党指導者だった佐野学、鍋山貞親は治安維持法で投獄された後に、日本の「國體」、国民思想、仏教思想に関する書籍を読み、その深遠さに「一驚を喫して」転向した。吉本はこの転向はおもに内発的な動機に基づくものであり、彼らを転向に追い込んだのは「大衆からの孤立(感)」と見立てた。

吉本がこだわったのは、転向した知識人が日本思想史や仏教史について「何ほどの知識も見解もなくて、共産主義運動の指導者だった」のか、という「情けない疑問」であった。[6]

「こういう情けない疑問は、情けないにもかかわらず、佐野、鍋山が、わが後進インテリゲンチャ(例えば外国文学者)とおなじ水準で、西欧の政治思想や知識にとびつくにつれて、日本的小情況を侮り、モデルニスムスぶっている、田舎インテリにすぎなかったのではないか、という普遍的な疑問につながるものである。これらの上昇型インテリゲンチャの意識は、後進社会の特産である。佐野、鍋山の転向とは、この田舎インテリが、ギリギリのところまで封建制から追いつめられ、孤立したとき、侮りつくし、離脱したとしんじた日本的な小情況から、ふたたび足をすくわれたということに外ならなかったのではないか。」[7]

「この種の上昇型のインテリゲンチャが、見くびった日本的情況を（例えば天皇制を、家族制度を）、絶対に回避できない形で眼のまえにつきつけられたとき、何がおこるか。かつて離脱したと信じたその理に合わぬ現実が、いわば、本格的な思考の対象として一度も対決されなかったことに気付くのである。」[8]

この手厳しい「インテリ」批判を私は自分に向けられたものとして読んだ。読んだ時はまだ大学生だったので、「インテリ」に類別されるレベルには達していなかったのだけれど、自分がいずれ「上昇型インテリゲンチャ」の一員になることはわかっていた。だから、この批判を「わがこと」として受け止めた。そして、「日本的情況にふたたび足をすくわれない」ためには、この「理に合わぬ現実」を「本格的な思考の対象」とすることを個人的責務として引き受けるしかないと思った。

でも、この「理に合わぬ」政治概念を縦横に論ずる思想家・活動家たち（権藤成卿はその一人である）の書物を実際に読むようになったのは、それからずいぶん経ってからである。それまでは「日本的情況に足をすくわれない」ための予備的な自己訓練のために時間を割いた。

まず私は武道の修行を始めた。20代から合気道の稽古を始め、それから居合や杖道や剣術の稽古をするようになった。知命近くになってからそれに加えて能楽の稽古を始め、還暦を過ぎてからは禊祓いや滝行を修した。日本的な「由緒ある扮装」に順繰りに袖を通してみたのである。今は毎朝、道場で祝詞と般若心経を唱え、不動明王の真言で場を浄め、九字を切り、禊教の呼吸法を行うというお勤めをしないと一日が始まらない身体になった。遠回りのようだけれど、そういう人間になることの方が「いきなり本を読む」より適切だろうと私は思ったのである。

この直感は筋が悪くないと思う。たしかに言葉から入るのは危うい。誤読する可能性があるし、何よりもこちらの身体に準備がないままに本を読むと、「わかった気になる」リスクがある。

吉本は佐野・鍋山がろくに仏教書も読まずに知識人面していたのかと嘲ったけれど、それはたぶん違うと思う。彼らだってインテリである。本はちゃんと読んでいたのだ。でも、読んだけれど、「ぴんと来なかった」のだ。文字面の意味はわかったけれど、身に浸みなかった。そして、ずっと後になって、「大衆からの孤立」に苦しみ、「大衆がほんとうに求めているものは何か」を切実に知りたくなった時にもう一度それらの本を手に取ってみたら、そこに書かれていたことが身に浸みてわかった。たぶんそういう順序だったのだと思う。

だから、この「理に合わない」人々の思想と感情と「本格的に対決」するためには、まず本を読むよりは、そのような理屈や言葉が「腑に落ちる」身体や感情に親しんでおく方が遠回りだが確実だろうと私は考えたのである。それほど論理的な言葉づかいをしたわけではない。そう直感したのである。まず身体をつくり、感情を深める。本を手に取るのは後でよい。いずれある日、それらの書物にふと「手が伸びる」機会が訪れるだろう。その時に手元に本がないと始まらないので、とにかく本は手に入るだけ集める。そして、手がすぐ届くところに並べておく。そうして、半世紀近くが過ぎた後、ある日「権藤成卿について書いてください」というオファーが来たのである。なるほど、来るべきものが来たのか、そう思って解説の筆を執ることにした。

以上が、どうして私が解説を書くことになったのかの経緯である。ここまで書いたところで、「なぜ今権藤成卿が復刻されるのか」という第一の疑問についても、いくぶんか答えたことになるのではないかと思う。でも、結論を急ぐことはない。紙数はたっぷり頂いているので、「なぜ今権藤成卿が読まれなければならないのか」については読者が腑に落ちるまでゆっくり書いてゆくつもりである。

本書の構成について。当初の計画では、まず権藤成卿の伝記的事実を記し、それから彼の思想について書くつもりだった。しかし、いざ書き出してみたら、伝記的事実や交友関係と思想は切り離せないことがわかった。というわけで以下では伝記的事実を叙しつつ、そこに登場する人物や、そこで成卿が関わることになった出来事の歴史的意義や文脈について説明するためにそのつど脇道にそれるという書き方をすることにした。学術論文の書き方としてはまず許されないものだが、この解説は「なぜ今権藤成卿を読む必要があるのか」という問いに答えるという限定的な目的のための文章であるので、読者はこの破格を諒とされたい。

なお、伝記的事実については、その多くを滝沢誠氏の『昭和維新運動の思想的源流　権藤成卿　その人と思想』（ぺりかん社、１９９６年）に拠った。この本が現在まで書かれた権藤成卿の伝記としては最も信頼性が高いものだからである。

なお紀年法としては元号を主として、（）内に西暦を入れることにした。「明治維新」「大正デモクラシー」「昭和維新」などの歴史的事件には、元号が変わるとそれに合わせて世情人心も変わるという幻想的な時間意識が濃密に浸み込んでいるからである。

第一章

アジアとの邂逅

権藤成卿の系譜

権藤成卿《ごんどうせいきょう》。本名善太郎。生年は慶應4年（1868年）4月13日（旧暦3月21日）。没年は昭和12年（1937年）7月9日。生地は福岡県三井郡山川村（現在の久留米市山川町）。明治維新の年に生まれて、日華事変の年に没したことになる。

権藤善太郎は権藤直（松門《しょうもん》）の長男として生まれた。権藤家は久留米藩の郷士で、代々の医家であった。祖父権藤延陵は医家としてまた儒者として知られ、筑前の亀井南溟《なんめい》の塾で広瀬淡窓《たんそう》の同門であり、淡窓とは終生にわたる親交があった。淡窓は江戸時代最大の学塾咸宜園《かんぎえん》を創建した儒者・漢詩人である。

善太郎の父直はその延陵の第三子である。直もまた医学を学び、藩主の侍医に進んだが、明治維新の後公職を退き、地主として悠々自適の生活を送った。

権藤善太郎は儒学と医学という二つの分野について当時日本のトップレベルの学知を修めた祖父と父を持ち、「制度学」という独特の学問を家学として継承するという濃密にアカデミックな家風の中で生まれ育った名家の子だった。「農本主義者」というと、私たちは貧しい農家に育った苦学力行の人が手作りした政治思想というふうに思いがちだが、権藤成卿についてはそれは当たらない。彼は明治初年において望みうる最高レベルの学術的環境に育った人である。

父直は公職を退いたのち久留米郊外の山川村に隠居したが、その名望を慕って各地から人が訪れた。

「明治初年、山川村の直のもとには来客あとをたたず、煩雑をきわめ、その多くは、東京、大阪からの人であったという。当時、山川村で人力車の出入りする家は権藤家だけであり、県道から門前まで、人力車の通れる広い私道をもっていた。」[9]

この時期に権藤家を訪れた人たちの中には久留米藩を揺るがした「明四事件」の関係者が幾人か含まれていた。この過激な政治思想の風土が権藤成卿のたどる道筋を決定した。

明四事件

明四事件は明治４年（１８７１年）に起きたのでこの名がある。以後西日本各地で起きることになった不平士族による反乱と同根の事変である。

幕末の長州に大楽《だいらく》源太郎という勤皇家がいた。志士たちの間では名の知れた人物であった。維新後、大村益次郎による兵制改革があった。戦闘主体を武士から一般国民に移して、軍の近代化を果たすことをめざしたのである。これに不満を持った元奇兵隊士によって大村は暗殺された。大楽はこの暗殺を指嗾した容疑で幽閉されたが、九州に逃れた。新政府に不満を抱く各地の勤皇志士たちを糾合して、明治政府打倒の「回天」の戦いを企てようとしたのである。明治7年（1874年）の佐賀の乱、明治9年（1876年）の萩の乱、神風連の乱、秋月の乱、明治10年（1877年）の西南戦争と続く明治政府への武装蜂起の流れの最初期のものである。

久留米藩ではこの勤皇家が何のために九州を遊説しているのか知らぬまま三顧の礼を以て迎えてしまった。大楽は久留米藩内の勤皇家たちを説いて、政府転覆の陰謀に誘い込んだ。明治政府から「大楽を引き渡せ」という要求が来た時に久留米藩は窮地に立つ。大楽を差し出せば、政府転覆クーデタに藩士が連座したことが明るみに出る。藩の生き残りを図るために久留米藩は大楽を殺してその口を封じた。

だが、明治政府は久留米藩を信用せず、その後も厳しい真相究明を行い、大楽とつながりを持った志士たちが多く獄に下ることになった。真木和泉はじめ高名な勤皇の志士を擁した久留米藩は、この明四事件によって明治新体制における新政府内部に指導的地位を占めるチャンスを失い、「旧久留米藩士の子弟の多くが明治政府における仕官の途が断たれてしまう」[10]。

権藤善太郎が生後まず遭遇した政治的事件がこれであった。明四事件の犠牲者たちの明治政府に対する怨嗟をこの少年はまず鼻孔に吸い込むところから、その政治的キャリアを開始したのである。

明治13年（１８８０年）山川村の尋常小学校を卒業した善太郎は父の旧友である本荘一行に預けられた。本荘は久留米藩の重役を務めた人で、大阪に出て事業家となった。明四事件の関係者で、のちに黒竜会創設にも関わった。

その後、善太郎は漢学を学ぶために二松學舍に入学するが、明治17年（１８８４年）に放校処分になる。10代の少年が『論語』の解釈について教師に異を唱えて退かなかったというのだから、その気性が知れる（夏目金之助は府立一中を辞めたあと明治14年〔１８８１年〕に學舍に入学し、1年間在籍していた。漱石と成卿の二人は同窓だった）。

久留米に戻った善太郎は明治25年（１８９２年）に結婚する。二松學舍を辞めてからは正規の学校教育は受けていない。権藤家そのものが学塾のようなものであったから、家学である東洋古制度学を学ぶことと、父の下に出入りする人々との交流で知的資源としては十分だったということなのだろう。

権藤家に出入りする青年たちと「久留米青年義会」を結成する。ここに結集した青年たちはのちに「久留米派」と呼ばれることになった。頭山満、平岡浩太郎、内田良平らのちに玄洋社を創建する「福岡派」と、宮崎滔天、清藤幸七郎らの「熊本派」と並び称されるこの「久留米派」には権藤善太郎の弟権藤震二《しんじ》、そして武田範之《はんし》がいた。

武田範之（１８６３―１９１１）は権藤成卿の生涯の盟友だった人物である。久留米藩士の出で、新潟の曹洞宗顕聖寺で修行し、雲水として日本各地を転々としたのちに「朝鮮浪人」となる。

明治24年（１８９１年）に朝鮮に渡り、東学党員と親交を結び、釜山を拠点に活動した。東学党の乱（１８９４年）に際しては、内田良平、鈴木天眼《てんがん》らと天祐侠《てんゆうきょう》を結成して、農民の蜂起を支援した。のちに駐韓公使三浦悟楼《ごろう》らと図って、李氏朝鮮26代国王高宗《コジョン》の王妃明成《ミョンソン》皇后（閔妃《ミンビ》）の暗殺事件（１８９５年）に連座して投獄された。日韓合邦構想においては、黒竜会の内田良平とともに日韓の政界を周旋して、日韓併合の上奏文を起草した。この時代の日韓関係のほとんどに顔を出す異形の人である。

　権藤ははじめ武田と組んで、朝鮮での漁業事業を企てた。まだ東学党の乱の起きる前の話である。なぜ、権藤が朝鮮に高い関心を持つに至ったのか、個人的な理由があったのかどうかはわからない。ただ、西郷隆盛の唱えた「征韓論」がこの時代の壮士たちの全員にとって強い喚起力を持つ政治的アイディアだったことは事実である。朝鮮半島をどう経略するか。これは水戸学以来、志士たちにとって最優先関心事の一つだった。ただ朝鮮半島の実情を知っている人は幕末にはほとんどおらず、彼らが構想した「朝鮮半島経略のアイディア」はたぶんに幻想的なものだった。しかし、幻想的だからと言って、それが人々を高揚させる妨げにはならない。

　朝鮮で起業して、経済活動の拠点とし、そこを足場に政治的活動を展開するというのが権藤たちの計画だった。この事業には朝鮮からも東学党の李周会という人物が参画していた。しかし、権藤にも武田にも経営の才がなく、漁業事業はあえなく失敗し、権藤は多額の借金を負うことになった。権藤はこの事業のために実家の地所を黙って抵当に入れて金策をしていた。それが厳父の怒りを買い、権藤は妻子を残して、単身長崎春徳寺に移り住むことになった。春徳寺は徳川幕府がキリシタン書籍の「書物改め」のために開山した寺である。そのため大量の海外の文書が置かれていた。権藤はここで所蔵の文献を読み続けた。権藤は長崎に明治28年（1895年）から明治35年（1902年）まで滞在する。長い伝記的な空白だが、残念ながらこの空白を埋める情報が私たちにはない。権藤が長崎を離れるのは、黒竜会の結成を機としてである。

天祐侠

黒竜会は明治34年（1901年）、玄洋社の内田良平が創設した政治結社である。明治の政治史では玄洋社と黒竜会はほぼ一体のものとして語られることが多い。「黒竜会」の名は満露国境を流れる黒龍江から命名された。これは内田良平がこの時代の壮士たちの中で例外的に早くからロシアへの関心を有していたことに由来する。

内田良平の父は、黒田藩士で武芸の達人と知られ、「昭和の剣聖」中山博道の神道夢想流杖道の師でもあった玄洋社員内田良五郎である。良平は父より武芸を学び、長じて平岡浩太郎に伴われて上京し、昼は講道館で柔道を、夜は東邦語学校でロシア語を学んだ。

「同志中支那朝鮮を研究する者は数多ありと雖《いえど》も、露国に対しては一人の研究者を有せず、故に自ら之に当るにしかずと」[11]この道を進んだのである。

しかし、内田良平の名はまず天祐俠《てんゆうきょう》の活動によって知られることになった。ここでしばらく天祐俠について紙数を割く。日韓の交渉史を知るためには、避けることのできない論件だからである。

1894年、朝鮮半島で東学党の反乱（甲午農民戦争）が起きる。その政治史的文脈をまず述べる。李氏朝鮮末期は長く外戚や寵臣が政権を私物化する「勢道《せいどう》政治」が行われていた。1860年代に大院君《テウォングン》という剛腕政治家が登場し、国王高宗の実父として国政を牛耳った。旧弊を打破し、有能な人材を登用し、官制を改革し朝鮮の近代化を推し進めたが、その一方矯激な攘夷思想の持主で、1866年にフランス人神父9名とカトリック信者8000人を処刑し、江華島へ侵攻したフランス艦隊を撃退し、通商を求めてきたアメリカ商船ジェネラル・シャーマン号を焼き払い、乗員全員を殺害した。黒船四艘で開国した日本と比べると大院君の攘夷思想ははるかに硬質なものだった。

しかし、1865年に外戚の専横を排除する目的で高宗の妃に迎えた明成皇后《ミョンソン》（閔妃《ミンビ》）は大院君の独裁政治への不満が高まっている情勢に乗じて、大院君を失脚に追い込んだ。閔妃は大院君の鎖国攘夷策を覆し、まず日朝修好条規を日本と結び（1876年）、次に日本を牽制すべく清国と結び、さらに日本と結んで復権した大院君に対抗するためにロシアと結ぶというめまぐるしい外交的変節を遂げた。日本は閔妃に不安を抱き、大院君と図って、城内に日朝の軍人、警官、壮士を送り込み、閔妃を斬殺し、死体を焼くという事件を起こした（１８９５年）。

　年表を書き写すだけでも、李氏朝鮮末期の政治的混乱の闇の深さは知れる。大院君と閔妃の権力闘争は30年間に及び、両派の間では放火、拷問、毒殺、爆殺など血で血を洗う暗殺合戦が展開した。久しく国家財政は破綻状態にあった上でのこの内訌である。19世紀末の朝鮮王国はもうほとんど主権国家の体をなしていなかった。

　この政治腐敗と苛烈な収奪に抗して立ち上がったのが東学党の乱である。「東学」とは１８６０年頃に没落両班の崔済愚《チェジェウ》が儒教、仏教、道教、キリスト教に民間信仰を取り混ぜて作り上げた新興宗教である。政府はこれを邪教として禁止し、崔は処刑されたが、それでも東学の教勢は衰えず、国民的な広がりを見せた。そして、１８９４年には両班の全琫準《チョンポンジュン》らが武装蜂起した。この時大院君は全琫準とひそかに通じて、東学党を陰から支援する密約を結んだ（１８９３年）。反乱軍は首都漢城をめざしたが、閔妃の朝鮮政府はこれを抑えるだけの実力がなく、宗主国清国に派兵を求めた。一方、日本は清国の出兵を日清両国の朝鮮内政への不干渉を取り決めた天津条約違反として出兵、これをきっかけに日清戦争が始まる。戦争の帰趨は周知の通り。

　この時期に外交の要路にいた陸奥宗光はこの間の日清・日韓の交渉について『蹇蹇録《けんけん》』にその詳細を記している。日本側の「公式史観」がどういうものであったのかが知れる。

「而して我が国と彼の国とは一葦《いちい》の海水を隔てて疆土《きょうど》殆ど接近し彼我交易上の重要なるは論

なく、総て日本帝国が朝鮮国に対する種々の利害は甚だ緊切重大なるを以て、今日彼の国における如き惨状を袖手《しょうしゅ》傍観しこれを匡救《きょうきゅう》するの謀《はかりごと》を施さざるは隣邦の友誼に戻《もと》るのみならず、実に我が国自衛の道においても相戻《あいもと》るの誚《そし》りを免れざるに依り、日本政府は朝鮮国の安静静謐を求むるの計画を担任するにおいて毫《ごう》も遅疑する所なかるべし」[12]

要するに朝鮮は日本にとって重要な隣国であるから、その内政に干渉して「朝鮮国の安静静謐」を求めるのが「隣邦の友誼」だというのが陸奥の朝鮮出兵の理屈である。しかし、日清間には致命的な齟齬がある。清は朝鮮を属邦と見なしていたということである。

「而して日清両国が朝鮮において如何に各自の権力を維持せんとせしやの点に至りては、殆《ほとん》ど氷炭《ひょうたん》相容れざるものあり。日本は当初より朝鮮を以て一個の独立国と認め、従来清韓両国の間に存在せし曖昧なる宗属の関係を断絶せしめんとし」[13]てきたのだが、これに反して、「清国政府は一面において、朝鮮は内治、外交ともその自主に任ず故に、朝鮮に起りたる事件に付ては直接にその責任を執《と》らずといいながら、他の一面においては朝鮮はなお中国の属邦にして、決して一個独立の王国と認むる能《あた》わずというが如き前後矛盾の属邦論を主張したるのみ。」[14]

ここに日清の根本的な対立がある。だが、この当否には決着がつかない。両国はそれぞれ固有の領土観を披歴しているに過ぎないからである。中国のコスモロジーは「華夷秩序」である。世界の中心には中華皇帝がいて、そこから「王化の光」が同心円状に広がる。王化の光に豊かに浴している地域は皇帝が直接統治する王土であり、光が届かぬ辺境には野蛮人が蟠踞《ばんきょ》している。しかし、辺境人も皇帝に朝貢し、官位を受ければ、高度の自治を許される。朝鮮はそのコスモロジーを受け入れ、日本も少し前まではそうであった（「親魏倭王」の官位を受けた卑弥呼から、「日本大君」を称した徳川将軍まで）。

漢民族の主観からすれば、朝鮮半島も日本列島も、中華皇帝から自治を許されている辺境であり、独立国ではない。その辺境民が明治維新後「帝国」を称し、中国の辺境であるどころか朝鮮を勢力圏に収めようとしているわけであるから、許し難い暴挙であることになる。これが陸奥の言うところの「氷炭相容れざる」世界観の乖離である。

だが、陸奥も少し前まで日本は中国からは「高度の自治を許された属邦」と見なされてきたという歴史的経緯を知らぬはずがない（実効支配されているわけではないから、どうでもいいと言えばどうでもいい話だが）。陸奥の朝鮮外交はにべもないリアルポリティクスだが、民間の壮士たちは朝鮮は独立国として政治改革を主体的に実行すべきであり、心ある日本人はそれを支援すべきだという、もう少しウェットな同胞意識に駆動されていた。

東学党の乱が起こる少し前、釜山の居留地に武田範之、大崎正吉、吉倉汪聖《おうせい》ら朝鮮浪人がたむろする釜山法律事務所を称する機関があった。その「梁山泊」に起居する壮士たちが東学党の乱の勃発を好機と見て、東学党を支援し、清国の政治的影響力を朝鮮半島から排除し、東学党主導の新政府を打ち立てることを目的に明治27年（１８９４年）に、「天祐俠」なる組織を立ち上げた。

創立メンバーは武田範之、大崎正吉、吉倉汪聖ら9名。その後に鈴木天眼や内田良平が加わって14名となった。天祐俠については信頼できる史料が乏しいが、滝沢誠はこう書いている。

「天祐俠については、従来その記録があまりに誇張が多く、記述も三国志的でかつ政治的色彩が強すぎるために、後年に至ってその存在そのものに疑問が抱かれており、種々の見解が発表されている。すなわち、その存在を完全に否定するもの（彼ら朝鮮浪人によるフィクションと見る）、玄洋社の大陸政策の尖兵として、日本の朝鮮侵略のための軍事スパイとするもの、それと反対に日清戦争を日本の勝利に導いた民間志士の壮挙とするもの等々いろいろな見方がある。」[15]

それでも、この14名が当時全羅北道淳昌にいた東学党の領袖全琫準と会見し、東学党の乱の一翼を担って朝鮮の国内改革に参加することについて合意に至ったのは事実らしい。鈴木天眼は、はじめて会った時の全琫準の印象をこう証言している。

「長き脊《せ》の直立せる姿勢にて、寧《むし》ろ痩せたる神経質らしき顔面に炯《けい》たる眼光を閃《ひらめ》かし急調絶語、声涙並び下るの處《ところ》、予輩をして肝胆震動せしむ。彼の当時の音容は予が一生涯、目にすがるものの一なり。予輩乃《すなわ》ち生死の友たるを盟《ちか》ふて聊《いささ》か後図を約せり」[16]

鈴木天眼はその後長崎で西郷四郎とともに東洋日の出新聞を創刊し、軍国主義に反対し、日本の満韓進出に反対し、頭山満や内田良平を「軍閥の手先」と名指しで批判する硬骨のジャーナリストに変身するのだが、それは後の話である。[17]

その時の計画では、天祐侠は総勢550人の軍隊組織、総督には全琫準が擬されていた。各部隊は日本人と朝鮮人が共同で指揮を執る。ちなみに鈴木天眼は「軍師」、弱冠21歳の内田良平は兵70人を率いる「遊撃軍大将」に配されている。[18]

全琫準は全羅北道を拠点に各地の同志を糾合し、軍容の整うのを待っていた。兵を三々五々漢城に潜入させ、王城の門の破壊を合図に挙兵し、王宮を占拠する。「東学党は王を挟みて政権を握り、天祐侠は之が顧問となつて共に天下に号令する手筈」[19]であったと日本側の記録には記されている。もちろん、「机上の空論」に過ぎないし、そのような軍組織が実在した証拠もない。

全琫準は日清戦争終結の後、今度は清国に代わって朝鮮の実権を握ろうとする日本を相手に武力抵抗を続けたが、日本軍に捕らえられ、漢城で処刑された（1895年）。

天祐侠の創設が明治27年（1894年）6月27日、日清戦争の開戦が8月1日だから天祐侠が夢見た「日韓共同の革命組織」の持続時間はわずか1カ月余だった。まことに短命な革命組織であった。

日清戦争開戦後、天祐侠は日本軍に合流し、退却する清軍を追尾する偵察任務を陸軍上層部から与えられたが、全員が疲労困憊しており、「一人また一人と脱落して帰国の道を選び、天祐侠は遂に現地で消滅した」[20]。当然の帰結である。彼らは朝鮮半島に革命をしに来たのである。正規軍の偵察隊というようなものになってまで組織を温存する意味はない。こうして、内田良平も武田範之も鈴木天眼も失意のうちに朝鮮半島を去った。日本に戻ると、今度は現地での過激な行動が災いして、「持凶器強盗罪」で指名手配され、官憲に追われる身となって、各地に潜伏した。天祐侠のメンバーたちが再会するのは、明治36年（１９０３年）の黒竜会創設の時まで待たなければならない。

天祐侠について紙数を費やしたのは、彼らがおそらく「日韓革命家の共同作業による朝鮮半島経略」というアイディアの日本最初の発案者だったからである。もちろん、その前に「征韓論」という議論はあったが、これは朝鮮半島を武力支配することをめざしたものであり、かなりの程度まで妄想的なものであった。

吉田松陰は「朝鮮を責めて、質を納れ、貢を奉ずること古の盛時のごとくならしめ、北は満洲の地を割き、南は台湾、呂宋諸島を収め、進取の勢を示すべき」こと、「国力を養いて取り易き朝鮮、支那、満洲を斬り従えん」ことを説いた[21]。気宇壮大ではあるが、ほとんど「盤上演習」に近い。私たちがよく知るのは西郷隆盛の征韓論であるが、これは明治政府のありように絶望して、おのれの死に場所を求めていた西郷自身の個人的な動機に駆動されたものである。たしかに、不平士族たちの「内乱ヲ冀《こいねが》フ心ヲ外ニ移ス」という政治的意図もあったが、西郷自身は朝鮮の実情に特に精通していたわけではないし、朝鮮の人士と深みのある人間関係を取り結んでいたわけでもない。

明治初めの征韓論者たちは、弱小朝鮮を寡兵によって一気に制して、新興軍事国家日本の実力を列強に誇示することまでは空想したけれども、現実の朝鮮についてはきわめて限られた情報しか持たなかった。

その点が権藤成卿たちの世代と違う。この世代になると「満韓の経略」を論じた人々には樽井《たるい》藤吉《とうきち》、頭山満、鈴木天眼、宮崎滔天、内田良平らがいるが、彼らは大陸半島の実情については先行世代に比べるとずっと具体的な情報を持っていた。竹内好は天祐侠の歴史的意義をこう総括している。

「この時点ではともかく農民との結合が考えられており、やはり一種のアジア主義の発現形態と見なければならない。少なくとも主観的には、挑発だけが目的ではなく、連帯の意識が働いていた。そして利欲は眼中になかった。もし利欲が目的なら、生命の危険をおかすはずがない。また、全琫準や李容九のような排外主義者の信頼をかちえるはずがない。」[22]

ここで竹内が言う「連帯の意識」を私は貴重なものだったと思う。天祐侠のリアルな身体実感を伴った「連帯の意識」は、のちには「五族共和」や「八紘一宇」や「大東亜共栄圏」といった空疎なスローガンに変質してしまうのだが、明治10年代においては、いまだ手触りの確かな、持ち重りのするものだった。

ある時点までは、日本と朝鮮と中国は一種の「運命共同体」であるということについては、日本人のアクティヴィストたちには実感的な裏付けがあった。それが大正昭和になると「朝鮮と中国は日本が生き延びるために必要な土地だ」というふうに、朝鮮中国を日本の存続のための軍事的・経済的「生命線」と見なすように変容する。「運命共同体」と「生命線」は似て非なるものである。「生命線」とは、大日本帝国指導部の脳内では「本体」が生き延びるために犠牲にされる「末端」以外のなにものでもない。

私たちがこの思想の遷移を前にして少なからず混乱するのは、連帯から支配へのシフトに截然とした切れ目がないせいである。歴史的状況の変化に応じて、「同志的連帯の意識」がしだいに消え、「欧米列強のアジア侵略に抵抗するために、アジア諸民族は日本を盟主として団結すべし」という大アジア主義に変容する。これについての史書の記述はどれも変わらない。明治20年代になって、玄洋社が民権論から国権論に転じ、アジア連帯論を棄てて大アジア主義を採用した時が転換点とされる。だが、実際にはそれほどクリアカットに世界観の転換があったわけではあるまい。現に「アジアと連帯すべきか」「アジアを支配すべきか」の選択肢の間で、日本人はそれから後もずっと揺れていたからである。

孫文が大正13年（1924年）の神戸での講演で日本の「アジア主義者」たちに向かって、君たちはアジアと連帯するのかアジアを支配するのか、どちらなのだと切り立てたのは、それだけ日本人がどっちつかずに見えたからである。孫文はこう迫った。

「われわれは、アジアをはじめ全世界の被圧迫民族と提携して、覇道文化にたつ列強に抵抗しようと考える。日本は世界文化に対して西方の覇道の番犬となるか、はたまた、東方王道の干城となるを欲するか」[23]

覇道か王道かの選択を迫ることができたのは、大正末年の時点では、いまだ日本のアジア主義者たちのうちに「東方王道の干城」たらんとする意識が細々とでも残存しているという認識が孫文にあったからだろう。アジア主義はすでに変質し、劣化し始めてはいたが、まだ孫文が一抹の期待を託すことができる程度の純良な部分は残存していた。

明治大正のアジア主義者が隣邦に向かった時の構えはなかなかに複雑で重層的であった。この時代に隣邦との関わりの前線に立った人たちが思い描いた夢の中には、過渡的なものであれ、空想的なものであれ、「東方王道の干城」たらんとする気概がいくぶんかは含まれていた。

気にかかるのは、隣邦に対するこの素朴な「連帯と共闘の意識」が短期間のうちに尊大で暴力的な「教化と支配の意識」に変質するプロセスが日本人の側に大きな心理的抵抗をもたらさないものだったということである。同一人物のうちにおいてさえ、連帯から支配にシームレスな移行がなされた。これが日本の大アジア主義をきわめてわかりにくいイデオロギーにしている原因だと私は思う。

日華事変の頃のスローガンである「暴支膺懲《ぼうしようちょう》」という言葉には「ききわけのない弟を殴って善導する兄」の驕りが感じられる。その暴力は「身内だから」という一言で正当化される。理解と共感をベースにした家族関係はしばしば抑制の効かない家庭内暴力を引き起こすが、同じことは国と国、民族と民族の間でもおそらく起きる。「身内」だと思うからこそ「連帯の意識」は生まれ、「身内」だと思うからこそ歯止めの効かない暴力がふるわれる。親密さと暴力がシームレスに交替するこの病的な心理はあるいは日本人の集団的痼疾なのかも知れない。

玄洋社と民権論

これまで何度も出てきた玄洋社という政治結社についてもここで説明をしておく。大正末から昭和初めにかけて、玄洋社は日本ファシズムの「源流」「名門」「重鎮的存在」と見なされ、他を圧する存在感を示していた。玄洋社と黒竜会というこの二団体について、竹内好は次のような評言を与えている。

「この二団体は、実質的な活動はほぼ明治期でおわっていて、昭和の右翼再興の時期にはあまり積極的に動いてはいない。（……）頭山満は、創立者の一人ではあったが、最初それほど頭角をあらわしたわけではない。後になるほど彼の名声が高まり、玄洋社といえば頭山というほど一体化された。彼が長生きしたせいもあるが、昭和にはいると、右翼の元老として神格化され、警察権力も及ばぬ治外法権の王国を形づくった。」[24]

玄洋社が何のために組織されて、何を実現したのかをまず見ておく。玄洋社は旧福岡藩士を中心として、明治14年（1881年）に結成された政治団体である。明治7、8年（1874、1875年）頃、全国至るところで征韓論・民権論が語られ、岩倉具視・大久保利通による「有司専制」を糾弾する声が高まり、世情は騒然としていた。福岡もその反政府運動の一大拠点であり、矯志《きょうし》社、強忍《きょうにん》社、堅志《けんし》社などの政治団体が気勢盛んであった。彼らは土佐の板垣退助、萩の前原一誠、鹿児島の西郷の私学校と連絡して、武装蜂起の機会を窺っていた。[25]

明治9年（1876年）、萩の前原一誠は矯志社に拠る頭山満、箱田六輔、進藤喜平太らに反政府武装蜂起の計画を伝え、共に立つことを求めた。だが、計画が事前に洩れ、頭山たちは逮捕される。西郷挙兵の直前であった。この時、福岡の壮士たち数百人が福岡城を襲ったが、一敗地にまみれ、戦死者80余名を出し、首謀者は斬首に処され、数百名が投獄された。頭山らが釈放されたのはすでに西郷が死に、郷党の同志たちが処刑された後だった。頭山は残党を再組織するために、福岡の向浜に開墾社を立て、ここで農業に従事しつつ「講書練武」の生活を始めた。

西郷が死に自分は生き残ったということに何らかの意味を見出そうと頭山満はこの時考えた。そして、これ以後「西郷隆盛の遺命を継ぐ」ということが頭山の指針となった。中島岳志は頭山を評してこう書いている。

「彼にとって、生き方のモデルは西郷隆盛だった。彼は西郷のように生きようとした。その意思と志が〈頭山満〉を生み出した。〈頭山満〉は再帰的な存在である。（……）天然の無垢など存在しない。人は役割を演じることによって、トポスを獲得する。そして、演じられた自己を味わうことで、アイデンティティを獲得する。」[26]

無主体的な主体こそが強大な力を発揮するというのは「述べて作らず」以来の東アジアの伝統である。

頭山がこうして兵農一致の生活を始めた直後、明治11年（1878年）大久保利通が紀尾井坂で島田一郎らに襲われて斬殺される。その「斬奸状」に曰く。

「皇国の時状を熟察するに、凡《およそ》政令法度《はっと》、上《かみ》天皇陛下の聖旨に出ずるに非ず、下《しも》衆庶《しゅうしょ》人民の公議に由《よ》るに非ず、独り要路官吏数人の臆断専決する所に在り。」[27]

この斬奸状では、岩倉具視、大久保利通、木戸孝允が「奸族」認定されていた。政治を正す道は「天皇陛下の明と闔国《こうこく》人衆の公議に在り」、「有司専制の弊害を改め、速やかに民会を興し、広義に取り」云々。この文言は以後日本の右翼的政治革命の定型句となるが、天皇と万民が「有司」を排して無媒介的につながる政体を理想とすることはテロリストたちにとって自明の前提であった。

このテロの報を頭山満に伝えたのは開墾社の一員であった来島恒喜《くるしまつねき》である。頭山はこれを聞くやただちに土佐に向かい、板垣退助の下を訪れた。「佐賀の乱で江藤新平が斬られ、萩で前原一誠が斃《たお》れ、鹿児島で西郷隆盛が歿したのち、東京の有司専制政府に抵抗して、全国的な人望を集め得る政治家としては、もはや土佐の板垣退助あるのみ」[28]と考えた頭山は板垣に武装蜂起を発令することを要請したのである。実際に、この時期板垣の周辺には風雲を望む壮士が全国から続々と集まり、高知は東京に対する「一敵国」の様相を呈していた[29]。

弱冠24歳の頭山は20歳年上の板垣に蜂起の先頭に立って欲しいと懇請したが、板垣は頭山青年に今は挙兵の時ではないと諭し、民権運動の喫緊であることを説いた。この時点で、頭山にはまだ「民権論」というものがよく理解できていなかった。ただ、その時板垣が説いた民権論は、西欧渡来の近代思想ではなかった。板垣が戊辰戦争を戦った時の会津での実体験に基づいていた。

会津鶴ヶ城陥落の直前、ある百姓がいよいよ会津落城も近いと悟って、「数百年の藩の恩に奉ずるのはこの秋《とき》であるとて、一門の者を集めて城中に食糧を運び入れ、懸命の奉公につとめた」[30]

ことがあった。敵陣営に食糧を運び込んでいるわけだから、板垣たち官軍は当然これを討ってよい。しかし、板垣はこの百姓の「義心に感じて」、これを放免した。

封建政治下では、天下の政治に関与できるのは武士だけである。百姓たちは政策決定に関与できない。だから、かの百姓のような義心を見ると、なんと例外的な忠誠であろうと感動する。だが、よく考えてみると、これが例外的な事例であること自体が間違っていると板垣は思った。これから列強の圧力下で日本国の独立を全うするためには、すべての国民が、この会津の百姓のような義心を持つ必要がある。これからは「総力戦」の時代である。一握りの士族を戦闘専門家に仕立てるだけではもう国民国家間戦争は戦えない。そのことは西南の役が証明していた。たしかに白兵戦で薩摩士族たちはすさまじい戦闘力を示したが、火力、艦船、兵站においては政府軍が圧倒的に優位であった。単発的な武装蜂起で政治を変えることのできる時代は終わった。

そのことを板垣は西南戦争を間近に見て理解した。手に持つ武器を替えなければならない。それが「民権論」である。板垣は「それには現状のような有司専制の弊を打ち破り、大いに民権の伸張し、立憲制を樹立せねばならない。これがわれわれの民権論の根底である」と頭山に説いた。

「それは万民をすべて一視同仁、陛下の赤子《せきし》とすること、百姓もみな武士と同様とすること、しかして列強に対して独立を堅持すること、これは維新いらいの尊王攘夷の精神に外《ほか》ならぬものであった。」[31]

「一君万民」、「一視同仁」。これは明治時代の志士たちの全員が満腔の同意を以て掲げることのできる政治目標である。尊皇攘夷と民権論がここで一つになる。

水戸学と国民国家

私たちは自由民権運動というものを、日本が近代化して、ルソーらの民権思想が入ってきて、それに感化された政治運動というふうに思いなす傾向がある。だが、その先入観は修正しなければならない。日本の自由民権運動というのは幕末の尊皇攘夷の精神を直接に継承するものであり、先に引いた「隠岐コミューン」の場合と同じく、中間的な政治機構を廃して万民が無媒介的に天皇とつながる政体を理想とするものである。さらに遡及すれば、「一君万民」という概念を準備したのは水戸学であった。

幕末までの日本は300の藩に分かたれていて、それらを統合する政治単位を「国」と呼ぶ習慣は、少なくとも庶民にはなかった。「お国自慢」も「お国訛り」も「国境《くにざかい》」も「国元」も、そこでいう「国」は日本のことではない。

文久3年（1863年）に長州藩は英仏蘭米四国と下関戦争を、薩摩藩は英国と薩英戦争を闘った。この戦争における交戦当事者は藩であった。今仮に山口県や鹿児島県が他国の軍隊と砲火を交え、それ以外の都道府県がそれを傍観している状況を想像すれば、その「異常さ」がわかるだろう。忘れがちなことなので、確認しなければならないが、この時代の基礎的政治単位は国民国家ではなかった。

ある史家はこの消息をこう語っている。

「幾百年英雄の割拠、二百年の封建制度は、日本を分割して、幾百の小国たらしめ、小国をして互いに藩屏《はんぺい》関所を据えて、相猜疑《さいぎ》し、相敵視せしめたれば、日本人思の脳中、藩の思想は鉄石のごとくに堅けれども、日本国民なる思想は微塵ほども存せず。」[32]

しかし、近代史は国民国家以外のアクターはこれからの先の国際社会では生き延びることができないだろうと教えていた。国民国家という政治的擬制が採用されたのは、1648年のウェストファリア条約以後だが、これは国境線で区画された「国土」のうちに、人種・言語・宗教・価値観・生活文化などを共有する同質性の高い「国民（nation）」が集住し、官僚制度と常備軍を備えた「国家（state）」をかたちづくっている仕組みのことである。現在の世界は国連加盟193の国民国家だけが標準的な政治単位であり、それ以外のものは「地域」であり「非国家アクター」であり、state とは見なされない。

ウェストファリア条約以前の世界では、基本的な政治単位は「帝国」であった。宏大な版図内に、人種・言語・宗教を異にするさまざまな集団が皇帝の統治下に共生しているという「一君多民族」モデルであった。帝国が時代遅れとなり、国民国家がグローバル・スタンダードに採択されたのは、ナポレオン戦争以後である。国民国家の方が統治機構として効率的だったからであり、何より戦争に強かったからである。

それまでの戦争は、王位継承や領土をめぐって王侯同士が傭兵を雇って戦うものであった。しかし、フランス革命以後、革命の大義を全ヨーロッパに宣布するために、市民は義勇兵として銃を執り、銃後の政治家たちも、ジャーナリストも、教育家も、芸術家も、女性も子どもも総力を挙げて戦争にコミットした。「総力戦」というものが登場するのはナポレオン戦争からであり、フランス人はこの時に全世界に「国民国家は帝国より戦争に強い」ことを証明した。それ以後、世界中のあらゆる集団が雪崩打つように国民国家に「模様替え」したのは、そのせいである。幕末日本に国民国家のアイディアが一気に広まったのは、それに切り替えないと日本は滅びると思ったからである。

「米艦一朝浦賀に入るや、驚嘆恐懼《きょうく》のあまり、船を同うして風に逢えば胡越も兄弟たりというがごとく、夷敵に対する敵愾《てきがい》の情のためには、列藩の間に存する猜疑、敵視の念は融然《ゆうぜん》としてかき消すごとくに滅し、三百の藩は兄弟なり、幾百千万の人民は一国民なるを発見し、日本国家なる思想ここに油然《ゆうぜん》として湧き出でたり。」[33]

日本で最も早くこのトレンドを感知したのは水戸藩の人々であった。幕末の志士たちの必読文献だった『新論』の著者会沢正志斎は水戸藩沖に繰り返し出没する英米露の捕鯨船は軍艦の偽装で、日本侵略の意図を隠しているのではないかという危機感を抱いていた。片山杜秀は水戸学をドライブしていたのは学的関心であるよりむしろ外交的恐怖だったと書いている。

「要するに水戸学は危機に備え大義の前に滅私する精神を涵養する思想であって、彼らの本当の関心は、日本の歴史の研究よりも、国難にどう対処するのか、そのための準備をどうするのか、いつ真の国難が来るのかを知りたいということに尽きる。」[34]

だから、正志斎が選んだ統治モデルが「一君万民」であったのは当然のことである。正志斎は古代の日本を理想とした。ナショナリズムは「かつて一度も現実になったことのない過去」に理想の政体が存在したという物語を必ず要請する。日本を総力戦を戦える国にするためにはその物語がどうしても必要だった。

「十九世紀の国民皆兵的西洋諸国の野蛮的武勇を退けられる道義的武勇に国民全体が満たされていたのが古代の天皇の時代であった。無敵皇軍の時代が古代であった。むろんその復活が明治以後の帝国陸海軍の使命となる。維新は復古。国民皆兵に復する。天皇の軍隊の理想を蘇らせる。そうすると西洋に負けなくなる。」[35]

一君万民という復古的イデオロギーが民権論と癒合したのは、突き詰めて言えば「そうすると西洋に負けなくなる」という一事に尽くされる。もちろん、過去に「西洋に勝った」歴史的事実があったわけではない。しかし、「皇軍」は「無敵」だった。だとすれば、日本人が帰趨的に参照すべき原点はそこしかない。

だいぶ遠回りしたが、話を板垣と頭山の出会いまで戻す。板垣が「デモクラシーが世界標準だ」というような説を唱えたら、たぶん頭山は席を蹴って立っただろう。頭山が板垣の説を受け入れたのは、尊皇攘夷と自由民権は「日本が生き残る」ために必須のものだという板垣の論に日本人の心の琴線に触れるものがあったからであろう。なぜ幕末の尊皇攘夷の志士たちが明治維新後にルソーの民権論をさしたる心理的葛藤抜きに受け入れることができたのか、その理路は板垣の語ったという「日本人がみな『会津の百姓』にならなければ総力戦は戦えない」という例示を補助線に引くとわかる。

玄洋社と来島恒喜

高知から福岡に帰った頭山は板垣の立志社と連携して、新たに向陽義塾を立て、そこで民権思想を教育することとなった。社長に箱田六輔、監事に頭山満、進藤喜平太。開校式には立志社から植木枝盛が来訪して祝辞を述べた。

植木枝盛はその「東洋大日本国国憲按」において、あるべき政体を立憲君主制、連邦制とし、人民の主権にとどまらず、人民に抵抗権、革命権があることを書き込んだ自由民権運動の理論的指導者である。その盟友には馬場辰猪《たつい》、中江兆民、幸徳秋水を数える。この一事を以ても草創期の玄洋社の政治思想が「右翼」と言い切れないことがわかる。

興味深いのは、向陽義塾の教師陣の中には英国人医師ペレーと、米国人宣教師アッキンソンがいて、英語、法律、理化学を講じていたことである。アッキンソンは明治6年（1873年）から13年（1880年）まで神戸教会の牧師として布教活動を行い、明治6年に神戸英和学校（のちの神戸女学院）の創建に関わった。思いがけないところで、私が長く奉職した学校に玄洋社と一筋のつながりがあったことを知った。

明治11年（1878年）、立志社は愛国公党の再建のために大阪に結集することを全国の民権派に呼びかけた。

愛国公党は明治6年（1873年）の征韓論をめぐる政変で下野した板垣退助が副島種臣《そえじまたねおみ》邸に同志を集めて結成した日本最初期の政党である。愛国公党は天賦人権論に基づき、民撰議院設立を政府に要求する『民撰議院設立建白書』を提出した。建白書には板垣の他に後藤象二郎、江藤新平、由利公正らが連署している。佐賀の乱で江藤が斬首されたことで組織的な活動は一時停止したが、民権運動の全国組織が必要であることを痛感した板垣によって、再建のために大阪会議が招集されたのである。

大阪の大会には福岡を代表して、頭山満、進藤喜平太、加藤直吉らが参加した。この時点での最優先の政治的要求は国会開設であった。国会開設を要求する全国規模の請願運動を組織することが決定され、全国から請願書が政府に送られた。政府は当初これらの請願を受理せず、逆に集会弾圧の方針で臨んだが、これが逆効果となり、国会開設要求の声はむしろ燎原《りょうげん》の火の如く全国に広がり、壮士たちが続々上京し、世情騒然となった。政府部内でも、このままでは統治秩序が持たないとして、国会開設に同調する者も出てきた。

こうして明治14年（1881年）に、憲法を制定し、国会を開設することを公約する勅諭が出された。以後、民権派は国会開設に備えて、政党組織の準備に取りかかる。板垣退助、後藤象二郎らは「自由党」を、大隈重信らは「改進党」を結成した。同じ年、当時筑前共愛会と称していた福岡の民権派もまたその組織を改め、玄洋社を設立した。

玄洋社の憲則に曰く、

皇室を敬愛すべし
本国を愛重すべし
人民の権利を固守すべし

天皇を中心として国権を伸長し、一君万民の理想社会を創る。この憲則に明治14年時点の自由民権運動の思想は端的に表現されている。玄洋社はこの時全国の民権運動の一大拠点となった。民権派の政治的目標には国会開設ともう一つ不平等条約の改正があった。日本は列強と対等の主権国家としては認められていなかった。在住外国人の裁判権もなく、関税の決定権もなく、一国が条約で得た権利は自動的に他国にも適用されるなど、きわめて不平等な性格を持つものであった。伊藤博文内閣は条約改正に取り組んだが、彼が選んだのは「欧化政策」であった。閣議において伊藤はこう語った。

「これに処するの道、ただ我が帝国及び人民を化して、あたかも欧州邦国の如く、欧州人民の如くならしむるあるのみ。」[36]

鹿鳴館の時代が始まる。これに対して勝海舟、谷干城《たてき》、後藤象二郎らが猛然と反対の意を表し、伊藤博文、井上馨《かおる》が主導する欧化政策と部分的条約改正（関税権のみを回復し、裁判権については現状のままとするもの）を売国・亡国の外交であると糾弾した。明治21年（１８８８年）、反政府世論の高まりを受けて伊藤が辞職、黒田清隆が組閣、外務大臣は大隈重信が任じられた。その大隈によって対外交渉は秘密裡に進んだが、条約内容が英紙によってリークされ、日本の条約反対の世論は再び高まった。その中心となったのが陸羯南《くがかつなん》、谷干城、大井憲太郎、中江兆民、頭山満らであった。

「大隈条約反対の戦列は、国粋的国権論者から急進的民権論者にいたる各流各派の人々をふくむ大きな国民連合戦線ともいうべきものであった。」[37]

この時期に玄洋社が関わった重大事件に明治22年（1889年）の大隈重信へのテロがある。まだ国会が開設されていない段階では、世論が政治を動かす合法的な戦いには限界があると考えた頭山は大井憲太郎から爆裂弾を受け取り、それが玄洋社員来島恒喜の手に渡った。来島の投げた爆弾で大隈は片足を失う重傷を負い、来島はその場で自決した。このテロで黒田内閣は大隈を除いて総辞職、大隈が必死で周旋した条約改正案は放棄された。

事件の首謀者として玄洋社社員50名が検挙されたが、来島の進退が見事なものであったために一人の連累者も出すことがなかった。人々はこの事件を通じて玄洋社の士気と同志的結合の固さを知った。

「来島の決行前後の沈毅《ちんき》果断《かだん》なりしこと、そのみずからを処決する態度の壮烈な見事さを見て、世人はかれを天下第一の刺客と称した。」[38]

来島はかねてから金玉均《キムオッキュン》と盟約を交わして、朝鮮半島に一命を捧げるつもりでいたのだが、条約改正問題で大隈重信と刺し違えることを優先したのである。

この時代の壮士たちの多くは、朝鮮半島と中国大陸については、まず現地の革命家と気脈を通じるところから始めた。この点が幕末の尊皇攘夷家やのちに登場する帝国主義的大アジア主義者と違う。幕末の尊皇攘夷家たちはいまだ隣邦の人々と知り合う機会がなく、国権主義者たちは隣邦の人々を支配し、収奪する相手としてしか見ていなかった。だが、例外的に明治時代半ばの人々だけは、書物的知識やそれに培養された妄想ではなく、目の前の人間をまず見た。

それは天祐俠の壮士たちが、東学党の乱の時に、まっすぐに総師全琫準の下に向かい、ただちに共闘組織を作り上げ得たことからも知れる。鈴木天眼は東学党領袖の全琫準について「生死の友たるを盟ふて聊か後図を約せり」と書いていたが、「生死の友」というような言葉を人は軽々には使わない。

福沢諭吉の「脱亜論」

金玉均《キムオッキュン》というのは、朝鮮の開化派の官僚である。両班出身で、大院君に重用された。李氏朝鮮末期の朝鮮政府は大国の干渉に翻弄され、ほとんど主権国家の体をなしていなかったが、その中にあって、金玉均は同志朴泳孝《パクヨンヒョ》と共に日本をモデルに朝鮮の近代化を行おうと考えていた。

金玉均の最初の訪日は明治15年（1882年）。金は長崎、大坂、京都、東京を視察し、福澤諭吉と親しく交わり、福澤の紹介で井上馨、大隈重信、榎本武揚、副島種臣、渋沢栄一、大倉喜八郎、内田良平など、官民を問わず多くの名士と会合した。それ以後も金は日本をしばしば訪れ、国情を視察し、朝鮮近代化のための戦いの同志を探し求めた。金が同志として肝胆相照らしたのは福澤をはじめ宮崎滔天、頭山満、来島恒喜である。宮崎滔天は甲申政変（1884年）のクーデタの失敗で日本亡命中の金玉均と会い、盟友を得た喜びを次のように書きとめている。

「さいわいに朝鮮亡命の士金玉均を識《し》る。彼れ殆《ほと》んど家なく国なきの人、夢の故山に迷うものなきにあらざるべしといえども、眼《まなこ》大局を洞察するの明あり。」[39]

品川の宿に金を訪れた滔天は夜半一艘の舟を仕立てて「共に月明に乗じて品海の沖に浮み出で」、アジアの経綸について腹蔵なく語り合い、意気投合する。

「余叩頭《こうとう》感謝して酒盃を献ずれば、彼、受けてこれを飲み、かつみずから大声を発して朝鮮歌を誦《しょう》し、また余に命じて詩を吟ぜしむ。（……）中宵《ちゅうしょう》月傾き風起るに及んで、ともに月明の詩を唱えて帰る。」[40]

滔天の感動が行間にあふれる一文である。金はこの頃、小笠原諸島、札幌など日本各地を転々として、日本政府に再帰計画を持ちかけたが、はかばかしい回答を得られず、最後に清国の李鴻章に助けを求めるべく上海に渡り、そこで閔妃の放った刺客によって暗殺されるのだが、それはまだ少し先の話である。

金玉均は福澤諭吉との親交がとりわけ密であった。だが、それは単なる友情ではない。福澤が金に何を期待し、金が福沢に何を託したのか、これは福澤の朝鮮論の遷移を知るためには知っておく必要がある。

福澤の東アジア論は一貫して朝鮮中国両国に「文明開化」を求めるものであった。この点では天祐俠の情緒的な朝鮮観とはまるで手触りが違う。福沢は朝鮮、中国について、その鎖国攘夷の弊を厳しく批判する。かつて幕末の日本は攘夷論一辺倒であったが、それが一変して開国に転じた。それは欧米の武力に怯えたからではないし、貿易の利を知ったからでもないと福澤は言う。

「内に自《みず》からその非を悟りて大に発明したる所のものあればなり。即ち世界万国の形勢を知り、外国は夷狄《いてき》に非ず、外人は禽獣《きんじゅう》に非ず、却て文明開化の良友なれば、之に交り之と併立して共に開明の鋒《ほこさき》を争うことこそ報国尽忠の大義なれと、残夢忽《たちま》ち醒めて眼光亦《また》明を放ちたればなり。」[41]

「世界万国の形勢を知」ったがゆえに、日本は開国に踏み切ったのであり、その意味で言えば、日本に開国を迫ったアメリカは「文明開化の良友」なのである。そして、福澤は今度は朝鮮に対して日本がアメリカの役割を演ずべきだと論ずる。

「我日本国が朝鮮国に対するの関係は、亜米利加《アメリカ》国が日本国に対するものと一様の関係なりとして視るべきものなり。既にこの関係あり、然《しから》ば則《すなわ》ち朝鮮国との交際は我国に於て之を等《とう》閑《かん》に附するべからざるのみならず、その内国の治乱興廃、文明の改進退歩に就ても、楚越《そえつ》の観を為《な》すべき場合に非ず。彼の国勢果して未開ならば之を誘うて之を導くべし、彼の人民果して頑陋《がんろう》ならば之に諭《さと》して之に説くべし。」[42]

「楚越の観」というのは、「近い関係にあるものを遠く隔たったものと見なすこと」という意味であり、わが「対岸の火事」という諺に近い。朝鮮の「内国の治乱興廃、文明の改進退歩」は他人事ではなく、わがことである。そうである以上、未開であればこれを開化し、頑迷固陋であるならこれを諭すのが日本の使命である。福澤はそう考えていた。

幕末に黒船四艘によって開国し、制度を刷新したように、日本が今度はアジア諸邦に開国を求め、文明を教える側であるというアイディアはすでに明治15年（1882年）の時点で福澤のうちにはゆるぎなく根を下ろしていた。

金玉均や朴泳孝が明治維新をモデルとして朝鮮を近代化したいと考えていたことについて福澤は満腔の同意を示した。しかし、現実の朝鮮の歴史はそのようには推移しなかった。金玉均と朴泳孝は「朝鮮独立党」を創建し、１８８４年にクーデタ（甲申政変）を実行した。親清勢力である閔氏政権（事大党）を一掃し、旧弊を一掃する新たな政綱を掲げた。門閥を廃止すること、人民平等の権利を定めること、才能を以て人材を登用すること、宦官女官の制を廃すること、清国との宗属関係を清算することなど、朝鮮近代化の諸政策が盛り込まれた。しかし、事大党は清の袁世凱に援軍を求めた。少数の日本公使館の兵士と朝鮮軍兵士がこれを迎えたが、衆寡敵せず、わずか３日で独立党政権は打ち倒された。

この戦闘に際して清国兵や朝鮮人暴徒が在留邦人に加えた暴行がその後の日本の対アジア感情に少なからぬ影響を与えた。京城市内では、日本人の店舗家屋から略奪行為が行われ、日本人集団が各地で襲撃され、婦女子が凌辱された。福澤はこの事変に際して「我日本国が大不敬、大損害を被り」、それについて支那からの謝罪がないことに激しく憤っている。明治維新に倣って朝鮮の近代化をめざした少壮官僚たちが壮図虚しく清国兵によって処刑され、金や朴は亡命を余儀なくされたことは福澤に強い衝撃を与えた。

「未開ならば之を誘うて之を導くべし、彼の人民果たして頑陋《がんろう》ならば之に諭《さと》して之に説くべし」と思っていたが、甲申政変の結果を見て、さらに上海で殺された金玉均の死体が祖国朝鮮に運ばれ、四肢を刻まれ、川に捨てられ、路上にさらされ、一族まで刑されたと聞くに及んで、福澤は朝鮮はもはや自らの手で近代化をなすことのできぬほどに救い難い後進国と見なすに至った。その決意を語ったのが「脱亜論」である。福澤は中国朝鮮二国の退嬰を言葉激しく罵る。

「この二国の者共は一身に就《つ》き又一国に関して改進の道を知らず、(……)その古風旧慣に恋々《れんれん》するの情は百千年の古《いにしえ》に異ならず、(……)道徳さえ地を払うて残刻不廉恥《ざんこくふれんち》を極め、尚傲然《ごうぜん》として自省の念なき者の如し。」[43]

この文中の「残刻不廉恥を極め」は金玉均の刑のことを言っている。これに先立って「時事新報」に寄せた記事中で福澤は金の死の報に触れて、「此事情を聞いて唯悲哀に堪えず、今この文を草するにも涙落ちて原稿紙を潤おすを覚えざるなり」と書き、彼を刑した朝鮮を「妖魔悪鬼の地獄国」とまで評した。この激しい感情が「脱亜論」に噴出する。

「幸にしてその国中に志士の出現して、先ず国事開進の手始めとして、大にその政府を改革すること我維新の如き大挙を企て、先ず政治を改めて共に人心を一新する如き活動あらば格別なれども、若し然らざるに於ては、今より数年を出でずして亡国と為《な》り、その国土は世界文明諸国の分割に帰すべきこと一点の疑《うたがい》あることなし。」[44]

「志士」とは金玉均、朴泳孝のことであり、「我維新の如き大挙」は甲申政変のことである。ここで福澤が予言したように、李氏朝鮮はそれから10年後に東学党の乱、日清戦争を経て「文明諸国の分割」に帰したわけだけれども、その「分割」の主体には日本も含まれていた。

福澤は朝鮮、清国二国がただちに国家近代化に取り組まなければ、遠からず列強の植民地になると考えていた。そうなれば、日本には二国を救うだけの国力がない。その場合はどうすればよいのか。

「西洋諸国の文明は日に進歩して、その文明の進歩と共に兵備も亦日に増進し、その兵備の増進と共に呑併《どんへい》の慾心も亦日に増進するは自然の勢にして、その慾を逞《たくまし》うするの地は亜細亜《アジア》の東方に在るや明《あきらか》なり。この時に当て亜細亜洲中、協心同力、以て西洋人の侵凌《しんりょう》を防がんと、何れの国かよくその魁《さきがけ》を為してその盟主たるべきや。我輩敢て自から自国を誇るに非ず、虚《きょ》心平気《しんへいき》これを視るも、亜細亜東方に於てこの首魁《しゅかい》盟主に任ずる者は我日本なりと云わざるを得ず。」[45]

西洋の侵略を防ぐ時には、日本が朝鮮、中国を率いる「東亜の盟主」となる他ない。以後、昭和に至るまで広く人口に膾炙《かいしゃ》するこの言葉づかいの、これは最初期のものである。三国が協力同心するならよい。だが、もし両国が近代化を拒み、旧弊を改めることがないのであれば、日本は両国と事を与《とも》にすることはできない。

「輔車相依《ほしゃあいよ》り唇歯相助《しんしあいたす》くと云うと雖《いえ》ども、今の支那なり、又朝鮮なり、我日本の為によくその輔たり唇たりの実功を呈すべきや。我輩の所見にては万これを保証するを得ず。」[46]

本来なら三国は一つになって同盟すべきだが、今の両国は同盟国とするに足りない。そして、万一両国が西洋の植民地になった場合には次は日本の独立が脅かされる。

「万に一もこの国土を挙げて之を西洋人の手に授るが如き大変に際したらば如何。」[47]

隣家が火事になれば我が家も類焼をまぬかれない。日本が隣邦の近代化にうるさく口をはさむのは、「敢て事を好むに非ず、日本自国の類焼を予防するものと知るべし」[48]。

福澤のうちにあったこの両国との同盟の夢は金玉均ら開化派の敗北と清国兵による在留邦人への暴行で打ち消された。もはや朝鮮、支那は盟友として恃むに足りない。

「我国は隣国の開明を待て共に亜細亜を興すの猶予あるべからず、寧ろ、その伍を脱して西洋の文明国と進退を共にし、その支那、朝鮮に接するの法も隣国なるが故にとて特別の会釈に及ばず、正に西洋人が之に接するの風に従て処分すべきのみ。悪友を親しむ者は共に悪名を免《まぬ》かるべからず。我れは心に於て亜細亜東方の悪友を謝絶するものなり。」[49]

福澤の「脱亜論」は最後の「亜細亜東方の悪友を謝絶する」部分だけが繰り返し引用されるけれども、福澤が両国を見限った理由は、その前段の「我が国は隣国の開明を待て共に亜細亜を興すの猶予あるべからず」にある。隣邦二国の前近代性に対する福澤の嫌悪と軽蔑は、先に近代化を遂げたことの自尊の産物だけではない。福澤は徹底的に「文明の人」である。彼が幕閣であった頃に、どれほど激烈な口調で幕府の腐敗と退嬰を罵っていたのかを思い出せば、福澤が李氏朝鮮に投げつけた「謝絶」の言葉は、彼が幕府に投げかけた「謝絶」の言葉とそれほど変わらないことがわかるはずである。

福澤が朝鮮に求めていたものは、平たく言えば開明性と道義性であった。たしかに、そのような稟質を当時の朝鮮指導者が持っていなかったことは事実である。だが、亡国の危殆に瀕した朝鮮の政局に乗じて、「分割」の当事者になった日本人に開明性と道義性があったとはとても言えない。歴史的「悪名」を免れんと願うなら、福澤は明治政府に対しても、かつて幕府にしたように、きっぱりと「謝絶」を告げるべきであった。

第二章

日韓合邦の夢

権藤成卿が長崎での読書生活を切り上げて、内田良平の招聘で黒竜会に参加するために上京したという明治35年（1902年）の時点で、権藤の伝記的記述の筆は止まったままであった。その続きを書く。

権藤成卿はのちに昭和初期に「社稷《しゃしょく》」という統治理念を掲げて、右派イデオローグの頂点に立つことになるが、黒竜会成立から大正末年にかけては内田良平の同伴者、黒竜会のブレーンという地位にとどまっていた。

内田良平と黒竜会

ここではまず、内田良平と黒竜会がいかなる歴史的文脈に位置するものかを見ておきたい。内田良平が弱冠19歳で天祐俠に投じたことは前に書いた。その後、24歳の時にシベリアに渡り、ウラジオストックで柔道の道場を開き、その卓越した武術によって「馬賊の間に著はれ、市井無頼の徒も畏敬せざるものなし」[50]と言われ、さらにシベリアを横断してペテルスブルクに至り、ロシアの現状について詳細な報告を上げた。

その『露西亜《ロシア》亡国論』は日露戦争前の主戦論の基本文献となり、『露国東方経営部面全図』は「シベリア・満洲における交通・都市・軍事施設等を記入した詳密正確なもので、日露戦争直前のロシア図としては国際的にも最高の水準を持ったもの」[51]と評価された。

日本政府は内田の『露西亜亡国論』を発禁とする一方、『全図』の方は日本軍にとって必須の情報として採り入れ、内田の諜報活動を支援するという両義的な態度で対処した。この若者がいずれ国にとって重要な働きをするメリットと、彼が政府のコントロールの効かない革命家に育つリスクの両方に気づいていたのだろう。

黒竜会は対ロシアの大陸攻略構想を持った当時最大の政治結社であったが、その主幹に推された時、内田良平はまだ27歳であった。権藤が長崎で読書生活をしている間に、内田良平は中央政界でのプレゼンスを確かなものにしていた。権藤成卿が内田良平と決別するのは関東大震災後である。内田良平の政治的「変節」を権藤が咎めたせいだと言われているが、人の「変節」を咎めるということはそれまで深い信頼を寄せていた人間に対してしか起こらない。

明治34年（1901年）1月、内田宅に平山周、葛生能久、吉倉汪聖、宮崎来城、権藤震二ら20余名が集まって「大陸経営の結社創立」のための趣意書、規約案を起草し、2月の黒竜会発会式には59名が来会し、内田良平が主幹に挙げられた。顧問は頭山満、賛助員として平岡浩太郎、犬養毅、鳩山和夫、大井憲太郎、河野広中、中江兆民の名がある。自伝『硬石五拾年譜』に発会の趣旨を内田はこう記している。

「蓋し会名を黒竜会と称したる所以のものは、西比利亜《シベリア》、満洲の中間を流るる黒竜江を中心とする大陸経営を策せんとするの意に出づるなり。」[52]

創立メンバーは内田と同じ玄洋社系の福岡派、権藤震二、宮崎来城ら久留米派、清藤幸七郎ら熊本派ら九州出身者が主体であった。成卿の弟、震二は当時新聞記者で、のちに日本電報電信社（今の電通）を興した人である。天祐俠のメンバーは鈴木天眼の系列以外全員が参加した。

黒竜会は対露主戦論の論陣を張ったせいで大日本帝国の大陸進出の露払いをする植民地主義者たちの巣窟と見なされるが、内田の大陸構想を徴する限りでは、単なる植民地主義とは言い切れない。内田の大陸経営論の特徴は、シベリア開発はロシア単独ではなし得ないという現地での見聞に基づいている。この宏大な土地の開発と文明化は諸国の協力抜きには不可能だと内田は考えた。

ロシアはシベリアから満洲を窺っているが、この領土的野心はむしろロシアの命取りになると内田は見た。今のロシアは、政治は乱れ、官吏は賄賂を求め、政商は私腹を肥やし、信仰は衰微し、下層民はあるいは賭博に耽り、享楽に溺れ、都市労働者や学生の間の反政府機運は危険水域に達している。領土拡張戦争をするだけの国力がロシアにはない。

「領土を拡むれば拡むる丈《だけ》、其怨望の民を増し、益々怨心連結の区域を大ならしむるに過ぎず。（……）露の全土は正に不平の伏火坑なり。」[53]

ロシアが極東で戦争を始めれば、それは「亡国の端緒」となり、帝国の終焉を早めるだけだろう。「露は人の之を滅ぼすを竢《ま》つ迄もなく、先づ自ら亡ぶべきものなり」[54]という内田の知見は日露戦争前夜の現状分析としてはきわだって正確なものであった。

ただ、これだけでは対露主戦論としては足りない。なぜ、「自ら亡ぶべき」ロシアを日本が討たなければならないのか、その理由が必要である。内田はここで「大陸的ロシア」対「太洋的日本」の対立が必然であることを説く。

大陸国ロシア国民はその苛烈な風土のせいで剽悍《ひようかん》で、残忍で、万事が極端から極端に流れるという特性を持っている。政体としては独裁者による強権支配を求める。一方大洋国である日本には温暖な気候、肥沃な土壌に恵まれたせいで「天然の宗教」がある。

「天然の宗教には朽廃《きゆうはい》なく、障害なく、敵手なくして万人に対すれば万人を容れ(……)善悪清濁を包容して無尽の徳あり。日本人は乃《すなは》ち過去三千年間、此天然教の無尽徳に育成せられ、終に世界無類の国体を今日に伝へ、世界無双の健全なる民性民質を発揚せるものなり」[55]

内田がここで言う「天然教」はむろん天皇制のことである。滝沢誠は日露のこの二項対立的関係をこう総括する。

「内田のいう大陸的ロシアと太洋的日本の相違は、大陸的気候風土と海洋性温帯モンスーン気候風土のもたらす国民性の相違、そして覇道的ロシアと皇道的日本の相違をいうと考えて良いだろう。」[56]

この大陸国対海洋国という二項対立図式に私は既視感がある。カール・シュミットが『陸と海』で言及した図式と酷似しているからだ。シュミットはこう書いている。

「世界史は陸の国に対する海の国のたたかい、海の国に対する陸の国のたたかいの歴史である。」[57]

ここでシュミットが対比したのは「陸の国」ロシアと「海の国」イギリスである。シュミットはロシアを巨大な陸の獣「ビヒモス」に、イギリスを巨大な海の獣「リヴァイアサン」に喩えた。この対立は遠くギリシャとペルシャ、ローマとカルタゴの対立に遡る。そして、16世紀に「二つの異なった種類の狩猟者」が登場して世界史を塗り替えた。[58]

結果的には北大西洋の小さな島国であるイギリスが海戦と交易によって「全地球的な空間革命」を成し遂げ、「陸に背を向け海に賭けることによって世界帝国の中心となった」のである。[59] もちろん内田良平がカール・シュミットを読んでいるはずはない。ナチスを思想的に支えたシュミットが「陸と海」の二元論を語ったのは彼がニュルンベルク裁判で不起訴となった後の１９５４年のことだからである。

シュミットに先立つこと半世紀、明治末年に内田良平はつとにこの地政学的な構図を提示していたことになる。この思想的先見性は評価に値するだろう。ただし、この時期の黒竜会は著作物すべてを内田良平名義で統一しているが、武田範之も権藤成卿も黒田名義で書いているので、この陸海二元論もあるいは両者いずれかの発案になるものかも知れない。

ともあれ、この図式によって、これからのち日露がもし戦うとしても、それは日本にとっては領土的野心によるものではなく、その「三千年」来の国家的召命に従っての行動だという名分が立つ。そして、皇道的日本が王道的ロシアを破るのは「野蛮に対する文明の勝利」であるという進歩史観がその戦いを正当化することになる。

内田の対露主戦論のかんどころは何よりも国際社会に対して「名分」を立てることにあった。だから、内田はロシア国内の革命的学生たちの戦いについても、それを野蛮に対する文明の抵抗という視点で肯定的な評価を下したのである。

「彼れの大学は、彼れに在りて唯一の智識研究所たり。一歩大学を去れば、彼の社会は文明に於て暗黒たるが如く、智識に於ても亦全然暗黒たり。（……）去れど学生は活物にして年少気鋭なり。（……）極端なるスラーブの学生は、極端なる政府の施政と絶へず衝突して、其鋒鋩《ほうぼう》を現はす所極めて壮烈なり。」[60]

明治30年代の時点で内田は「二十世紀の劈頭には、露西亜に大革命あるべし」[61]と予言している。そして、その革命運動を皇道的日本は支援しなければならない。単にそれがロマノフ王朝の帝国を内側から瓦解されて、日本に地政学的得点をもたらすからだけではなく、その革命そのもののうちに世界史的な「光明」を見たからである。

「太洋的なる日東の君子民族は、他邦の革命党の意気に感じ、前後数回、之に対して出来得る限りの助力を与へ、産を破り、家を捨て、命を賭して他と浮沈を共にするを辞せざりしことあるを。君子民族の前には唯正義と血誠あり。成敗利害は、彼等の問ふ所にあらざるなり。」[62]

ここが内田の対露論の「きかせどころ」である。内田は日本の壮士たちがこれまで「産を破り、家を捨て、命を賭して」共闘してきた革命家たちの名前を誇らしげに挙げる。金玉均、全琫準、梁啓超、孫文、マリアノ・ポンセ。なぜ彼らは祖国での革命闘争のための支援を日本に求めたときにまず玄洋社、黒竜会を頼ったか。彼らが「他と結ばずして、先づ我に頼らんとせるもの、豈《あ》に偶然ならんや」[63]。

アジアの革命家たちとの連携という歴史的事実が、日本の対露戦が帝国主義的野心によるものではなく、アジア解放のための戦いであるというロジックに力強い論拠を与える。滝沢は内田の論の立て方の鮮やかさを認めつつ、これがのちの「有色人種対白色人種」という大アジア主義の理論的足場を提供したことを指摘している。

「この問題は、近代日本に背負わされた宿命的設問であり、その問題設定は太平洋戦争において権力者とそれに迎合するジャーナリズムの手によって最高に昂揚され、世界皇化、『八紘一宇』の精神が、その戦争を白色人種からアジア諸民族、さらに全世界の有色民族を解放するための義戦として正当化されるために使用されたことは我々にも耳新しい事実である。」[64]

だが、明治政府は内田の主戦論を受け容れず、『露西亜亡国論』は出版と同時に発禁となった。内田の地政学的な物語はたしかに勤皇イデオロギーという骨格によって貫かれてはいるが、明治政府の頭越しに他国の革命家と連携する「私的外交」を展開しようとするものであり、本質的に秩序壊乱的だったからである。

勤皇イデオロギーは「有司専制」を廃して「一君万民」の平等の政体をめざす革命運動と矛盾しないことは先に述べた。内田良平は主観的には「革命家」であった。そして、この「大陸に天然教に教化された千年王国を建設する」という内田のアイディアは樽井藤吉の「大東合邦論」、権藤成卿の「鳳の国《おおとりくに》」構想や出口王仁三郎《でぐちおにさぶろう》の「大高麗国建設《だいこうらいこく》」構想、石原莞爾の「満洲国」構想にやがて展開するのである。

一進会と日韓合邦論

権藤成卿に話を戻す。権藤は明治35年（1902年）に創設間もない黒竜会に招かれて、内田良平のブレーンとなる。以後、権藤は関東大震災を機に内田と決別するまで、黒竜会のほぼすべての活動に関与し、武田範之と共に、多忙の内田に代わって多くの文書を草した。

内田が口頭で述べた言葉を論理的に整え、文飾を施す「ゴーストライター」の仕事に権藤は満足していたのか、それとも権藤自身の思想を全身全霊を挙げて「代弁」してくれる人物を得たことを奇貨として「ゴーストライター」の地位を功利的に活用したのか、その辺りのことは不分明である。ただ、のちに触れる「鳳の国」の構想にはその後に権藤が展開する「社稷」思想が部分的には滲出している。

内田良平は略伝から知れる通り、「出たこと勝負」で一気に状況を変える天性のアクティビストであって、精密な政治理想を熟成させてゆくというタイプではない。両者の気質の違いを考えると、日韓合邦の達成まではアクティビスト内田良平の仕事としても、それをさらに北東アジア全域に拡大するという「鳳の国」構想は理論展開を主務とする権藤成卿の起案になるものと考えてよいだろう。

内田がその実現に一臂《いっぴ》の力を貸すことになった日韓合邦は日韓双方にその支持者がいた。その主要な登場人物をここで素描しておく。

韓国側で合邦論を主導した一人は李容九《イヨング》（1868―1912）である。両班の門閥の家に生まれたが、東学党の乱では叛徒を率いて日本軍と戦った。東学党の壊滅後は李朝の追及を逃れて、東学を改め天道教と称し、地下の布教活動に入り、日露戦争前夜には50万人の信徒を擁したと言われている。

李容九は東学党の乱の時には反日であったが、訪日して明治維新後の新興国家の勢いに大いに感じるところがあり、朝鮮の近代化の喫緊であることを悟って親日派に転じた。アジア諸国は団結して欧米帝国主義列強の侵略に抗すべきこと（アジア主義）、韓国の富国強兵を図ること（近代化）を主張した。そして、東学党以来の政治革命の失敗の経験から、朝鮮人単独の力で李朝体制を転覆することはできないと考え、日韓の政治的連携を模索することになる。

もう一人は宋秉畯《ソンビョンジュン》（1857―1925）。武科に採用され下級官吏となるが、日韓国交開始以後、日本大使の随員に登用され、日本人と交わり親日派となる。そのせいで韓国官民から迫害を受け、投獄や拷問を経験した。出獄後日本に避難し、日本名を名乗り、生業を営んだが、日露戦争が起こると軍事通訳として帰国。親露派に対抗して、京城政界の同志を糾合して親日派の維新会を率いることになった。

李容九率いる進歩党と宋秉畯率いるの維新会が合併してできたのが一進会である。その経緯と会の性格について内田良平はこう証言している。

「両派合同して一進会と改称し、断髪するを以て会員章とすることとなし、旧弊打破に邁進し、頑迷なる官吏と闘い、一面においては北韓輸送隊を編制して日本軍の咸鏡道における軍事行動を援助し、（……）偉大なる実力を示した。（……）元来一進会は、韓国の階級制度、すなわち文武両班《ヤンバン》の出にあらざれば文武の官途に就くを得ず、官吏は（……）人民を搾取し、不法の権力を振って人民を納税機械のごとくに扱い、牛馬のごとく使役する悪制度を打破せんと欲し、東学党の前身時代から闘争し来ったものであるから、韓国政府ならびに両班階級の者はこれをにくむこと蛇蝎のごとく、機会あらば一進会を倒さんと策謀していたのである。」[65]

この時期、朝鮮国内には反日派の李容翊《イヨンイク》（1854―1907）の率いる保安会という組織があり、他方に親日派の一進会が対立するという構図があった。一進会は大韓帝国政府と守旧派から見れば、「革命勢力」であり、日本と通じる「内患」であった。当時京城に滞在していたスウェーデン人ジャーナリスト、アーソン・グレブストは一進会について批判的なコメントを残している。

「日本の御用団体である一進会（……）が発足し、日本人から莫大な経済的支援を受けた。朝鮮人だけで構成された一進会は、日本人が提案したことがらや、またすでに推進中であることがらが朝鮮の将来のために大変望ましいことであると宣伝にこれ努めた。」[66]

グレブストは1905年、日露戦争のさなかに京城で行われた一進会の集会を取材した時の光景をこう記している。

「外は雑踏でごったがえしているが、人の流れがみな同一方向へむかっている。（……）見渡すかぎりの広びろした野原に出た。そこまで人の波がとぎれず列をなしている。あまたの人びと小さなが小さな青い帽子をかぶっていたが、彼らこそがまさに一進会に属する人たちなのだ。愛国者たちは一進会の名を耳にしただけでも、心臓に鞭うたれるような痛みと、国と民族の臨終を知らせるらっぱの音を聞くようなつらさを感じた。（……）ソウル南方のとある丘の上が（……）まさに集会場所だった。私がついたころにはすでに、この門のまわりに数千名の人びとが集まって地面に座りこんでおり、時間とともにその数も増え、あっという間に数万を数えるにいたった。」[67]

この集会とはおそらく明治38年（1905年）3月の一進会の発会式のことである。この時、かつての東学党員たちが地方から京城に陸続と結集したわけだから、「その数数万」というのも、あながち誇張ではないだろう。彼らは「ことごとく言いあわしたように鳥打帽につるまきを着し、その帽子にはAの徽章をつけ」ていたと言う。

「龍山に近づくにしたがって、例の鳥打帽とつるまきの群衆がいよいよ多くなって、会場近くはただ人の黒山である。」[68]

この式典には保安会も含めて「朝野の有力者」が来賓として招かれ、李容九が発会の趣旨を述べ、祝宴には京城中の妓生《キーセン》が集まり盛会をきわめたという。この時に採択された一進会の綱領は「一、李朝五百年来の暴虐政治を脱すること。二、生命財産の安全をはかること。三、外国の軍事行動や、圧迫による併呑をまぬがれ、二千万民衆を奴隷的境遇からすくうこと。四、二千万民衆を文明に浴せしめ、子々孫々にまで福祉を享受させること」というものであった。[69]当時の民衆がどこまでこの綱領を信じたのかはわからない。だが、彼らを「売国奴」と呼ぶ人々たちと一進会はしばしば乱闘事件を起こしたとグレブストは記している。[70]

一進会の日本側のカウンターパートは内田良平と武田範之であった。元天祐俠のこの二人は、今度は革命家としてではなく、伊藤博文の「嘱託」として京城で活動していたのである。なぜ内田が伊藤の部下になったのか。その事情を理解するために、日韓併合前の朝鮮の政情について、少し先まで含めて要約しておこう。

東学党の乱に至る経緯は前に記した。外戚による勢道政治が60年間に及び、政治は荒廃しきっていたが、高宗が国王に即位（１８６３年）すると、その実父である大院君が政治の実権を握り、外戚による勢道政治を終わらせた。外交の基本方針は攘夷鎖国。カトリックを弾圧し、フランス人神父らを殺害し、通商を求めてきた米商船も撃沈したことまではすでに書いた。

しかし、その後１８６６年に閔妃が王妃として王宮へ入ると、大院君と閔妃一派の激烈なヘゲモニー闘争が始まる。１８７３年、高宗が成人すると親政を宣言し、大院君の支配は終わる。それに代わって閔氏一族が政治の実験を握り、再び勢道政治が始まる。

閔妃派は大院君の鎖国政策を捨て、開国へ転じた。１８７６年に日朝修好条規（江華島条約）が締結される。

条約締結に至るプロセスはその20年前に日本がペリー提督の黒船来訪の圧力で日米和親条約を結んだのと同じ「砲艦外交」であったが、これがきっかけで朝鮮は米、仏、露とも通商条約を結び、開国に踏み出した。しかし、国内政治では、閔氏派（開化派）と大院君派（守旧派）の対立は深刻化するばかりで、両派間での暗殺が横行し、政治は乱れに乱れた。

閔妃が親日政策から宗主国清に頼る事大主義に傾き始めると、親日派の金玉均は「甲申政変」で閔妃を排除しようとしたが、袁世凱率いる清軍が介入して、開化派政権は三日天下に終わった

（1884年）。金玉均は日本に亡命し、のちに閔妃が送った刺客によって上海で暗殺され、死骸がさらし者になったこと、それを機に福澤諭吉が「脱亜論」に転じたことまではすでに記した。

日清戦争後、大院君派は清を後ろ盾にする閔妃に対抗して、勝者日本の力を頼むようになる。これに対処するために、閔妃は清を見限り、ロシアに接近した。そのせいで閔妃は大院君派、守旧派、親日派、さらに日本政府を次々と敵に回すことになった。それが王宮に日朝の軍人、警官、壮士が侵入しての閔妃暗殺事件の伏線となった（1895年）。

閔妃暗殺の日、高宗は難を避けてロシア領事館に退避した。のちに高宗は王宮に戻るが、現場から逃走したことで高宗の当事者能力の欠如が露呈し、王権は著しく失墜した。そして、日清戦争後の下関条約で李氏朝鮮は清の冊封体制から離脱し、清との宗属関係が消滅し、形式的には独立国家となった。高宗は皇帝に即位し、この時に国号を大韓帝国に改称した。

1904年に始まった日露戦争に日本が勝利すると、ロシアは韓国における日本の優越権すなわち「日本が韓国に指導、保護および監理の措置をとることを妨げない」ことをポーツマス条約で認めた。こうして、韓国は事実上日本の保護国となった。日本は大韓帝国の外交権を奪い、内政全般に干渉するようになる。

1906年、日本は韓国統監府を置き、伊藤博文が初代統監に任ぜられた。伊藤の渡韓に先立ち、内田良平は玄洋社の杉山茂丸の推挙を得て霊南坂の官邸に伊藤侯を訪れた。伊藤は韓国の国情に通じた人物を求めていたので、内田の登用を決め、支度金も下付した。杉山の推薦の弁は「無双の名馬あるも、惜むらくは御するものなし。天下此の馬を御するもの侯を措いて他に求むべからず」というものであった。[71] こうして、内田良平は伊藤博文の「ボディーガード兼私的調査機関員」という立場で京城の客人となったのである。[72]

赴任早々伊藤はまず韓国社会の旧支配階級の人々と友好的な関係を取り結ぼうとした。統監府の一隅を「老人亭」と称し、日韓の長老を招いて漢詩の会を催し、文雅による友誼を図った。韓国の両班たちは、自国の下層階級よりも日本の上流階級の方に少なくとも文化的には親近感を抱くはずだという伊藤の着眼点は間違ってはいなかった。事情は同時代のヨーロッパと変わらない。マルクスが「万国の労働者、団結せよ」と獅子吼したのは、資本家たちは国境を超えて連帯していたからである。どの国でも、権力者は自国の革命家より他国の権力者と利害を多く共有する。歴戦の伊藤はそのことを熟知していた。

老人亭での日韓貴人たちの風雅の交わりとは別に、伊藤は内田に特命を発して国内の革命勢力との接触を図らせた。伊藤は、韓国内の旧来の支配勢力と新興の革命勢力の両方との繋がりを持つことがリスクヘッジになると考えたのである。周到な植民地支配者である。その消息について内田は伊藤総監に次のように上奏したと書いている。

「統監にして韓国指導の目的を達せられんとするには、親日、排日の両派を駕御し、両派をして統監の信用を得べく競争せしむるところに指導の妙諦あらん」[73]

親日派とのコンタクトを求めて内田は天祐俠以来の「東学党の残党」である一進会会長李容九と出会い、この出会いをきっかけに日韓合邦論が加速する。内田の回想によれば、李容九の最初の会見は明治39年（1906年）10月。内田が「韓日連邦」がなった場合に、公称100万会員を擁する一進会は会を挙げてこれに賛同するかと問うと、李は「余の素志亦《ま》た丹芳氏（樽井藤吉）の所謂《いわゆる》大東合邦論に在り」と答えたという。[74]

果たして内田のこの回想にどこまで信頼性があるのか、裏づけがない。滝沢誠はこう書いている。

「百万会員の生命と財産をあずかる一進会々長の李容九が、初対面で若冠三十三歳の総監府嘱託員内田良平に、会員の運命を左右する重大な約束をかわしたとは、とうてい考えられない。また、李容九が当時日本国内でも空論として全然かえりみられなかった樽井藤吉の合邦論を全面的に受入れ、その構想にもとづいた日韓の合邦を考えていた、というのも疑わしい。」[75]

一進会と合邦案の詰めを行ったのは実際には武田範之である。武田はまず一進会の前会長の尹《ユン》始炳《シビョン》と会談した。二人は東学の来歴や教義について語ったが、この時武田が尹に対して「天祐俠の時授かった東学に伝わる秘密の咒文」を唱えると、尹と武田は「十年の知己のように急速に近づ」いたと内田は記録している。[76] 同日、武田は李容九と初めて出会う。その印象を武田はこう記している。

「教主断髪洋服。美髯《びぜん》を蓄え。風丰瀟洒《ふうぼうしょうしゃ》。微笑を含んで入る。然《しかして》日角《にっかく》隆起。風のような目海のような口。音吐《おんと》鐘の如し。」[77]

日角とは観相学で額の中央のことで、ここが隆起するのは貴人の相とされた。音吐とは語る声のことである。二人は痛飲したあと、酔余の戯れに武田は偈《げ》を作り、李は漢詩を返した。この時代の日韓中の人々は異国の人と対面した時、その容貌と音声に基づいて器量を鑑定し、草する漢文を以てその学殖と知性を鑑定したのである。漢文がリンガフランカであったからこそ韓国や中国の革命家たちと日本の壮士たちは対面してただちに同志的連帯を約することが可能だったのである。今の日中韓の間にはもうリンガフランカが存在しない。それが東アジアにもたらしたコミュニケーションの蹉跌は私たちが想像するよりはるかに深い。

樽井藤吉と『大東合邦論』

欧米列強に対抗するためにアジア諸国は団結すべきであるという「アジア連帯論」は明治初年

から説かれた。植木枝盛も大井憲太郎も樽井藤吉もアジア連帯論を語った。そして、例外なく、日本が民主化において一歩先んじている以上、アジア諸国の民主化を（それが上からの近代化であれ、革命闘争であれ）支援する義務があるという「日本前衛論」の立場にあった。

集団的な闘争の「前衛」であるということと、その集団の「盟主」であるということは論理的には別のことである。玄洋社が「有色人種として欧米人に対抗するには軍国の設備が必要」であるという前段から「東洋の盟主」としてアジア諸国に君臨すべきであるという「盟主論」を導き出すのは明治20年（１８８７年）のことであるが、ここには明らかに論理の飛躍がある。前衛の主務は最前線で戦って血路を切り開くことであって、戦いを差配することではない。前衛のメッセージは「わが屍を越えて進め」であって、「私に従え」ではない。

ただし、玄洋社が民権論から国権論に、前衛論から盟主論に転向したからといって、アジア主義者のすべてがそれに倣ったわけではない。樽井が日韓の対等合邦を提案したのは、それより数年後であるが、ここには「盟主論」の臭みは感じられない。

アジア主義は決して一つの思想ではない。竹内好が言うように「範疇としてアジア主義を固定する試みはかならず失敗するだろうと思う。アジア主義は多義的だが、どれほど多くの定義を集めて分類してみても、現実に機能する形での思想をとらえることはできない」からである。[78]

樽井藤吉（１８５０―１９２２）は大和の人である。上京して平田派国学を学び、西南戦争では西郷側に立つ。敗戦後、無人島に理想の村をつくろうと植民に取り組み失敗。長崎に転じた時に自説が西洋の「社会主義」に近いと教えられ、佐賀を拠点とする「東洋社会党」を結成する。ただちに解散命令を受け、樽井は禁固刑に処される。出獄後、玄洋社の平岡浩太郎、頭山満の知遇を得て、金玉均に出会い、韓国での政治革命に実力で関与する計画を立てる。しかし、韓国での爆弾闘争をめざした大井憲太郎や景山英子らが逮捕され、樽井も連座して再び獄に繋がれる（大阪事件）。出獄後の明治25年（1892年）に衆議院議員に当選。その翌年に『大東合邦論』を刊行している。まことに波乱に富んだ人である。だが、明治時代の活動家にこれくらいの経歴の人は珍しくはなかった。

『大東合邦論』は漢文で書かれた。韓国中国の知識人たちを読者に想定して、当時の東アジアでのリンガフランカであった漢文で記したのである。以下に引くのは竹内好による現代語訳による。

樽井はまず「連邦」「合邦」という制度が決して珍しいものではないという歴史上の事例の列挙から始める。合邦はギリシャに始まり、近代でもドイツ、イギリス、アメリカ合衆国がその制を採っている。「わが日韓両国は、その土は唇歯《しんし》、その勢は両輪、情は兄弟と同じく、義は朋友に均《ひと》し」という条件にあり、「智識を発達せしめ、もって開明の域に進まんと欲せば、両国締盟して一合邦となるにしかず。和は天下の達道なり」[79]。

欧米にはこの制を採るものが多いが、東アジアには先例がない。新規の説であるが、それだけの理由で「妄誕無稽《もうたんむけい》」の説としてこれを退けることはできない。合邦の説を唱えるのは「時運と境遇とにしたがって音調を成」したものであって、頭の中でこしらえた空理空論ではない。[80]「日韓合邦のこと、たとい今日に成らずとするも、他日あに合同の機無からんや」。[81]問題はそれが時節に合うかどうか、それだけである。合邦してできた国の国号は「大東」。この名を撰した理由を樽井はこう書く。

「大東となすは、両国将来の隆盛日の升《のぼ》るがごときを祝うなり。(……)爾来国人は東字をもって別号となす。(……)朝鮮また東字をもって別号となす。その朝鮮を称せるは、上古檀《だん》君《くん》に始まる。太陽東に出で、朝気鮮明の義を取るなり。(……)両国、東字を用うること符節を合するがごとし。」[82]

日韓はともに欧米列強に比す時、国力微弱である。

「朝鮮のごとき、その政治なお君主専制にして、国力微弱、その国民痛苦を感ずるは、また応《まさ》に我と同じかるべし。いやしくも感を同じゅうせば、なんぞ同気相求め、同病相憐まざる。古言に謂う『呉越の人､互に敵視するも､同舟して颱風《ぐふう》に遭《あ》わば協力してこれを防ぐ』と。今、わが二国は、なお宇内《うだい》の一大風潮に遭いて、東洋に漂蕩《ひょうとう》する舟のごとし。その舟中の人を顧視すれば、同種の兄弟なり。（……）なんぞ協心戮力《りくりょく》、もって颱風怒濤を防がざる。」[83]

ここでいう「颱風」「一大風潮」とはもちろん欧米列強による東アジアの植民地化の圧力のことである。

樽井は合邦の利点を挙げる前に、まず合邦反対論を駁《ばく》すところから始める。反対論の一は「朝鮮は貧弱の国なり、今あえてこれと合するは、これ富人の貧者と財産を共にするの理なり」、そんな損なことをなぜするのかという銭金の話である。樽井はこれに見事な反論を立てる。

「古より、貧人の変じて富人となり、弱国の化して強国となるもの、枚挙に暇あらず。現状を目してもって将来を侮《あなど》るべからざるなり。」[84]

これは今日の日韓を観ればまことに「その通り」という他ない。一人当たりＧＤＰで韓国はすでに２０１９年に日本を抜いた。樽井はさらにこう続ける。

「昔我が国は韓土に学びて今日の盛有り。今我の彼を導くは、徳に報ずるなり。」[85]

日本は朝鮮から文化的な「贈与」を受けた立場である。恩を返す反対給付義務がある。これは文化人類学的にも倫理的にも正しい言明である。国防上の利点もある。

「辺境の守禦《しゅぎょ》を負荷するは、ただに朝鮮の守禦のみならず、また我の守禦なり。朝鮮にして他邦に侵犯せられれば、合同せずといえども傍観すべからず。ゆえにいわく、朝鮮の守禦はすなわち我の守禦なりと。（……）朝鮮の利はすなわち日本の利、日本の利はすなわち朝鮮の利なり。いやしくも合すればあに彼我の別有らんや。」[86]

この一節は私たちの胸を衝く。40年後の日本人は「内鮮一体」「満蒙は日本の生命線」というほぼ同型のロジックで他邦を土足で踏みにじったのだが、その時にはもう「徳に報じる」という倫理的な責任感は見るべくもなかった。

たしかに朝鮮は今は弱国であり、貧国であるけれども、それは政治の責任である。政治を正せば朝鮮は甦るはずだ。

「朝鮮に禍乱の兆有るは、実にしかり。しかれども禍乱なるものは、人為なり。天造にあらざるなり。合邦の制成りてその弊革《あらた》まらば、また自然に消滅せん。」[87]

朝鮮の政治が乱れているのは弱国だからである。合邦して強大となれば、おのずと「自主の気象」が生まれるはずである。

樽井は続いて征韓論を駁す。私は寡聞にしてこのような人情味のあるロジックで征韓論を非とした経世家のあることを知らない。

「国人かつて征韓論を唱うる者有りき。それ戦ってこれを取らば、必ず国力を疲靡《ひび》し、もってその怨を買わん。論者これを知ってなおこれを取らんと欲するは、外人のこの地に拠るを恐るればなり。いま協議してもってこれを合するは、その大幸たる、はたして如何《いかん》ぞ。けだし大公を持してもってこれを合すれば、我は兵を用いずして朝鮮を取るなり、朝鮮もまた兵を用いずして日本を取るなり。一将の功成らずして、万人の骨は枯るるなし。兵争に費やすの資をもって、朝鮮の開明を誘《みちび》かば、これ怨を買わずして徳を樹《た》つるなり。」[88]

ここで言う「外人」はおそらくロシアを指す。仮にロシアに本格的に対抗するためであればなお朝鮮を「取る」ために戦費を失い、死傷者を出し、朝鮮人の憎悪と怨恨を買うだけの「征韓」は愚策である。

「日韓両国は戦うべきの国にあらずして、相和すべきの国なり。」[89]

だが、朝鮮の人々はこの言を信じるだろうか。

「しかれども朝鮮人この説を聞かばまさに言わん、これ日本人の詭弁を弄してもって我を瞞《あざむ》くなりと。ああ。余を目するに詭弁の徒をもってするか。」[90]

こう樽井は長嘆する。

樽井は大韓帝国の王統を守ると約束する。合邦は朝鮮皇帝が日本の天皇に臣属することを意味するのではない。二つの王統が「兄弟の誼を結び」、並立するのである。合邦した両国はそれぞれの王を戴く。

「合邦の制はその民たがいに合邦の君を尊奉すればなり。」[91]

ただし、樽井は日韓の合邦は説くが、清国との合邦は難しいと書く。ほんとうなら東アジア全体が一連邦をなすことが望ましいのだが、そのためには「漢土、韃靼、蒙古、西蔵の諸邦」が「その自主を復し」、独立国であることが条件となる。だが、清国が韃靼、蒙古、西蔵をあくまで自国辺境の属国と見なして、宗主権を手離さないのであれば、日本からするその呼びかけはこれらの辺境諸邦に清国からの独立・内乱を指嗾《しそう》するものとなる。これは清国にとっては許し難いことだろう。

「ゆえにわが日韓、よろしく先に合して清国と合縦《がっしょう》し、もって異種人の侮《あなどり》を禦《ふせ》ぐべし。合縦は合邦とおのずからその制を異にす。」[92]

だが、日清両国の連携はこれからもめざさなければならない。今、東アジアが植民地化されずにいるのは、日本と清国という二つの強国があるからである。

「東亜に幸いにしてこの二強国有って、わが黄人種の威厳を保つ。もし黄人中この二国無くんば、かの白種人まさにわがアジア全洲を蹂躙《じゅうりん》し、わが兄弟黄人を奴隷にすること、アフリカの黒人と何ぞ択《えら》ばん。」[93]

戦国時代に秦がその精強を以て次々と諸国を滅ぼした時、最後に斉と楚が残った。斉の臣は諫言して、今は楚と同盟して秦に対抗すべき理を説いたが、斉王は耳を貸さず、秦王と組んで楚を滅ぼした。秦はそのあと当然のように斉を討ち滅ぼして天下を統一した。

樽井は日清両国は「斉と楚」であると言う。連合して戦えば「白人に敵するに足る」が、白人による離間工作に乗ぜられるなら、どちらも滅びる。だが、清国はアヘン戦争以来中国領土を蚕食している当の英国と結んで、日本を遠ざけようとしている。なぜ「同種の友国と協和してもって異種人の侮を禦がざる」か。[94]

清は今や日韓合邦の最大の障害となっている。日韓両国は独立国である。独立国同士が合邦を議することにどうして介入するのか。もし朝鮮は清国の属邦であるからと言うのであれば、韓国皇帝が形式的に臣下の礼を取ることに日本は反対しない。だが、臣下の礼を取っているのはあくまで君主一人であり、国民全体が清国の臣下であるわけではない。樽井はそうまで論じる。大東合邦は清にとって益あって害なき策である。清の東方に列強の侵攻の「楯」になる一大強国が出現するのである。

「もし日韓をして盛大を致さしめば、これ清国の強援たるなり。(……)朝鮮をして恃《たの》むに足るの友国たらしむるは、清国今日の急務なり。」[95]

樽井の『大東合邦論』の主意は以上である。21世紀の地政学的環境の中で読むとまったくの「空論」のように思えるけれども、それは私たちの「後知恵」が働いたせいである。あらゆるテクストはそれから後に起きたことについての情報を「抜いて」、まだ未来が未知であった時点に想像的に立ち還ってそこで読まなければならない。この時点では、「日韓合邦」は両国のかなりの数の人々にとって朝鮮の衰運を回復する起死回生の妙手と思えたのである。

合邦論の挫折

日韓合邦の素志がどのようにして「韓国併合」という帝国主義的な解に帰着したのかについては、合邦運動を日本側で指導した内田良平が『日本之亜細亜』（１９３２年）で詳細に回顧している。当事者ゆえ、出来事の歴史的評価や人物評価には主観的なバイアスが強くかかっているが、それでも第一資料としては他に得難い。

一進会を率いる李容九、宋秉畯と内田良平の邂逅と、「東洋諸国力を一にして西力に対抗すべきアジア聯邦《れんぽう》を結成すべし」という合邦構想の合意までは先に述べた。内田と武田範之は一進会の「師宝」の称号を贈られ、顧問格となり、一進会と黒竜会が中心となって、日韓合邦構想が練られた。合邦の実現には、朝鮮総監と皇帝の同意はどうしても必要である。総監伊藤博文は内田の構想を大筋では考慮の価値のあるものとして受け入れた。一方、大韓皇帝高宗は日本を強く警戒し、二次にわたる日韓協約で日本に奪われた外交権を奪還するために列強に対する密使外交を行った。しかし、１９０７年のハーグ密使事件[96]の致命的な失敗によって高宗は退位を余儀なくされる。

この前後に、いわゆる「鳳の国」構想が提示される。内田は伊藤総監に一進会への「授産資金」の下賜を懇請していた。それは壮大な「アジア聯邦」プロジェクトの資金となるべきものであった。内田は自分の計画をこう説明している。

「著者の計画はかねて李容九、宋秉畯と熟議の結果、日韓合邦の後は、一進会百万の大衆を率いて満洲に移住せしめ、支那革命の機に乗じて満蒙を独立せしめ、日韓聯邦にならいて、満蒙を聯邦国たらしめんと企画し、すでに間島《カンド》には多数の一進会員を移住せしめ、その素地を作っていたのである。」[97]

間島はもとは豆満江《とうまんこう》の中州を意味したが、河を越えて満洲に移住する朝鮮人の増加と共に範囲は拡大し、後には豆満江以北の朝鮮人居住地全体をそう呼ぶようになった。

内田は伊藤総監からの授産金を資本に事業を起こし、一進会員を間島に移住させるための授産活動を行うつもりでいたのである。

伊藤をはじめ枢密院議長山縣有朋、総理大臣桂太郎、陸軍大臣寺内正毅らの元老を説き伏せて「日韓合邦に対してはほとんど異議なきに至らしめた」[98]はずであったが、実際には合邦後の統治機構がどういうものかの説明がない。内田自身が韓国人に対して「いわゆる合邦なるものはいかなる形式を具備するものなるか、これを説明して首肯《しゅこう》せしめることとまことに至難の業」であると認めている通りである。日本人が思い描く合邦と韓国人が思い描く合邦は「同床異夢」なのである。

そこで内田は合邦提議書起草に際して、「断然説明を廃し、単に合邦の大標題のみを立て置き、これを聯邦と解し、あるいは政権委任と釈《と》くものあるべきも、それはすべて各自の解釈に任せ、彼らを統率し節制して進行せば、結局統治権全部の授受を完成するを得べし」と李容九を説き伏せた。[99]

つまり、韓国人たちが「対等合邦」だと「各自の解釈」をしている間に「統治権全部の授受」を完成してしまおうというのである。芸が込んでいるのは、これを韓国側から提議させたことである。たしかに韓国の管轄権は日本が持っており、それは国際的にも認知されているけれど、「我より進んで合邦する時は、聖徳を損ない、列国の抗議を将来する憂い」がある。どうしても韓国側から「ぜひ合邦したい」という申し出があり、それを受諾したというかたちにしたい。

帝国主義的な領土拡張を「韓国側からの申し出を受諾する」というかたちで行うというのは別に内田の創見ではなく、この時期の日本政府の基本方針であった。国際社会からの批判を逃れるためにはどうしてもそのような「形式」が必要だったのである。

そのことについては、陸奥宗光自身が「我が政府の廟算」は「外交にありては被動者たるの地位を取り、軍事にありては常に機先を制せん」というマヌーヴァーにあると正直に書いている通りである。[100] つまり、外交的には「状況に強いられての選択で、本意ではない」というかたちを取りつつ、軍事的にはそうなった後に備えておく。次の文章は日清戦争開戦前の政府方針について述べたものだが、10年後も事情は変わっていないはずだ。

「我が政府はかつて朝鮮国を以て一個独立国としてこれを世界列国に紹介し、今回の事変に際しても固《もと》より決して該国の独立を傷害せずと各国に宣言したり。故に今その内政の改革を勧告するにも、表面上余りに手荒き方法を取る能わざるは論を待たず。欧米諸強国は将来我が政府が朝鮮に対し如何なる計画を施設すべきかと各々眼孔《がんこう》を披《ひら》いて環視し居るの際、我れもし一歩を誤らば殆ど四面皆敵の危険に陥らざる得ざるの期運たり。」[101]

合邦建議書の草案は内田と宋秉畯が作り、「博学かつ韓国流の漢文を書くことにおいて唯一人者」であった武田範之が建議書を仕上げ、李容九会長以下100万人の名を以て韓国皇帝、韓国総監曾禰荒助、総理大臣李完用に請願書を送った。こうして明治43年（1910年）8月に韓国併合条約は寺内正毅統監と李完用首相により調印され、日本は大韓帝国を併合、これにより大韓帝国は消滅し、大韓帝国政府と韓国統監府は廃止され、新たに朝鮮全土を統治する朝鮮総督府が設置された。韓国の皇族は日本の皇族に準じる王公族に封じられ、併合に貢献した朝鮮人は朝鮮貴族とされた。

純宗の勅諭は即位以来の国政の再建の努力について「由来積弱痼《と》を成し、疲弊極処に至り、時日間に挽回の施措望み無し」と悲観的に総括し、「寧《むし》ろ大任を人に託し完全なる方法と革新なる功効を奏せしむるに如《し》かず」と国政を「隣国大日本皇帝陛下」に丸投げすることを合理化した。「臣民は、国勢と時宜を深察し、煩擾《はんじょう》するなく各《それぞれ》其業に安じ、日本帝国の文明の新政に服従し、幸福を共受せよ」というこの勅諭を起草したのが誰であるかは内田の回想録には記載がない。総監か李完用か。内田ではない。内田は伊藤の死後、統監の跡を襲った曾禰荒助に疎んじられて、条約の調印の前年12月に帰国しているからである。内田は韓国駐屯軍参謀長明石元二郎より「君はすでに合邦の導火線に点火して、宿志の一半を遂げた」以上「余功を世人に譲る」べきだと説かれたと書いている。[102]

内田や李や宋は「すべての妨害反対に逆抗して、遂に勝利の凱歌を揚ぐるを得た」はずであったが、いざ蓋を開けてみると、韓国併合のエンジンであった一進会は用済みとなって文字通り「弊履を棄つるが如く」打ち捨てられることになった。日本政府の対応について内田は後年こう書いている。

「その結果は総督政治となり、その機構は主唱者等の希望を裏切りて、東亜連邦組織の基礎とならざるのみならず、一進会百万の大衆を満洲に移住せしむる計画さえも画餅《がべい》に帰したのであった。」[103]

当初は内田らの計画に大いに賛意を表したはずの桂首相も合邦が成るや、一進会を解散せよ、満洲移住の助成はしないと告げてきた。一進会解散費として下付されたのはわずか15万円。会員100万人に分配すると一人15銭。7年間日韓合邦のために奮闘努力してきた韓国の同志たちに対するこの仕打ちはあまりに非道なものであった。「会員はことごとく怨みを飲んで四散した」と内田は記す。[104]

その会員たちがその後どうなったのか、内田は書いていないが、その後の間島が朝鮮独立運動の一大拠点になったことから推して、「怨みを飲んだ」元一進会会員たちの相当数はその後に抗日義兵に身を投じたと推理される。

合邦構想が韓国併合に終わった後、李容九は心労のため病に倒れた。李が武田範之に送った手紙には合邦構想破綻後の窮状が伝えられている。旧一進会会員たちからは「国事成るとはこのことか、一進会の成功とはこのことか、会員の生活保証とはこのことか、国民の目的達成とはこのことか」と詰問され、周囲からは白眼視され、「小生ごときは虫けら、ゴミくず扱い」。もう帰るところもなく、死ぬ他はない。そして、内田良平も武田範之も日本政府に欺かれたのではないかという疑念を記している。[105]

この辺りの真相は内田の回想からだけではわからない。内田は初めから李を騙す気だったわけではないと思うが、どこかの時点で朝鮮の国益より日本の国益が優先すると肚を括った。それは天祐俠の竜頭蛇尾な終わり方ともどこか通じる。内田は感情の絶対量が多いけれども、強靭な論理の支えがない。

内田良平の回想は須磨で病を養っていた李容九を訪ねる場面で終わる。失意の李の「われわれは馬鹿でしたなあ」という自嘲に内田は慰めの言葉を失う。東学党の乱を戦い、破獄して北韓に逃れ、教徒を率いて日露戦争で日本の兵站を担い、戦後一進会会長となり、東亜連邦をめざして内田らと日韓合邦を策したが、その志を得ずして不帰の人となった李容九は今の韓国では「売国奴」という歴史的評価を下されている。内田の日韓合邦についての最後のコメントは次のようなものであった。

「李容九等の精神理想とする東亜連盟は、併合の目的達成後における当局の無理解冷酷なる処置により頓挫を来したるがごときも、今日満洲問題の解決すなわち満洲国の成立は、ようやくその一歩を進め来りたるもので、これが全目的を達成してその霊を慰めることは、著者等の常に責任を痛感するところである。」[106]

滝沢誠はこの内田の慚愧の念についてこう記している。

「内田良平に至っては、人生の後半を日韓合邦運動挫折の事後処理に費したといってよい。結果として、彼らの運動は、日本の朝鮮侵略のための尖兵の役割を果たしてしまったことは否定出来ない。内田は彼なりの弁明として、併合後一種の棄民となり行き場を失い、日本に流入し、日本の庶民の誰もがかえりみることのなかった朝鮮人に、大震災後『自由宿泊所・食堂』を解放したり、朝鮮人に参政権を与える運動をしたり、戦前の日本国内における朝鮮庶民の利益代表として代議士になった朴春琴を支援したりした。」[107]

微力なものであり、見るべき成果のない活動ではあったが、内田の素志がどこに存したのかを知る手がかりではある。

大高麗国構想

また時間を少し遡って、権藤成卿が深く関与した「大高麗国構想《だいこうらいこく》」について一節を割くことにする。日韓併合より5年前、日露戦争が日本の勝利で終わった時点で、日本はアジアで欧米列強と対抗しうる唯一の軍事的・思想的拠点と見なされた。そして、中国、朝鮮の革命家たちが一斉に東京に集まってきた。「東京はさながら、中国革命の策源地の観を呈する」ことになった。亡命者たちは日本がアジア解放の指導国家となるのではないかという希望を（わずかな期間ではあったが）共有していたのである。

彼らの多くは黒竜会に革命闘争の支援を求めた。当時、清韓の革命家と同志的な信頼関係を持ち、かつ日本政府部内に濃密なコネクションを持ち、国庫から経済的支援を引き出せるだけの政治力を持っていた組織と言えばまず黒竜会と玄洋社だったからである。とりわけ黒竜会は革命家と日本政府を架橋する仕事をこの時期担っていた。その激動の時代を権藤はのちにこう回顧している。

「討露の役（日露戦争）起るに及び、同遊の士多く戎旅《かいりょ》に伍す。明年戦輟《や》む。清の遂客黄興《おうこう》、宋教仁、孫文、章炳麟《しょうへいりん》等、多く東京に来り集る。幾《いくば》くも亡くして朝鮮総監府開く、李容九、宋秉畯等同治一匡を主唱し、韓王位を世子に禅《ゆず》る。伊藤博文刺客の戕《たお》す所と為る。容九乃ち合邦の議を上《たてまつ》り、合邦（日韓併合）既に事を止む。漢客の諸輩、頻りに大勢の趨《おもむ》く所を論じ、烈々炎々、油房の焚くるが如し。遂に以て覚羅《かくら》の鼎命《ていめい》（清朝政府）を覆えすに至る。此の間、予復た心を問事に恣《ほしいまま》にする能わず。容九已《すで》に世を謝し、教仁も非命に斃《たお》る。豈《あ》に索然《さくぜん》たらざるを得可《うべ》けんや。」[108]

「討露の役」は日露戦争、「戎旅」はその戦役、「遂客」はおそらく「亡命人士」の意であろう。「覚羅」は清朝最後の皇帝愛新覚羅溥儀のことで、「鼎」は国家権力の象徴であるからその命脈が尽きたこと、すなわち１９１１年の辛亥革命を指す。

注意して読むべきは「容九乃ち合邦の議を上り、合邦既に事を止む」の一節である。李容九が大韓帝国皇帝に上奏した「合邦の議」とは、１９０９年に一進会が皇帝純宗と首相と韓国統監に送った日韓対等合併の「韓日合邦建議書」のことである。しかし、これを承けて翌年締結された日韓併合条約の実体は大日本帝国による大韓帝国の「併合」であった。

「合邦既に事を止む」とは黒竜会の日韓合邦の「夢」はここで潰えたという権藤の総括と理解してよいだろう。革命の同志たちのうち李容九は須磨に遁世して失意のうちに病没し、辛亥革命を指導して国民党による民主化運動の中心にいた宋教仁は１９１３年に袁世凱によって暗殺された。往時を回顧して、権藤が「豈に索然たらざるを得可けんや」と慨嘆するのも当然である。

　しかし、日韓合邦を基にして北東アジアに民族協和の楽土を建設するという構想そのものはその後も生き続けた。韓国併合から満洲国建国までは20年のインターバルがあるが、この間にも「東亜聯盟」構想はさまざまなヴァリアントを生み出したのである。

「鳳《おおとり》の国《くに》」は権藤成卿の起案になるものとされているが、権藤自身が主題的にそれを論じた書き物は残されていない。実際にこの構想が公表されたのは、日韓合邦論が破綻して10年近く後の大正９年（１９２０年）のことであり、その時は「大高麗国構想」と名づけられていた。

　構想を発表したのは玄洋社系の末永節《みさお》（１８６９―１９６０）である。黒竜会の会員であり、辛亥革命では革命軍に参加した活動家である。構想は「鳳の国」の首都と擬された満洲の間島においてまず発表され、翌年、「大正日日新聞」紙上に公表されて広く知られることになった。

　この時「大正日日新聞」の経営権を持っていたのは大本教である。つまりこの構想には大本教聖師出口《でぐち》王仁三郎《おにさぶろう》（１８７１―１９４８）が深く関与していたのである。それについては後に触れる。

　間島に一進会会員百万人が移住し、この間島を拠点にして、地域を拡大し、最終的には「大高麗国」の版図の復活をめざすというのがこの構想である。「大高麗国」の登場してきたコンテクストは長谷川雄一はこう説明している。

　「この『大高麗国』構想の打出された背景には、黒竜会等の日韓合邦運動の長い歴史が存在する。内田良平（……）ら黒竜会と、韓国社会土着の宗教東学の系統を扱《ママ》む親日団体一進会の推進してきた樽井藤吉『大東合邦論』のいう対等合併の線での日韓合邦運動は、結局何ら実を結ぶことなく日本の韓国併合によって頓挫してしまうが、この挫折状況の中から出されてきたのが『大高麗国』の構想であったのである。」[109]

対等合併の計画が破れた後、「旧一進会側は、一九二〇年五月内田良平や杉山茂丸（……）に対し、彼らが約束してきた日韓合邦の責任を鋭く追求し自決を迫った」[110]。

旧一進会が強硬な態度に出たのは、韓国内で起きた三・一運動（１９１９年３月１日に日本統治時代の朝鮮で発生した独立運動）で独立の機運が一気に高まっていたことが背景にある。内田は京城に赴き、旧一進会系活動家の懐柔に努めた。末永の「大高麗国」構想は「日韓合邦」の失敗を糊塗するための、かつての一進会の間島移住プログラムの二番煎じであった。違ったのは、ソ連及び中国との軍事的緊張が高まる中で緩衝帯として満洲を利用することへの日本の期待がさらに高まっていたという点である。つまり、一つには朝鮮人民の独立機運の「ガス抜き」として間島移住を進めること、一つにはそこにソ連と中国を牽制する緩衝地帯を創り出すこと、それが

「大高麗国」構想の基軸であった。

大高麗国は古代に朝鮮から満洲にかけて存在したとされる扶余《ふよ》族の国のことである。古代中国の史料には満洲南部から朝鮮半島北部にかけて同一語族が居住していたという記述があり、それに基づいて構想された仮説上の国である。ほんとうにそんな国が存在したのかどうか直接証明する史料はない。しかし、かつて朝鮮族が半島を越えて、東アジアの宏大な地域を支配していたという「物語」は当時の朝鮮人大衆にとっては十分な幻想喚起力を持ち得るものだった。

この仮説上の王国の版図は豆満江から沿海州までの全域を含み、黒竜江を境界線として大興安嶺の東に沿って南へ下り、ゴビ砂漠で東へ転じ、万里の長城に沿って山海関に至る。この国境線を地図に記すと、朝鮮半島を首、沿海州を左翼、蒙古を右翼、満洲を胴体とする両翼を拡げた鳳の姿になり、首都に予定された間島は鳳の心臓にあたる。

末永はこの時に「大高麗国」の憲法草案、建国規約、国旗まで示した。憲法草案は全7条。重要なのは、第1条「国土の国有化」、第2条「儒教の国教化」、第5条「高麗国民規定」の三つである。

第1条には「大高麗国は現代の腐敗した社会制度を根底から破壊して大古無為にして化した制度に返し土地の国有を実現して、井田《せいでん》の方を行ふ」とある。

井田とは漢字の「井」の字のように、方一里の耕地の中央一区を公田、他八区を私田として八家に給し、その労働で公田を耕営させる制度のことである。農民の貧富格差拡大に処する方策として構想された儒家の理想である。実際に中国で制度として定着した歴史的事実は知られていない。だが、これは権藤の構想する「社稷の自治」「君民共治」の基礎となる土地制度である。それゆえ、長谷川はこの第1条の起案に権藤が関与していたと推理している。

第2条の儒教国教化のねらいを長谷川は朝鮮の「儒生層」の取り込みにあったとしている。

「近代朝鮮社会における儒生層の果たした役割はきわめて大きく、(……)約六〇〇万人にのぼる儒生はその学問的教養を背景に全国の地域社会に浸透していた。彼らが担った職務の内容は『読書、算術、習字、礼儀、代書、診病、吉凶の卜断、祭祀、代弁、事件の仲裁』等一般民衆の日常生活の便宜、故俗習慣にとっては欠かすことのできないものであった。」[111]

儒生たちは統治者からの布告の意味を民衆に教え、また民衆からの訴願を統治者に伝える上意下達下意上疏の仲介役、地域における「サブリーダー」役を担っていた。しかし、韓国併合後の日本の統治は朝鮮の旧俗故習を廃し、「皇民化」を進めたために、儒生たちの社会的役割は失われた。この統治上の無理が儒生層や両班層を排日運動に追いやる結果となったというのが末永の分析であった。[112]それゆえ末永は、この儒生層を懐柔して「大高麗国」構想に組み入れることをめざした。そのようにして、三・一事件で高揚する朝鮮独立運動を分断しようとしたのである。

「これら両班、儒生の自尊心を満足させるためには、まさしく彼等の学問や伝説の知識を活用し朝鮮民族の歴史的故事に基づいた『大高麗国』の建設、すなわち古代高句麗の故土を復活させる構想が必要だったといえるのである。」[113]

儒教の国教化はこれら儒生の自尊心を満足させ、これまでの総督府の行き過ぎた同化政策を押し戻し、朝鮮の固有の文化への敬意を示すために政策的に選択された。

もう一つ憲法の重要事項は第5条「高麗国民」の規定である。ここには満洲建国構想にも続く「多民族共生」のアイディアが示されていた。「凡《およ》そ日本人、支那人、露西亜人にして既に高麗国の内に在住していて高麗国の市民たる権利資格を欲するものは差別なく之を附与す」というのがそれである。「日本人」にはむろん日韓併合以後の朝鮮人も含まれている（というか、朝鮮人の懐柔がこの構想の主意なのである）。

大高麗国は単一民族による国民国家ではない。また土地は公有化される。長谷川は「まさしくそこには民族の概念を超越し、土地に定着し土着の生活を送る人間集団を基盤とした社稷国家、農本的国家の容貌を見てとることができる」と記している。[114]

ここに素描された土俗的・土着的国家像は明治維新以来、日本が作ろうとしてきた近代国家とは全く別ものである。それは権藤成卿がのちに社稷論・自治論で展開した国家観と重なり合う。

末永の構想は、樽井藤吉の「大東合邦論」のような理想論ではなく、現実の政治の要請に答えるものだった。朝鮮独立運動の高まりを抑え込み、ソ連と中国との軍事的緩衝帯を間島に創り出す。これは当時の日本の地政学的企図にかなったものであった。

この構想は現実化することがなかったが、少なくとも朝鮮独立運動に一定の動揺を与えたことは確かである。また、その後の出口王仁三郎による「蒙古王国」構想にも強い影響を及ぼした。

出口の蒙古王国構想にも一言だけ触れておく。第一次大本教弾圧（１９２１年）後の教勢の回復をめざした出口は「東亜経綸」というスケールの大きなアイディアによって信者を再統合しようとした。出口がこの時構想したのは蒙古の軍閥盧占魁《ろせんかい》（１８８７―１９２３）と提携し、蒙古を独立させてそこに「東亜連盟実現の基礎」を築くというものであった。

この時期、アメリカでは排日機運が高まり、排日土地法（１９２０年）、移民法（１９２４年）などの法律が次々と定められていた。国際的孤立感を深めた日本にとって、蒙古に「理想的宗教王国」を建国して、そこに多民族を集住させることは、過剰人口問題、資源問題、朝鮮独立問題を一気に解決する画期的な構想と思われた。出口は現地の日本軍特務機関と連絡を取り、蒙古独立の軍事行動に踏み切った（知られているように、この入蒙では合気道開祖植芝盛平も出口の護衛として行動を共にした）。

しかし、既得権侵害を怒った張作霖の討伐軍によって盧と王仁三郎たちは捕虜となる。盧は処刑されたが、王仁三郎たちは日本政府の介入で解放された。蒙古王国構想はそこで潰える。

しかし、大東合邦、大高麗国、蒙古王国、そして石原莞爾の満洲国構想に至る20世紀初頭に連続的に語り出された「東亜聯盟」構想のどれもが統治形態として「複合民族国家」をめざしていたことは注目しておくべきである。「王道政治」「民族協和」という理想は少なくとも1920年代まではアジア主義のうちに残存していた。そして、この理想主義がもたらす情緒的な自己肯定感は、結果的に植民地主義的アジア進出の心理的免罪符にもなった。人は理想を語ることで、さまざまな非行を（自分に対して）正当化する。20世紀の日本人はそのような自己欺瞞に熟達することによって国際社会の感覚からしだいに乖離していったのである。

第三章

社稷自治の理想

自治学会の思想

大正3年（1914年）、麻生飯倉片町にあった南葵文庫（紀州徳川家の文庫）を拠点とする「南葵文庫の会」が創建された。これがのちの自治学会の原型である。会員は権藤の他に樽井藤吉、大井憲太郎、内田良平、飯塚西湖、大江卓ら。西湖は松江の人で、福澤諭吉、勝海舟に抜擢されてフランスに留学し、西園寺公望と親交を結び、カール・マルクスの謦咳に接したおそらく唯一の日本人である。

権藤と樽井は長崎時代から交友があった。大井は秩父困民党や大阪事件の頃は過激派テロリストだったが、この時期は衆院議員を経て、国権主義者になっていた（内縁関係にあった福田英子から大阪事件の後に「かかる私欲の充ちたる人にして、如何で大事を成し得んと大いに反省する所あり」と離別されたくらいだから振れ幅の大きい人だったのであろう）[115]。大江は後藤象二郎の女婿で自由党幹部。樽井、大井、大江は朝鮮問題について権藤とは旧知の間だった。南葵文庫の会では、権藤が古代日韓外交史、飯塚がフランス政治を論じたとされているが、この時点ではただの読書会に過ぎなかった。

大正7年（1918年）に満川亀太郎（1888―1936）が老荘会を創建する。満川はジャーナリストで、思想的に際立ったところのない人物だが、人脈が広く、大井憲太郎、大川周明を集めた。権藤は妹誠子が会員であった関係で、講師として老荘会に呼ばれて、一度大化の改新についての講演をしたことがあるが中心メンバーではなかった（権藤誠子は島崎藤村に師事し、伊藤野枝や山川菊栄らの赤瀾会《せきらんかい》に加わり、平塚雷鳥とも親交のあった女性解放運動の草分け的存在だった）。

老荘会が自然消滅した後の大正8年（1919年）、満川、大川らは『国家改造案原理大綱』を書き終えて上海から帰国した北一輝を招いて猶存社を設立する。それと同時期に権藤成卿は「皇民一性会」を結成している。ここで初めて権藤自身の政治思想が綱領化されることになった。権藤が起草した「皇民は一性なり」に始まる宣言書はまず刻下の国内外の危機を列挙するところから始まる。

「公人吏胥《りしょ》の瀆職《とくしょく》、祇巫《ぎふ》僧侶の非違、議員公選の弊風、朋党私慝《しとく》の害毒、文華外を蔽《おほ》ひ、醜《しゅう》穢《わい》内に靡《び》し、詐取《さしゅ》詭遇《きぐう》免れて恥なきもの、将に以てわが皇民を如何にせんとするものぞ、吾《ご》曹《そう》実に此に安んずる能はざるなり。」[116]

面倒なので個々の語義にはわたらないが、この種の「罵倒語」の語彙を競うのは明治文人の通弊なので、とにかく「すごく怒っている」ということがわかればよい。

この弊風に対する対策として権藤が提案するところこそは社稷《しゃしょく》論のかんどころなので、これは丁寧に読んでゆきたい。

「一人已に一人の意思あり、一人の意思一人の性情に出ず、一人の性情は万人の性情なり、千万人の性情町村郡県の意思となる。町村郡県の自治是に由て成る。町村郡県の意思集りて国家の意思を発現す。国の大謨《たいぼ》是に由りて定まる。皇民一性の義実に此に在り、乃《すなわ》ち和して忠信孝悌の徳行となり、発して誅奸滅敵《ちゅうかんめってき》の威風となり、溢れて懐遠撫蕃《かいえんぶばん》の恩化となり、結んで顕微剖玄《けんびぼうげん》の学術となる。是れ皆民徳を一新し、国威を作興する所以なり。」[117]

漢語ばかりで意を取りにくいが、要するに敵を斃《たお》すのも、蛮族を平定するのも、科学を振興するのも、いずれも集合的な営みであり、その集団の根幹をなすのは共同主観性あるいは共同感受性（一性）であると権藤は言っているのである。「大謨」というのは権藤が頻用する語だが、「グランドデザイン」という意味である（「謨」は「はかりごと、企て、順序立て」の意）。

とりわけ見るべきは「町村郡県の意思集まりて国家の意思を発現す」という一節である。国の意思を決定するのはトップダウンではなく、ボトムアップだと権藤はここで断じているのである。自治学会はこの皇民一性会から分派して、より権藤思想に純化した組織として発足したものである。その綱領的文書となったのが、『皇民自治本義』である。滝沢はこの書物の意義をこう評している。

『皇民自治本義』は、学識経験とともに円熟の域に達した権藤が、大正期の社会情勢の変化に触発されてかれの思想的立場を明らかにしたもので、明治三十年代から抱きつづけてきた権藤の社会思想の発表であった。(……)権藤の思想を端的に言えば、(……)明治維新の原点に立ち帰り、日本古来の伝統にもとづく『社稷国家』の実現を希求する社会思想である。」[118]

権藤は集団の本義は成員たちが「安全に活きる」ことに存するとする。原始自治が起こったのも身の安全を安定的に確保するためである。この立論はジョン・ロックの『統治論』やトマス・ホッブズの『リヴァイアサン』やジャン＝ジャック・ルソーの『社会契約論』と変わらない。まず人々の身の安全を確保するために「原始自治」が起こり、「大同の典例」が認められ、「社稷体統」が始まったのである。

「大同の要旨は『天下を公となす』と云ふので、天下の民衆均《ひと》しく天地の福祉を享受して老人は心安く終らしめ、壮者はそれぞれの才能に依りて用ひ、幼者はのびのびとした養育を施して生長せしめ、矜寡《きょうか》孤独廃疾等の不幸者は、情を盡して之を養ひ、男子は男子として各自の職分を賦し、女子は女子として相当の夫に嫁せしめ、斉一平和の理想界に進むことを目的とするのである。」[119]

「女子は……」というところは「政治的に正しく」ないが、100年前に書かれたものとしては、平凡なほどに人道的な言明であると言ってよろしいであろう。「矜寡」は「老いて妻なき男と、老いて夫なき女」のことである。

社稷という語はこれまでも繰り返し用いてきたけれど、改めて語義を確かめると『字通』には「社」は「産土神」の意とある。「山川叢林の地はすべて神の住むところで、そこに社樹を植えて祀った」。「稷」は「田神、農穀の神。周の始祖后稷は農業神であり、地の神である社と合わせて社稷といい、国家の意に用いる」とある。

権藤があえて「国家」の文字を用いず「社稷」にこだわったのは、「土の神」と「農の神」がもたらす安らぎと恩沢に涵養される生きた共同体だけが歴史的与件の激変にもかかわらず同一性を保持しうる政治単位であるという確信があったからであろう。滝沢は権藤が社稷の語にこだわった理由をこう説いている。

「社稷の観念は土地と密接な関係があり、自然発生的な点と、農業民族のあいだにしか発生しない観念である点で支配者の権威、勢力関係によって確定される国家の観念とは、その性質を根本的に異にしている。」[120]

権藤自身はこう書いている。

「社稷は国民衣食住の大源である、国民道徳の大源である、国民漸化《ぜんか》の大源である。日本の典墳《てんふん》たる記紀に神祇を『アメツチノカミ』と訓せるは実に社稷の意にして、アメツチは天地、天地は自然である、其自然に生々化々無限の力がある、わが国の建国は悉く社稷を基礎として建立されたものである。（……）民衆衣食住の進歩は、実に社稷の進歩である。衣食住の満足と安全は、直に民衆道徳の振興となり、民衆道徳の振興は、其国の整備となり、光輝となる者である、是れ我輩が社稷を措て国を認めぬ所以である。太始に於ける社稷の尊崇は民衆の自治に肇《はじ》まり、其各種各色異同ある幾多の自治郷邑《きょうゆう》を一匡《いっきょう》して、国をなせる者なるを以て、民衆の自治を無視して、国の経緯は立てられぬものである。」[121]

「一匡」は「一つのものに整える」の意であろう。

国家と社稷の関係ではどうなるのか。これについては、権藤がきわめてわかりやすい喩えを引いている。

「世界皆な日本の版図に帰せば、日本の国家といふ観念は不必要に帰するであらう。けれども社稷という概念は、取除くことが出来ぬ。国家とは、一の国が他の国と共立する場合に用ゐらるゝ語である。世界地図の色分けである。社稷とは、各人共存の必要に応じ、先づ郷邑の集団となり、郡となり、都市となり、一国の構成となりたる内容実質の帰着する所を称するのである。各国悉く其の国境を撤去するも、人類にして存する限りは、社稷の観念は損減を容るすべきものではない。」[122]

滝沢はこの引用を注解してこう書いている。

「権藤の思想の超国家的側面を多分に感じさせる文章である。すなわち、権藤にとって国家とは社稷の集団が便宜上作った相対的な存在であり、社稷とは人間が生きていくうえで必要不可欠な絶対的な存在である。」[123]

権藤によれば、明治政府の統治機構はわが風土や伝統や人性を土壌として自然に生成したものではなく、欧米のモデルをこの国にむりやり移植しようとしたものであるから、そこには根がない。大地からその天然野生のエネルギーを吸い上げる回路を持っていない。だから、必ず破綻をきたすのである。権藤は次のように書いている。

「凡そ民族の慣例をなせし道程は、其の風土気象に依る衣食住の異同に随へる自然進化の結果なれば、自然進化の公例を離れて制度組織を立つことも出来ぬ。欧州の制度組織を其儘に模擬したものが、明治制度則ち現行制度である。今日に至り其弊害に堪えきれぬ様になつたのも、実は当然の結果と云はねばならぬ。（……）之を此儘にして打捨置けば、将来実に恐るべき結果となるのは、必至の勢いである。我輩は是に対し彼の紛糾錯綜せる現在の翻訳制度を革正し、国民衣食住の基礎を安泰ならしめざる可《べか》らずとなすものである。」[124]

権藤の社稷論によれば、統治機構の適否はそれが「土着」か「外来」かによって決されることになる。統治機構はその土地固有の風土気象性情に発するものでなければならない。「翻訳制度」であってはならない。それは必ず「紛糾錯綜」の元となる。

ほんらい社稷においては君民公私の利害は完全に一致している。それが乱されるのは、君民の間に中間的な権力機構が介在して、君民の結びつきを断ち、本来公共財として広く民が享受するはずの資源を私物化するからであると考える。

「自治の主義に於ては、公私の利害は常に一致するのである。君民の共に重んずる所は社稷である。社稷を重んぜざる民は民ではない。社稷を重んぜざる君は君ではない。古人が『君を軽しなし、社稷を重しとなす』と言った意味は此に在るのである。若し社稷を度外視して国民と利害を異にする一階級を設け、之れに特種の権力を与へ、之れに特種の権力を附し、国民の或者をして其の特種の権力の下に隠れて、悪事非行をなすの便宜を得せしむるならば、其の特種の権力者は、之を国家と名づくるも、民国と名づくるも、若くは大統領、若くは帝王と名づくるも、其利害は必ず国民と一致するを得ざるものとなるのである。」[125]

諸悪の根源は「君側の奸」たる中間権力者である。これを排すること、それが君民共治をめざす革命論のアルファであり、オメガである。

「蘇我氏にあれ、藤原氏にあれ、源氏にあれ、足利氏にあれ、徳川氏にあれ、将《ま》た彼の薩摩藩閥にあれ、皆な天下を以て己れの国家としたものではあるまいか。わが日本は或る者一家の国ではない。(……)わが至高至仁なる社稷体統の典範を破却する者は、わが日本を賊する匪類である。わが同胞庶民の仇敵である。世界人道の破壊者である。」[126]

蘇我氏から薩摩藩閥に至るすべての「悪事非行をなす特種の権力者」を「匪類・仇敵・破壊者」として同類に括り込むことによって、権藤はもし蘇我氏を非とするロジックがあれば、同じロジックで明治政府を非とすることができるという行論上のショートカットを手に入れる。

「国民の意思が中間的な権力構造の媒介物を経ないで国家意思と直結する」ことは幕末から自由民権運動を経由して三島由紀夫までを通貫する右翼思想の基本スキームであることは、見てきた通りである。その中にあって権藤の論に例外的な説得力があるのは、この君民共治なるものが、これから未来において実現すべき政治的理想であるのではなく、「社稷」として過去においてすでに実現されており、それゆえ、日本の君民がなすべきことは自分たちがかつていたところに立ち還ればよいという論の運びにある。政治的理想は「これから実現するもの」のではなく、「すでに実現していたもの」なのである。必要なのは、過去に何があったのかを思い出すことであって、複雑な社会理論をこれから手作りすることではない。

このタイプの政治革命論は強い魅惑を発揮する。一つには、それが読者たちの知的負荷を一気に軽減してくれるからである。「諸君は答えをすでに知っている」と権藤は保証してくれる。ただ、権力者たちの工作によって視野を塞がれているせいで、それに気づいていないだけなのである。君たちの祖先たちが過去に何を経験し、何を達成したのか、それを思い出せば、何をなすべきかはすぐに知れる。

もう一つは、現状の政治的不調を「外来の異物＝中間的権力機構による汚れ」として説明する論は、右翼的な「原点回帰」派と左翼的な「革命派」の両方を、その立場の違いを超えて、統合し得るからである。左右両翼の過激派をその立場の違いを超えて「愛国」の一点で統合する政治的アイディアのことをヨーロッパの政治語彙では「ファシズム」と呼ぶ。「ファシズム(fascisme)」の語源はラテン語の「fascis（束、集まり、群れ）」。大戦間期の1919年にイタリアのベニート・ムッソリーニが反ボルシェビキを掲げて、極右の退役軍人、社会主義者、革命的サンディカリストなど左右の過激派を組織したイタリア戦闘者連盟《ファッシ》（Fasci italiani di comabattimento）が政治史的にはファシズムの原点とされるが、出自を問わず左右の過激派を糾合するというアイディアは大戦間期のドイツにも（ナチズム）フランスにも（ジョルジュ・ヴァロアの『セルクル・プルードン』やモーリス・ブランショの『戦闘《コンバ》』など）検出することができる。だから、左右の過激派を「君民共治」の一点で統合する権藤成卿の思想が近代日本に出現したことに、ある種のマクロな歴史的必然性を看取することも可能なのである。

　ともかく、実現すべき理想の政体は過去にすでに実現されており、なすべき仕事は、現在の政治的地図内の区々たる立場の違いを超えて、ただ無心に肇国《ちょうこく》の原点に還帰することであるという政治的アイディアが20世紀の初めにいくつかの国で大きな政治的うねりを生み出したことは歴史的事実として記憶しておいてよい。

　このアイディアが受け入れられたら、次は「肇国の原点」がいかなるものか、そのタンジブルなイメージを差し出すことが必要になる。権藤成卿が『南淵書《なんえんしょ》』という謎めいた古文書を取り出してきたのはまさにそのためなのである。

『南淵書』の論理構成

『南淵書』は中大兄皇子の問いに南淵請安《みなぶちのせいあん》が答えて、あるべき国のかたちを教示するという対話の書であり、記紀より古い日本最古の書であり、それが久しく権藤家に秘蔵されてきたという触れ込みで大正11年（１９２２年）に発表された。

南淵請安は生没年不詳の飛鳥時代の学問僧である。『日本書紀』にその名があり、漢人系渡来人とされる。権藤は「南淵先生は推古朝に留學生として隋に遊び、舒明朝に歸つた人である。此《この》間《かん》三十三年隋の滅亡より唐の勃興、三韓及び遼燕の變化《へんか》を實地に見て、頗《すこぶ》る其内外の情僞《じょうぎ》に精通し」云々とその来歴を紹介したのちに「而して中大兄皇子及び中臣鎌足が、先生に師事し、幾もなく皇極朝となり、入鹿誅伐が決行されて居る」として、南淵が大化の改新の黒幕であったかに記している。[127]

南淵が書いたものは残っていないとされてきたが、権藤は「実はそれはわが家にひそかに伝えられていた」と主張したのである。『君民共治論』には、その古文書がどのような経緯で久留米の権藤家に伝えられたかについての由来が記されている。「南淵書三巻」は久しく「制度学の秘籍」として大中臣家に伝えられてきたが元禄期に友安という人がそれを携えて筑紫に移り、そこで「権藤宕山《とうざん》に伝え」たとされている。宕山は成卿の遠祖である。そして成卿の父権藤松門《しょうもん》が家学を継承して明治維新を迎える。

「松門は予が先考にして明治初年より文墨に隠れ晩年に及び予が支那朝鮮に来往せしため特に南淵書の校修を遺命して世を終りしが千数百年伝写を重ねたる本書は誤謬錯訛《ごびゅうさくか》甚だしく

その上蠹食《とつしょく》敗爛《はいらん》の箇所もあり且つ支那朝鮮の史書に参較せねば解釈されぬ処も多く纔《わづ》かに老学小沢打魚氏により前後凡《およそ》十年を費やし漸く読まるる迄に修訂校訂した」[128]

「先考」は「父」の意。松門は家学の相伝を果たせず、せめてこれだけはということで遺言で『南淵書』の校訂を託したということになっている。「誤謬錯訛」や「蠹食敗爛」の意味は字でわかると思うが、「間違いが多く、虫食いだらけ」の古文書だった。校訂に当たった小沢打魚は黒竜会の文筆部門において権藤の同僚だった人である。

『南淵書』は全五十巻、大化の改新の指南書であるなら大正時代から数えて１３００年前の「古文書」である。しかし、南淵の記した日本最古の文書が発見されたという権藤の主張を学界は無視した。滝沢は「『南淵書』が発表された時点では、権藤のセンセーショナルな発表方法にもかかわらず、めだった反響は出てこない。というより、むしろ権藤のいう官僚学者によって、『南淵書』は冷たく黙殺され、葬りさられたというのが順道な見かたであろう」と記している。[129] これを「偽書」と断じた歴史家たちは、そこに7世紀の時点では知られていなかった史実が記されていることや、その時代には存在しなかった熟語が用いられていることを根拠に、「後人の仮託」であるとした。『南淵書』は「その道の専門家によって容易にその欺瞞性が暴露される」テクストだったのである。[130]

さいわい漢文書き下しの訓訳が復刻されているので、私たちは『南淵書』の主意を知ることができる。中大兄皇子の下問に南淵が一つ一つ答えるという形式のテクストだけれど、私たちは南淵が「あるべき国家」について語る時の措辞が権藤のそれと重複することに驚かされる。例えば「民初第二」。

「皇子問ヒ曰ハク、生民ノ初メ得テ聞ク可キカ、南淵子答ヘテ曰ハク、混蒙《コンモウ》ノ世、民自然ニシテ治マル、載籍《タイセキ》備ハラス、孰《イヅレ》カ其詳ヲ知ランヤ、然リト雖《イヘド》モ飲食男女ハ人ノ常性ナリ、死亡貧苦ハ人ノ常患ナリ、其性ヲ遂《ト》ケ、其患ヲ去ルハ、皆自然ノ符」[131]

原初の世において民は「自然ニシテ治マル」のである。文書が残っていないので、詳細は知れないけれども、人々の暮らしに今と違いはない。人はその人性の発動に従い、苦しみを逃れようとするのは自然の理である。これは権藤が『自治民範』で書いていることとまるで同じである。似た箇所はいくつも見つかる。

「上古天皇民ヲ馭《オサム》ル父母ノ子ヲ愛スルカ如ク、士ヲ待ツ兄ノ弟ヲ愛スルカ如ク、其饑寒《キカン》ヲ見テハ則チ之カ為ニ憂ヘ、其労苦ヲ見テハ則チ之カ為ニ悲ミ、賞罰身ニ加フカ如ク、賦歛《フレン》已ニ取ルカ如シ、是レ古ノ制ナリ、聖王ノ宏謨《コウボ》ナリ」（謨制第四）[132]

「饑寒」は「飢えと寒さ」、「賦斂」は「租税を取り立てること」、「宏謨」は「宏大な計画」のことである。古の聖王はこのような善政を敷いていたということを書いているのだが、いかにも「明治臭」のする漢文である。「グランドデザイン」を意味する「宏謨」「大謨」は成卿の頻用する語でもある。

『南淵書』はその後、北一輝の『日本改造法案』と並んで昭和維新のイデオロギー的聖典とされたが、この古文書がそのような政治的な読まれ方をしたのは、それが「外来の異物による日本の本来のあり方からの逸脱をどう矯正するか」の手立てを論じる革命論であったからである。

「遺僧第三十九」において、かつて高驪が百済王の下に僧道琳《どうりん》を派遣して、巨大な土木工事を勧め、そうやって国力を殺いだというのはほんとうかと皇子は問う。南淵は百済王餘慶《よけい》は小智の人で、詭計を好んだので、ろくな王ではなかったが、僧道琳は百済の葬礼が簡素であるのを咎めて、王に「石棺ヲ作リ、金銀重寶、死屍《シシ》ト共ニ藏《オサ》メ」「殯《ヒン》ヲ営ミ地ヲト《ボク》シ」、いろいろ金をかけて重厚な葬儀をすることを勧め、そのせいで「民財以テ糜《ツイヤ》シ國帑《コクド》以テ空シ」、民の財産は費やされ、国庫は空になったと仏僧のせいで国が滅びた事例を挙げる。[133]

「傳佛第四十一」も仏法の弊を論ずる。三韓に仏法が伝来してから「諸《モロモロ》ノ悪比丘《ビク》私曲涯《カギ》リナク、禍福ヲ説キ以テ世ヲ欺《アザム》キ、國王宮嬪《キュウヒン》迷溺穢《ケガレ》ニ染ミ、財ヲ傾ケ以テ其姦ヲ佐《タス》ク、是其害ナリ」。[134]

「比丘」は「仏僧」、「私曲」は「不正な手段で私利を図ること」、「宮嬪」は「宮中の女官」のことである。

続いて「無制第四十二」では隣国朝鮮における仏法の堕落を論ずる。三韓はもともと「古俗愚《ぐ》癡《ち》」の国で「巫祝淫祠《ふしゅくいんし》」の類がはびこり民を騙していたが、仏法が渡来すると、この巫祝たちは剃髪して僧尼に化けて悪事の限りを尽くして「仏法ヲ破壊シ世法ヲ破壊ス」という話。これらの仏教批判はどれも後段の崇仏派蘇我氏の悪行を際立たせるための伏線である。

「篤敬第四十四」で、皇子はなぜ「蕃神」である仏をわが国でも礼拝するようになったのか、そのいわれを問う。


「佛ハ蕃神ナリ、豈《ア》ニ之ヲ拝ムニ足ラムヤト、而シテ蘇我氏獨リ天皇ニ請ヒ、其黨《ソノトウ》ヲ聚《アツ》メテ之ヲ拝ス、其後攝政《せっしょう》王（聖徳太子）馬子ト好シ、其憲法ヲ作リ、曰ク篤ク三寶ヲ敬セヨト」135


聖徳太子のような「聡明曠達《こうたつ》」の人がどうして仏法を敬うようになったのかわからない、と。南淵子は故事を引いて、仏法を禁じれば却って「陰害」が生じる。それよりは「之ヲ容レテ制度ヲ明ニスルに如カサリシノミ」。聖徳太子は「聖智天縦《てんしょう》」の人であるから、おそらくそのように判断されたのであろう。

この辺りは、聖徳太子を批判せずに、仏法を批判するというかなり苦しい論理構成が行われているが、『南淵書』のかんどころはクーデタの可否にかかわる議論である。蘇我氏を滅ぼすことは天理にかなっているのかどうか、それが問題になるのが「廓清第四十六」である。これは短いので全文を挙げる。

「皇子問ヒ曰ハク、古ノ聖王亦タ時アリテ殺ヲ行フカ、南淵子答テ曰ハク、昔者《ムカシ》舜天子ト為リ、共工ヲ幽洲ニ流シ、驩兜《カントウ》ヲ嵩山《スウザン》ニ放チ、三苗《サンビョウ》ヲ三危ニ竄《カク》シ、鯀《コン》ヲ羽山ニ殛《キョク》ス、四罪シテ天下咸《コトゴト》ク服ス、古ノ聖王其レ唯タ怒ラス、怒レハ則チ天下ヲ廓清ス」[136]

古代中国の聖王舜は王位に就くと、天下に害をなす四柱の悪神を刑した。共工は人面蛇身の水神。驩兜は堯の息子丹朱、三苗人と与《くみ》して堯に対して反乱を企てた。鯀は夏朝の創始者禹の父。堯が舜に天下を譲ることに反対したため誅された。古代の聖王はいざ怒る時には「廓清」すなわち悪を根絶するところまで徹底したと南淵子は皇子に答えた。クーデタを指嗾する文言と見なしてよいだろう。

続く「十罪第四十七」も同趣旨である。蘇我入鹿が「多ク無禮ヲ行」うことを「天人共ニ怒ル所」となった。どう対処すべきかという皇子の問いに南淵子は蘇我氏の十の罪を挙げる。とりわけ古制を乱して、公地を私有し売買したことを長い字数を割いて批判している。

「其部曲ノ田荘ヲ以テ、或ハ之ヲ他人ニ賂《オク》リ、或ハ売リ與ヘ、以テ其値ヲ索《モト》メ、古制置ク所ノ神地神戸モ、亦猶《ナ》ホ斯《カク》ノ如クシ」「私ヲ営ミテ公ナク、賂ヲ貪リテ君ニ忠ナキニ逮《オヨ》ヒ」[137]。今風に言えば「コモン」を囲い込んで、市場を行き交う商品にしたことを非としているのである。他にも私邸を皇居に模し、武器庫を建て、子供を「王子」と呼ばせたり、武装兵を従えたり……という事例が罪として列挙されている。

「雙殿ヲ甘檮岡《アマカシノオカ》ニ起シテ皇居ニ擬シ、男女ヲ稱スルニ王子ヲ以テシ、城柵ヲ設ケ兵庫ヲ營ミ、弓箭《キュウセン》ヲ儲《ソナ》ヘ力士ヲ聚《アツ》メ、出入持戟《ジゲキ》ノ兵ヲ随ヘ、罪悪貫盈《カンエイ》セリ、是ヲシモ忍フ可《ベ》クンハ孰《イヅ》レカ忍フ可カラサランヤ」[138]

そして、決定的な言葉が語られる。

「日中《チュウ》スレハ必ス彗《スイ》シ、刀ヲ操レハ必ス割キ、斧ヲ執《ト》レハ必ス伐《キ》ル、公子若シ討ヲ行ハント欲シ玉ハヽ、古ノ人ノ之ヲ行ヒシ者アリ、仲尼是ナリ、殿陛ニ立チ三日少正卯《ショウセイボウ》ヲ誅ス、其レ將《マ》タ奚《ナン》ソ狐疑ヲ要センヤ」[139]

昼になれば篲で廟中を掃除し、刀をとれば必ず割き、斧をとれば必ず切る。もし王子が蘇我氏を討つつもりならば、古人に先例がある。孔子がそうである。孔子は魯の国の大司寇に任ぜられた直後に魯の大夫で「乱政者」少正卯を誅殺した。

たしかに司馬遷の『史記・孔子世家』にはそう記述してある。滝沢誠はこの箇所を引いて「『南淵書』の核心部分はこの大化改新クーデター蹶起の教唆にあった」[140]としている。

その通りだと私も思うが、『南淵書』にはまだ続きが少しある。「則天第四十八」で南淵子は「大道」が行われる理想社会を次のような筆致で描き出すが、そこには権藤の社稷論とほぼ同じことが書かれている。そこを引く。

「天下ヲ公ト為ス、是時ニ至レハ、賢ヲ選ヒ能ニ與《ク》ミシ、信ヲ講シ睦ヲ修メ、人獨リ其親ノミヲ親トセス、獨リ其子ノミヲ子トセス、老ハ終《オ》フル所ナリ、壮ハ用フル所アリ、幼ハ長スル所アリ、矜寡《キヨウカ》孤獨癈疾ノ者、皆ナ養フ所アリ、男ニ分アリ女ニ歸アリ、(……)此ノ如キノ世ヲ名《ナヅ》ケテ大同ト謂《イ》フ」[141]

すでに引用した権藤の『皇民自治本義』にはほとんどこれと同じ文言がある。

権藤が『南淵書』を丸写しにしたのか、『南淵書』そのものが権藤の作り物なのか、その詮索は私の任ではない。私たちが知っているのは権藤がこの「古文書」を典拠として、その社稷論を展開し、昭和の初めにこの思想が広く人心をとらえたという歴史的事実だけである。

権藤成卿の社稷論

権藤の社会思想の根本にあるのは弱者への共苦の感情（compassion）である。『南淵書』は全五十章であるが、第四十九のタイトルは「人情」である。権藤の考える「君民共治」というのは中間的権力を廃した君民直結という制度の問題である以上に、君民のこまやかな情の交流のことなのである。

「天下ハ一人ノ天下ニ非ス、乃《スナハ》チ天下ノ天下ナリ、此故ニ聖王民ト憂ヲ同ウシ、樂ミヲ同ウシ、好ミヲ同ウシ、惡《ニク》ミヲ同ウシ、死ヲ免シ、難ヲ解キ、患ヲ救ヒ、急ヲ濟《スク》ヒ、各其ノ次ニ歸シテ歛《カン》ヲ立ツ、之ヲ禮義《レイギ》ト謂フ」[142]

聖王と民が感情生活を共有し、民の苦しみを聖王が助け、民はそれぞれその負託された使命を果たす。「歛を立つ」は私には語義がよくわからないが、前に「賦歛（租税を割り当てる）」という用例があるので、それに従って「それぞれの資力に応じて租税を割り当てる」と解することにする。とにかくそういう君民の一体化が大同の実相なのである。

滝沢は社稷《しゃしょく》思想をこう説明している。

「かれの社会思想は、地縁共同体の歴史と伝統によって養われてきた風俗、慣習を尊重し、民衆の自治を重視したもので、その発想の根元は、大衆の満足なる生活条件の調整にあった。権藤は、かれの思想の基礎となる地縁共同体を社稷という東洋的な用語で表現し、地縁共同体内部で自然にかもしだされた風俗、習慣を成俗と呼び、地縁共同体すなわち社稷が進化することを漸化《ぜんか》とよんで、これらを総称し社稷体統の自治と呼ぶ。かれは、社稷を構成する各個人の純情が発露して成立した成俗から発達したものである以上、制度、法律は社稷の意志、ひいては社稷を構成する個人の意志に対立してはならないものであるとする。」[143]

今傍点を振った箇所が、権藤成卿の社稷論の核心である。社稷と法律や制度あるいは国家や政府は別物なのである。だから、社稷の意志であるところの「成俗」と違背する政治を行う統治者は「社稷の敵」として放伐されねばならない。それが『南淵書』で南淵子が繰り返し説いたところである。そこでは蘇我氏が聖王と民の間を引き裂き、社稷の風俗慣習を踏みにじる「敵」として描かれていた。

権藤社稷論の仕掛けは、この「蘇我氏」という語には、その時々の歴史状況に合わせて、どんな名詞を代入することもできることにある。「有司専制」でも「薩長藩閥」でもあるいは「明治政府」でも「蘇我氏」に代わり得る。便利なスキームである。滝沢はそこに権藤の言説戦略を見る。

「『南淵書』にみられるような歴史的記述方法を盾として、明治国家体制に対する痛烈な攻撃を、かれ独得の用語と表現方法を用いて試みる。権藤の思想が、社稷自治の歴史的記述によって説かれているかぎり、それはあくまでも家学制度学の祖述であり、体制側の弾圧に対する逃道が用意されていた。」[144]

権藤の社会思想の限界と可能性は二つながらこのスキームの「使い勝手のよさ」に由来する。どんな歴史状況にも当てはまるオールマイティのような革命論は広々とした視野のうちに現実を立体視するためにはまことに効率的なツールである。だが、オールマイティ過ぎて、それでは今ここで具体的にどのような政治的行動を起こしたらよいのかという政策的な話になると適切な回答を処方してくれない。

鈴木邦男は権藤成卿の思想の魅力は「綺麗」なことだと書いている。これは一言にして権藤の思想の本質を言い当てていると思う。国民と皇室の間を遮っている中間的な権力――財閥、政党、官僚など――を除去した「綺麗なもの」を権藤は切望していた。これは一つの政治美学である。だから、強い指南力がある。行くべき先は君民共治の理想郷である。綺麗な目標である。行く先ははっきりとわかっている。だが、どうやってそこにたどりつくのか。それについて社稷論は何も教えてくれない。

『南淵書』を読む限り、南淵は中大兄皇子と中臣鎌足が蘇我氏を討ち、一瞬のうちに革命が成就して、ただちに君民共治の理想社会が出来上るように未来は望見されているが、その期待はただちに事実によって駁される。蘇我氏を倒した後に続いたのは中臣の子孫たちによる専制だったからである。

「実に、久しく専横をほしいままにせし蘇我を斃したる鎌足の子孫はさらに蘇我のそれを繰り返したるにあらずや、しかして藤原の血液を引かざる者は皇位にある権利なしとは彼らの公言なりき」と北一輝が書いている通り[145]、藤原氏の中間権力装置が聖王と民の間を隔てていた時期が日本史上では最も長い。平家より源氏より北条氏より足利氏より徳川家より長い。そして、藤原氏による君民の隔絶が最も徹底していた。としたら、大化の改新は統治機構のメカニカルな改革としては成功したとしても、君民共治を実現するための革命としては失敗したということである。

一般論を語るが、革命が惰性化すれば必ず中間的な権力が発生する。そして、その権力者はこれは理想的な統治（君民共治であれ、共産主義であれ、無政府主義であれ）に至る「過渡的な権力装置」であると言うだろう。あらゆる革命家はこう言うはずである。理想の社会を実現するために、暫定的にわれわれに全権を委託して欲しい。だが、そう約束して革命を実行したあとに、「はい、理想社会ができました」と言って権力を放棄した革命家がかつてあった例を私は知らない。いつの世も、クーデタの後、理想社会はなかなか実現されなかったからである。

さまざまな抵抗勢力や守旧勢力のせいで、理想社会はまだ実現できない。そう言っている限り過渡期は理論上は無限に続けることができる。中間的な権力装置というのは、聖王と民の間を遮るものという空間的な現象であるけれども、同時に過渡的な権力装置という時間的な現象でもある。

明治政府がそうだった。薩長藩閥が専制を敷くことができたのは「統治機構がまだ整っていない」「列強と対等に渡り合うだけの国力をまだ有していない」という「まだ」という言い訳が通ったからである。日本がその理想的な統治機構を実現できるまでにはまだなすべき多くの仕事がある。現にそう言って明治政府は憲法の制定も国会の開設も「先送り」した。

現代日本もその点では変わらない。ポツダム宣言にはアメリカが日本に米軍を駐留させる期間を「日本国ノ戦争遂行能力ガ破砕セラレタルコトヲ確証アルニ至ル迄」と限定していた。軍国主義者が放逐され、戦犯が処罰され、再軍備のリスクがなくなり、「日本国国民ノ自由ニ表明セル意思ニ従ヒ平和的傾向ヲ有シ且責任アル政府ガ樹立セラルルニ於テハ連合国ノ占領軍ハ直ニ日本国ヨリ撤収セラルベシ」と、そう書いてある。米軍は過渡的な占領者だったのである。

しかし、サンフランシスコ講和条約と同時に調印された旧日米安保条約は次のような驚くべき文言から書き出されている。「日本国は、武装を解除されているので、平和条約の効力発生の時において固有の自衛権を行使する有効な手段をもたない。無責任な軍国主義がまだ世界から駆逐されていないので、前記の状態にある日本国には危険がある」。無責任な軍国主義がこの世界から駆逐され尽くすまで、日本はアメリカの軍事的保護下に置かれることを希望する、と。「日本から軍国主義者がいなくなるまで」だった占領期間は「世界から軍国主義者がいなくなるまで」

にシームレスに延長された。この暫定的な支配期間の自動延長こそが実は政治権力の本質なのである。

あらゆる政治権力はつねに暫定的・過渡的なものとして自己規定する。「いずれその歴史的使命を果たした時に、われわれは権力を粛々と聖王と民の共治に委ねるであろう」という「（決して履行されない）手形」さえ切れば権力者はいつまでも、したい放題だという政治技術はまさに「南淵書」が指嗾した大化の改新の成功体験が教えたことだったのである。

権藤はこの大化の改新については一点の非もない革命として高い評価を与えているが、それは採択された政策の正しさによってではない。そもそもこの革命は「自然而治の成俗を、社稷體統の典例に遵《したが》ひ、育成漸化せしめ給ふ聖意にして、何も彼も新しく創造的に更改せらるゝことではない」のであって、「御歴代一貫せる我皇室不磨の制典」[146]を規矩として、それを復古的に再現したものである。何をなすべきであるか、前例を遵守したがゆえにたちまち実現したのだと権藤は書く。大化の改新の最も評価すべき点は、何よりそれが実施された速度にある。

「纔《わず》か一ヶ月間に一絲《いっし》亂れず施政の大綱を實施させられ（……）誅伐御断行の七日目には、新天皇の御即位により、廟堂組織まで成立し、一ヶ月目には新制宣布の詔諭が煥發《かんぱつ》され、四ヶ月目には其大體の施設が一と通り整うて居る。何としても神速驚くべきである。」[147]

革命は「神速驚くべき」ものでなければならない。ここにいわば権藤成卿の革命論の核心がある。暫定的な革命権力は必ず惰性化し、君民を隔てる中間権力と化す。だから、革命は神速のうちに成就しなければならない。革命主体は革命と同時に消滅して、決して自らを権力としてはならない。

歴史学で言われる「大化の改新」は蘇我入鹿の誅殺（乙巳《いっし》の変、６４５年）から大宝律令の制定（７０１年）に至る半世紀に及ぶ政治改革を指すが、権藤は「大化の改新」という語を乙巳の変のクーデタに限定して用いている。そして、政治改革の要も唐制を模した官制の改革や元号の使用や、仏法興隆の詔などではなく、何よりもこの時に発令された私地私民の売買の禁止を重く見た。

かつて公地公民であった制度が崩れ、土地は「權官富豪の占有」に帰し、「良民は殆ど農奴に化した」現状を改める必要があった。「本来我自然而治の成俗」に従うなら、土地を私有独占してはならないのである。これが還るべき原点であった。君民共治は大化の改新の発明ではない「前古の遺制」である。この古制に遵うなら「民自ら治らしめ敢て其習はさることを強ゐす」[148]、煩瑣な支配制度などなくとも民は「自ら治むる」ことができる。

権藤の社稷論は純粋である。太古において君民共治は実現していたのだが、藤原氏から徳川氏に至る代々の権力者たちの「専権政治」にその再現を阻まれていた。明治維新も同断である。「現下の趨勢は、責にある者大本を忘却して、其施政方策規度を逸し、一國の基礎根底たる可き、農村をして疲弊困憊《こんぱい》に陥ゐれ、竟《つい》に之を奈何《いかん》せんとするものであらうか」と権藤は慨嘆する。[149]

権藤にとって「一國の基礎根底」は農村であった。明治6年（1873年）の地租改正によって、地券が発行されて、土地の私的所有が認められ、売買可能になった。この時、土地は本来天皇のものであり臣民はその使用を許されているに過ぎないという公地公民思想が完全に否定された。封建領主の領主権も、村落共同体による入会地の共同所有も、すべての伝統的な土地所有制度が廃されたのである。権藤が最も鋭く批判したのはこの点である。

統治は支配ではなく、自治によらなければならない。そのためには、「根底基礎」たる農地は私有財産ではなく、公共財（コモン）でなければならない。これは権藤の信念であり、ほとんど信仰であった。公共財を共同的主体が管理運営する体制を理想とする点で、権藤の思想は広義における「コミュニズム」である。マルクスのそれと決定的に違うのは、共同的主体を結び付ける統合軸が「君民一体の心情」であるという点である。

権力による支配を忌み嫌うという点で言えば、権藤の思想は当然アナキズムとの親和性も高い。権藤は大杉栄と親交があった。そして、関東大震災でを契機に内田良平と絶縁することになる。

「関東大震災当時、東京にあって人心の混乱と震災復興に伴う民衆の経済的困窮を眼前にみた権藤は、関東大震災を現社会体制変革の前兆であると感じとった。実妹誠子を通じて、大杉栄およびその妻堀やす子らと個人的に親しかったところから、大杉栄虐殺事件に関して政府当局者、および、その同調者である黒竜会の内田良平に対する権藤の反感には、著しいものがあった。大杉事件に関して、内田良平が大杉の虐殺を〝国家のためによろこばしい〟と発言したのに憤慨して、権藤は上京以来二十年の長きにわたる内田との交際を断った」[150]

こうして玄洋社・黒竜会系の国権主義と決別することで、権藤成卿は「昭和維新」の思想的指導者という次のフェーズに進む。

第四章

昭和維新の黒幕

権藤成卿と昭和維新

関東大震災の後、昭和の初めにかけて権藤は「昭和維新」というムーブメントの思想的指導者に祭り上げられることになる。この言葉は「明治維新」に類比されるような統治制度の根底的な革命がなされなければ日本の憂慮すべき現実は改善する見込みがないという切迫感を想像的に追体験しない限り、その語義を理解したことにならないだろう。

「昭和初年の日本社会を覆いつつあった慢性不況による農村生活の疲弊と困窮、財閥を中心とした資本集中による中小企業の倒産と失業、それに付属する都市生活者の経済的逼迫」[151]というような文字列を見ただけでは、その後の血盟団事件、五・一五事件、二・二六事件を駆動した強い政治的感情を理解することはできない。少なくとも私にはできない。

明治維新の場合なら、その切迫は想像できる。それより以前から長期にわたって水戸学や国学が醸成してきた「外から来るもの」への恐怖と嫌悪の定型があった。

会沢正志斎の『新論』は幕末にこれを読んでいない志士はいないと言われたほど広く読まれたものだが、正志斎の恐怖はほぼこの時代に取り憑いたものと見なしてよいだろう。

「人の国家を傾けんと欲せば、すなわち必ずまず通市に因りてその虚実を窺い、乗ずべきを見ればすなわち兵を挙げてこれを襲い、不可なればすなわち夷教を唱えて、以て民心を煽惑《せんわく》す。」[152]

ひとたび夷教に感化されれば「民は胡神のために死を致し」「資産を傾けて、以て胡神に奉じ」、祖国を滅ぼすことが「胡神」の意にかなうことと信じてついには戦うに至る。それは実際に日本人が島原の乱で経験したことでもあった。黒船の来航が日本列島を植民地化するリスクを意味していることは、幕末の武士たちと知識階層の多くには周知されていた。

だから統治機構の全面的な改組が必須であると幕末の日本人が感じたことを私は理解できる。しかし、「昭和維新」にただちに統治機構の全面的・根底的な革命を実行しなければ亡国の危機に直面するというまでの切迫があったと言えるのだろうか。さらに言えば、革命を実行した後にいかなる統治機構を再建するのかについて見通しがあったのか。

たしかに天災はあった。米騒動もあった。農村の窮乏もあった。政党政治の腐敗もあった。だが、すぐに革命を実行しないとどこかに植民地化されるというような地政学的切迫はなかった。日清日露の二つの戦争に勝利した日本は、国際連盟の発足時（１９２０年）の四常任理事国のうちの一国であり（後の三国は英仏伊）、朝鮮半島と台湾と南樺太と千島列島を領有し、次には満洲を窺う堂々たる帝国主義国家になっていた。

明治維新は「このままでは列強に侵略される」というリアルな危機感に駆動されていたが、昭和初年の日本人にはさしあたりそのような切迫した恐怖はなかった。政治革命の緊急性を駆動していたのは「日本が本来あるべき姿ではない」という漠然とした不全感であった。

恐慌や凶作による貧困や飢餓や失業という現実を複数の歴史的条件の帰結としてではなく、「本来あるべき国のかたち」からの逸脱という単一の原因によって説明し、それゆえ「本来あるべき国のかたち」に戻ればすべて解決するというアイディアを選んだところに昭和維新の際立った特徴はある。

資本主義の急速な発達に伴って経済格差が生まれ、政党と財閥が癒着し、「多くの民衆が資本家のあくなき貪欲の為に犠牲に供せられ（……）今日の労働者、農民等が全く奴隷の境涯にある」[153]という血盟団裁判の被告の陳述は、昭和初期の資本主義社会の実相をおそらくかなり正確に写している。「奴隷の境涯」がいかなるものかを書物的知識としてではなく、身体実感として彼らは知っていた。

しかし、その憤怒はこの非人間的なシステムを「マニピュレイト」している個人、あるいはこのシステムから受益していると思われる個人の身体に対する暴力として限定的に発動することになった。テロリストたちの実感している身体的な痛み、リアルな飢えや赤貧が彼らに「革命が行わなければならない」という確信をもたらした。

けれども、動機が身体的であればあるほどその政治目標もまた過剰に身体的なものになる。とりあえず、自分たちが味わったような身体的な苦しみを「敵」に与えること。それが最優先の政治目標になる。それがテロリズムの限界である。

テロリズムは彼らの憎悪や苦痛を直接的にぶつける具体的な身体を求める。暴力を加えることのできる具体的身体なしにテロリズムは成立しない。

しかし、テロリストがどこを探しても、「敵」の本体には出会うことができない。「敵の本体」は資本主義経済体制という非人間的で無機的なものだからである。システムのどこを探しても、その体制を「マニピュレイト」している「オーサー」はいない。

たしかにシステムを「ハック（hack）」して利益を得ている政治家や資本家やその走狗たちはいくらでも見つけることができる。でも、「システムから受益している」ということと「システムを操作していること」は別のことである。「風が吹けば桶屋が儲かる」ということから、「桶屋」には気象を操作できる超能力があると推論することはできない。「桶屋」を殺しても、相変わらず「風」は吹き続ける。それがテロリズムの限界である。

革命的暴力が向かう先は「人」ではなく「システム」でなければならない。しかし、「藩閥政治」も「有司専制」もそれを口にする人々に、抽象的なシステムではなく、具体的な政治家個人を「敵」として観念するように仕向ける。しかし、実際には、いくら人を殺しても革命は成就しない。蘇我氏を誅伐した中臣氏自身が次の権力者になったように、人を殺しても、システムは死なない。システムを変えなければ、いくら人間を取り替えても同じことが繰り返される。

テロリストたちもそのことは漠然とは理解していたはずである。だが、「システム」と言われても、それがどんなものか、どこに取り付いたらいいのか、どこを破壊し、どこを補正し、どこを残せばいいのか、誰も知らない。そもそもシステムを相手にするにはあまりに同志が少なく、資金もなく、組織もない。

「一人一殺」「一殺多生」はそこから導き出された苦肉のアイディアである。政界財界の顕職にある個人を襲う。その選択はランダムでよい。現にシステムから受益している人間であり、かつシステムの操作に多少でも関与できる人間なら誰でもいい。「一罰百戒」である。一人を殺せば、あとの100人は「次は自分か」と思う。

「そうした支配階級にとっては、天皇よりも国家よりも自らの命が大事であろうから、彼らの命を狙えば、自衛策上ある程度の国家改造を彼らが自主的に行なうだろうと考えたのである。」[154]

テロを行えば、わが身可愛さに、支配階級は国家改造を自主的に行うだろうという不思議なロジックはテロリズムにとっては必須のものであった。国家改造を自力で行うだけの政治実力を持たないテロリストには、今の権力者の利己心と恐怖心に付け込んで、彼らに「国家改造をさせる」という回りくどいやり方しか残されていないのである。

同時期にフランスの極右王党派の最過激派だったモーリス・ブランショは井上日召とほとんど

同じことを書いていた。テロリストは「責任を全うしない大臣たちに有罪を宣告し、罰を与え、あるいは処刑の制裁をも約束する。」「『権力を恣《ほしいまま》にし、公義公法を私する奸臣たち』はこのテロルの予感に怯え『自分の弱さを思い知らされ、恐怖心によって正気に返る』。恐怖から生じるこの『上べだけの反省』が『彼らから期待できる唯一の有益な反応』であるにもせよ、『テロリズムの効用』は満天下に示される」[155]。

ビジネス用語なら「レバレッジ」というところである。わずかな入力で巨大な出力を期待できるのが「テロルの効用」だ。そうブランショは書いているが、もちろんテロリズムはそれほど効率的なものではない。当たり前のことだが、「恐怖心で正気に返る」人間はそれほど多くない（ほとんどの人間は恐怖心で判断力を失う）。保身のために「うわべだけ」反省してみせる政治家よりはむしろ反政府勢力をヒステリックに弾圧する政治家の方が多いだろう。

「一殺多生」という井上日召のアイディアも「テロルの効用」も実際は空語である。しかし、テロリストたちは支配階級を恐怖させることにはそれほど成功しなかったが、暴力的な手段で状況を変えるという政治手法を軍人たちに浸透させることには成功した。この時から、テロリズムは軍人にとってもカジュアルな政治手段になったからである。

五・一五事件ではテロリストに「話せばわかる」と言った犬養毅首相を青年将校たちは「問答無用」と射殺した。皇道派の相沢三郎中佐が統制派の軍務局長永田鉄山少将を陸軍省内において白昼斬殺した「相沢事件」の直接の原因は教育総監のポスト争いだった。

昭和5年（1930年）の濱口雄幸首相銃撃事件から昭和11年（1936年）の二・二六事件までの6年間が「昭和維新の時代」だったと言ってよいと思うが、遠目から見ると、この6年間はテロリストの主要構成メンバーが民間人から軍人にシフトし、それにつれてテロに動員される人数も準備される武器も桁外れのスケールになるプロセスであったことがわかる。

だが、昭和維新とは何だったのか、急いで定義を下すことはない。歴史的経緯をたどってみよう。

昭和維新に関わった人物として史書に名が挙がるのはまず権藤成卿、北一輝、大川周明、安岡正篤、井上日召、西田税《にしだみつぎ》、橘孝三郎、藤井斉《ひとし》、四元《よつもと》義隆らの名である。

結社系列で言うと、大正8年（1919年）に大川周明、満川亀太郎、北一輝、安岡正篤らによって「猶存社」が結成される。大川が分派して大正13年（1924年）に「行地社」を結成、安岡正篤が昭和2年（1927年）は酒井忠正伯爵の邸内に私塾「金鶏《きんけい》学院」を創建して、日本主義による国家改造を論じ、学生軍人を塾生として迎えた。権藤成卿は学院立ち上げの時から講師として招かれ、そこで海軍将校藤井斉、東京帝大生四元義隆らのちに昭和維新の実働部隊となる人々と知り合うことになる。

権藤は彼らよりはるかに高齢であり、また制度学という特殊な専門分野のせいで、それまで世間的知名度は低かったのだが、ここで昭和維新派の若者たちとの接点を得て、彼らから思想的な指導者と仰がれることになる。

藤井斉は海軍における国家改造派「王師会」のリーダーであり、血盟団事件、五・一五事件に至る流れを作ったキーパーソンであるが、昭和7年（1932年）、上海事変に動員されて戦死した。

藤井は長崎の人。父が事業に失敗し困窮したため、海軍兵学校に入る。藤井は権藤に心酔し、権藤を評して「学識高邁未だ此の如きを知らず。その『自治民範』は必読の良書」「現代に於ける第一の経綸家」と絶賛した。藤井の遺した日記には次のような一節がある。

「互に相助けつゝ登高道義の一路をたどる時、貧苦窮乏はさほどまでに人心を荒ましむるものにあらず。肉身《ママ》の情一家の団欒、之が天下社稷の大本也。」[156]

文言から藤井が権藤の思想を深く内面化していたことは知れる。藤井は権藤を大化の改新における南淵請安に擬し、クーデタ成功後には権藤を政権のブレーンに登用するつもりでいた。[157]

「王師会」は濱口内閣によるロンドン海軍軍縮条約の締結に強い不満を抱く青年将校の組織で、三上卓、古賀清志ら佐賀中学と海軍兵学校における藤井の後輩たちが中核となった。藤井は井上日召と盟友となり、軍民共同でのテロを計画したが戦死。そののちに井上日召が血盟団事件を起こし、古賀、三上は橘孝三郎と共に五・一五事件を起こすことになるが、その流れを作ったのは藤井である。権藤成卿が五・一五事件の「黒幕」と呼ばれたのは、権藤を師と仰いだ藤井が血盟団、五・一五事件二つの事件の「オーサー」だったからである。

権藤と昭和維新の関係を知るために、少し時間を遡って、昭和初めの日本の政治状況を経時的に見ていく。昭和5年（1930年）には濱口雄幸首相銃撃事件があり、翌昭和6年（1931年）には二つのクーデタ未遂事件（三月事件、十月事件）があった。翌昭和7年（1932年）には2月3月に血盟団事件、そして五・一五事件があった。昭和11年（1936年）には二・二六事件。濱口銃撃事件から二・二六事件までの一連のテロを駆動していた国家改造志向のことをとりあえず「昭和維新」と呼ぶことにしよう。それは具体的な何らかの出来事を指すのではなく、いくつかの出来事を含む「流れ」のことであり、テロリストたちはその「流れ」に身を投じて、「流れ」に身を任せたのである。

濱口首相は幣原喜重郎外相を重用して、対中国の関係改善、米英重視の国際協調外交を推進したが、ロンドン海軍軍縮条約を締結したことで海軍青年将校たちの憎しみを買った。銃撃した佐郷屋留雄は黒竜会系の民間右翼であった。濱口は銃撃の9か月後に死ぬ。

この時テロリストの口から「統帥権干犯」という語がテロを正当化する言葉として語られた。統帥権を侵すものは天皇に負託された権限を私《わたくし》しようとしているのでテロによって排除さねばならないというロジックのこれがおそらく初出である。

大日本帝国憲法では「天皇ハ陸海軍ヲ統帥ス」と規定されている。それゆえ、軍の維持管理から作戦行動のすべては憲法上は天皇の専権であり、議会も内閣もこれには関与することができない。憲法制定時点では、これは軍を政治から独立させて安定的に運用するための仕掛けだった。しかし、この制度的な「穴」を軍部が発見し、「統帥権」をふりかざせば、軍は政府の干渉を受け付けない独立した機関になるということに気づいた。陸海軍大臣、参謀総長、軍令部長、教育総監が軍に関するすべて起案し、「帷幄上奏」し、天皇の裁可を得て実施するというプロセスには行政府・立法府の介入する余地がない。そう憲法を解釈したのである。

ロンドン軍縮条約は文官である濱口が軍の編制について閣議決定を下したことが「統帥権干犯」であるという批判を浴びることになった。「統帥権干犯」を「中間権力装置たる政府は聖王と良民の間に介入してはならない」と読み換えると、権藤の社稷論と昭和維新のテロリズムが理論的に親和的であることがわかる。

濱口首相銃撃に続く三月事件は昭和6年（1931年）3月20日を期して計画されたクーデタ未遂事件である。起案したのは大川周明。実行部隊に擬されたのは陸軍の橋本欣五郎、長勇ら「桜会」のメンバーである。民間右翼が警視庁を襲撃、社会民衆党の議員が議会へ群衆を導入し、陸軍が議会を封鎖して首相を辞任に追い込み、宇垣一成陸相を首相に担ぐという計画だった。しかし、宇垣に大命降下の可能性が出たため、宇垣が最終段階で日和見に転じ、クーデタは未遂に終わった。

同年の十月事件もクーデタ未遂事件である。満州事変が勃発した時、外務大臣幣原喜重郎の主導で事変の不拡大方針が閣議決定された。しかし、陸軍急進派はこれを不服とし、再び桜会が中心となり、大川周明、北一輝も加わってクーデタが計画された。今回は直接軍隊が都内要所を襲撃、若槻礼次郎首相以下全閣僚を暗殺するという過激なもので、10月24日決行が予定されていた。荒木貞夫陸軍中将が首相、橋本欣五郎が内相、大川周明が蔵相、北一輝が法相、長勇が警視総監という人事まで決まっていた。

だが、計画が事前に陸軍上層部に漏洩したため中心的な軍人たちは憲兵隊に一斉検挙された。それでも、首謀者に対する処分はごく軽く、謹慎や外地への転勤にとどまった。このクーデタ計画には井上日召、橘孝三郎ら民間右翼と藤井斉ら海軍の過激派も参加していた。

年が明けると血盟団事件が起きる。日蓮宗の僧侶井上日召に率いられたこのグループは二つの流れから形成されていた。一つは古内榮司、小沼正、菱沼五郎ら日召が住職をしていた茨城県大洗の護国寺に集まった茨城の農村青年たち。もう一つは四元義隆、池袋正釟郎《しょうはちろう》の鹿児島七高造士館出身の東京帝国大学生を中心とする学生グループ。藤井斉率いる海軍の王師会も同盟関係にあった。

日召と藤井は昭和5年に出会い、藤井が護国寺に日召を訪れた。日召はその時のことを「徹《てっ》宵仄々《しょうそくそく》と明ける頃まで話をしました。それから私は藤井をはっきり認めて、軈《やが》て是は同志に成る人だと意識し、而して深く交わりました」と血盟団事件の公判で証言している。[158]

日召は大陸浪人として10年間を中国で過ごし、第一次世界大戦の青島攻略戦にも加わり、諜報員として長く活動していたので、戦争やテロがどういうことかについて実体験を有していた。茨城の青年たちも学生たちも青年将校たちも、そういう血なまぐさい現場は知らない。だから、国家改造について大言壮語する若者を値踏みする時に日召は「君はテロを実行する覚悟があるか」を問うた。四元や池袋らが安岡正篤の金鶏学院を離れて血盟団に参じたのは、日召に安岡にはないテロリストのリアルな迫力を感じたからである。

日召を権藤につないだのは藤井である。昭和5年秋に藤井は師事する権藤の下に日召を案内した。日召と権藤は18歳の年の差があったが、二人はすぐに意気投合した。その後、今度は日召が四元を権藤に紹介し、四元もまた権藤に心酔し、血盟団事件まで権藤の著作を繰り返し熟読した。公判で四元はこう証言している。

「私の思想といふものは今迄陳べたことで分る様に、具体的なことはみな権藤先生に養はれて来て居ります。(……)私は其の歴史の観方を権藤先生に学びました。」[159]

興味深いのはこの右翼青年たちが自らのテロリズムを支える歴史観について、誰を「師」とするか、思想的な迷いのうちにあったということである。四元、池袋はまず安岡正篤を慕って金鶏学院寮に入ったが、井上日召に出会うことで安岡の政権中枢との「リンケージ」に嫌悪感を抱くようになり、さらに権藤成卿に出会うことで思想的な足場を得た。日召はテロリストをアジテートする能力は高かったが、歴史観や国家像と言えるほどのものはなかった。池袋は公判で権藤の歴史観を選んだ理由を次のように証言している。まず北一輝への評価について。

「国家社会主義は資本主義の変形で、その最後の心張棒で、結局国家民衆を救ふ所以の方法に非ずと悟るに至りました、而して最後に民衆を救ふものは農本的自治制度でなければならぬ、今日の行詰りは余りに中央集権的な官治制度、商工中心の経済政策に原因するものであると信ずるに至りました。（公判記録　池袋）」[160]

井上と権藤の違いについて池袋はこう述べている。

「井上さんに接して破壊一途に進むと決心致しましては、もう建設と云ふことは余り考へませぬでした、併し唯権藤先生の『自治民範』の自治と云ふことに依つて建設を行はなければならぬとさう思ひました（……）かゝる立派な思想があるならば、我々がいくら事を起しても後は心配はいらぬ、建設は必ず之でやらねばならぬと思ひました（公判記録　池袋）」[161]

四元もクーデタ後に彼らが望見していた国家像は権藤の著作に描かれたようなものだったと証

言している。

「私等が大体『自治民範』に述べられてある様な国家社会を革命の理想としたことは事実であります。(上中書　四元義隆)」[162]

井上日召の破壊の思想と権藤成卿の建設の思想を金子淳一は「彼らが要人暗殺テロに突き進んでいく上で、その両輪となったといっても過言ではない」としているが、この言葉には説得力がある。井上が欠けても、権藤が欠けても、おそらく血盟団事件、五・一五事件は起こらなかったか、少なくとももっと政治的行為としては解像度の低いテロに終わっただろう。

実際に権藤成卿がどれほどこの二つのテロ事件に関与していたのか、わからない。井上日召は昭和7年（1932年）2月9日井上準之助前蔵相が小沼正に射殺されたという一報が入った後に権藤家の別棟から退去して、旧知の頭山満宅に移った。小沼は単独犯であると主張したが、小沼が護国寺の日召の下にいたことは判明していたので、日召に官憲の手が及ぶのは時間の問題だった。日召は自首するまでの1カ月頭山邸に身を潜めた。

藤井や四元には以前からすでに尾行がついていたから、権藤宅が不穏な動きの拠点であることはわかっていた。日召が頭山邸に移った直後に警視庁から刑事が来て、権藤と四元は警視庁で取り調べを受けたが、事件との関連性がわからないため二人はその日のうちに帰された。四元は西園寺公望暗殺を日召に託されていたので、引き続き機会を狙ったが、井上暗殺後要人警護が一段と増したためにターゲットに近づくことができない。政治家は難しいが財界人は比較的警護が緩いと見て、古市、四元が菱沼に三井合名理事長団琢磨暗殺を命じ、菱沼は目的を果たしてその場で捕縛された。

逮捕された二人はいずれも日召が率いた茨城の青年たちであり、帝大生グループと農村青年たちの直接のつながりは知られていなかった。それでも権藤宅が二つのグループの接点であることはわかっていた。四元は権藤宅を訪れた時に逮捕された。

日召が潜伏する頭山邸には刑事が張り込んでいたが、相手が頭山では手が出せない。にらみ合いが続いた末に、頭山の側近が日召を説得して自首させることになった。

四元が逮捕され、日召、古市が自首し、小沼と菱沼が暗殺に用いたブローニングが藤井斉のものであることが判明して、これで血盟団事件の全容がほぼ明らかになった。昭和9年（1934年）に裁判が終わり、井上日召、小沼正、菱沼五郎が無期懲役、古内榮司、四元義隆が懲役15年の刑が確定した。

血盟団事件の直後に藤井斉の同志であった三上卓、古賀清志ら海軍将校と陸士候補生、橘孝三郎の愛郷塾生を実働部隊にして、大川周明からの武器支援を得て、五・一五事件が起こる。犬養首相官邸襲撃と暗殺、牧野伸顕内大臣、立憲政友会本部、警視庁襲撃、愛郷塾農民決死隊の変電所襲撃などが同時に行われた。
権藤は事件直後に参考人として警視庁に留置された。事件の「黒幕」と目されながらわずか5日で放免されたのは、権藤が政府中枢に少なからぬ数の支持者を有していたからだと滝沢は推測している。

「閣議決定によって権藤に関する捜査はそれ以上拡大しないことになったといわれている。おそらく、金鶏学院以来、内務官僚を中心とした高級官僚にファンを獲得しつつあった権藤にこのような上層部の処置が下されたことは十分ありうる。」[163]

実際に権藤のこれらの事件に及ぼした思想的影響はどうなのか。藤井斉、四元義隆が権藤に心酔していたことはすでに述べた。井上日召について、滝沢は次のように書いている。

「生活面では相当密接な関係にあったが、思想的には権藤の影響をほとんど受けていない。日召の革命観は、日蓮宗の僧侶としての霊感によるもので、その神秘性、天皇観などの点で、権藤のそれとはまったく異なる。（……）日召は権藤の管理する空家が同志の会合に好都合であったため、権藤を利用しただけであったことがわかる。」[164]

四元の伝記を書いた金子は二人の間にはもう少し親密なつながりがあったと記しているが、[165]心情的に深い親しみを覚えていたことは思想的な影響を意味するわけではない。

小沼正は日召と権藤の両方から強い影響を受けたはずだが、公判中に至って、権藤の思想は「支那の学問」であり、『南淵書』の根本思想は「大陸の思想」であると評価を一変させた。

「唯私達の行動と云うものは権藤の思想に依って動かされて来たものであると云うことは嘘です。それは私達の同志の中に、権藤の学問を受けて居る人は一人もない。（……）私達が権藤の思想に依って動いて来たと云うことは全然ない。（……）私達の思想は井上の思想そのものであって、権藤の思想ではない」[166]

滝沢はこの証言に疑義を呈してこう書いている。

「かれらが、権藤空家に集まり、権藤と食事などの日常生活をともにすることによって、思想的に相当大きな影響を受けていることは否定できない。すなわち、日召の神秘的な日本主義に啓蒙されたかれらの革新論が、権藤の人と思想に接することによって確固としたものに成長して、日召と直接行動に走ったと考えるのが至当な見方であろう。」[167]

橘孝三郎とのつながりはもっと緊密であり、橘の権藤に対する敬意は生涯変わることがなかった。橘にとって権藤は農本主義者が大同団結した「新日本国民同盟」（昭和7年創建）以来の兄事する盟友であった。橘の農本主義に権藤の社稷論は思想的な骨格を与えた。橘も井上も、藤井も四元も、自分たちはあくまで「アクティヴィスト」であり、権藤は「思想的導師」であり、その役割を異にすると考えていた。五・一五事件のあと小菅刑務所に収監されていた橘は権藤の死の直前に私信を送り、こう書いている。

「先生橘です、先生の霊はこの橘に全霊的に生きています、きっときっと先生の志はこの橘がなしとげます。孝三郎」[168]

橘は五・一五事件で塾生7人を率いて変電所を襲撃。爆発物取締罰則違反と殺人及び殺人未遂により無期懲役の判決を受けたが、昭和15年（1940年）に恩赦により出獄した。

晩年

五・一五事件の後、権藤は代々木上原から目黒の中根町に移り、そこに「成章学苑」を開塾した。以後、そこが晩年の権藤の活動拠点となる。

それに先立って、権藤は下中弥三郎、武者小路実篤、橘孝三郎らの農本主義者が大同団結した「日本村治派同盟」に参加する。同盟は「唯物文明の克服、農本文化の確立、自治社会の実現」をスローガンに掲げたが、「その指導精神は権藤の主唱する農本自治主義であった」[169]。村治派には宗教家、教育家、左翼、アナキスト、国家社会主義者などさまざまな出自の活動家が結集した。農民運動がその統合軸であった。彼らは権藤の学苑を拠点として農家の経済的困窮を救うための請願運動を組織した。農民の署名運動と議会請願デモを基軸とするこの運動は「あたかも強訴の昭和版」を思わせるものだった[170]。

請願書は昭和7年の6月に衆議院を通過したが、貴族院で棄却された。この請願運動のさなかに五・一五事件が起きたために、農村の疲弊と窮乏についての国民的関心は一気に高まり、多くの社会運動がここから派生することになった。

権藤の農本自治の思想はこれらの大衆運動を通じて全国に広まった。権藤の文体は決して平易とは言い難いし、その制度学なる学問はわかりやすいものではないが、にもかかわらず『自治民範』、『君民共治論』『自治民政理』などの著作が広く読まれたのは、これだけ長いタイムスパンの中で、あるべき国家像、共同体像について手触りのはっきりとしたヴィジョンを語れる思想家が、この時期、権藤と北一輝しかいなかったということを意味している。

この時代の日本社会のイデオロギーの様態について、渡辺京二は、「資本制市民社会の諸システム」が整備されてゆくにつれて伝統的な村落共同体が瓦解し、人々がよるべなく原子化する趨勢に対する激しい「異和」が「ひとつの社会深層的な欲求として形をなし」たものと見立てる。その「異和」が「これまでわが国の思想的伝統にかつて例を見ないような、ラジカルな共同性への飢渇感となって、わが近代史の表面に突出し始めたのである」。[171]その「渇望」は西欧的な市民社会を拒絶し、「社会的共同性の貫徹するコミューン主義へ発展すべきである、という主張となった」。[172]

これは北一輝の思想を迎え入れたイデオロギー的土壌についての説明であるけれど、これはそのまま権藤成卿についても当てはまる。この二人が傑出していたのは、二人が「日本型コミューン主義」を掲げたことである。北のそれは近代市民社会の「先」に展望されるものであり、権藤のそれは「聖王と良民の時代」に回帰するものであるという違いはあるが、コミューン主義の理想を未来に投影しようと過去に投影しようと、いずれも「一度として現実になったことのない」幻想である点では変わらない。

渡辺京二は北と権藤がこのイデオロギーを構築する時の方法的精度と視野の広がりにおいて群を抜いた存在だったという高い評価を与えている。

「周知のように、この日本コミューン主義の潮流は、明治以来、とくに昭和前期になってさまざまな思想的雑魚を生み落とした。北と権藤成卿はそれらの雑魚とは比較にならぬ、日本コミューン主義の思想的高峰である。そのような高峰でありえた理由は、北と権藤とではまったく対照的といってよい。北は一面において、人類史のすべてを総括しようとする近代主義者であり、ヘーゲル的な弁証法論理に立つことによって日本コミューン主義に最高の近代的論理性を付与した。（……）権藤は古典的社稷思想とロシア無政府主義との独自な接合をなしとげた保守主義者であり、武家政治のイデオロギーたる農政家的思想の立場から、日本コミューン主義に最深の土俗性を付与した。」[173]

渡辺の評言を借りるなら、北一輝は日本コミューン主義の「最左翼」であり、権藤成卿はその「最右翼」である。そして、この指摘を私はまことに重要だと思うのだが、日本コミューン主義の源流を渡辺は西郷隆盛に求めている。

西郷が明治6年（1873年）に下野し、明治10年（1877年）の反乱で敗れたのは、「それは何よりも彼が日本近代国家の創設期において、専制支配エリートたちとまったく異なるコミューン型国家への指向を抱いていたからである。彼の理想とする国家は、農耕に従事する屯田兵的兵士コミューンと、薩摩に遺存するような土地共有制の上に成りたつ農民コミューンとが結合された、生産性は低いが道義的な国家であった」[174]。

西郷の壮図は挫けたが、「彼が体現していた日本コミューン主義はこの国の近代に底流として生き残った」と渡辺は書く[175]。だが、主観的には西郷のイデオロギーを受け継いだつもりの玄洋社・黒竜会には「日本基層民の市民社会的諸システムに対する異和感から突出して来る共同体への飢渇」への配慮がない。

「基層民」というのは渡辺独特の術語で、のちに柳田國男が「常民」と呼び、吉本隆明が「大衆」と呼んだものとそれほど違わない。この「基層民の飢渇」を革命の駆動力とするというアイディアは、このあと宮崎滔天という心情的熱量の異常に高い思想家にいったん受け継がれた後に、北一輝において理論的に析出され、権藤成卿において（多少学術的に希釈されながらも）身に沁みる言葉を見出した。だから、渡辺京二の総括によれば、西郷の血筋を昭和において受け継いだのは北と権藤だということになる。

権藤成卿を単体の思想家として取り出した時には、この人が何者であるのかを説明するのはたいへん難しいけれども、こうやって西郷隆盛、北一輝と並べてみると、その個性がよくわかる。私はこの渡辺の評言にほぼ同意できる（権藤が「ロシア無政府主義」と接合したというくだりがいまひとつ腑に落ちないのだけれど、これは私の不勉強のせいなので評価は控える）。

ともかく昭和維新のいくつかのテロやテロ未遂の多くについて、実行者たちが北と権藤の著作を「聖典」のように読み込んでいたということは歴史的事実である。

ここで渡辺が使った「日本コミューン主義」という言葉には強い喚起力がある。北も権藤も、市民たちが分断され、孤立し、それぞれが自己利益を最大化するために他人を道具的に利用する他ない資本主義社会を激しく憎んでいた。そして、それを明治維新がめざした共同体のあり方からの「逸脱」と見なしていた。有司専制が本来の革命の進むべき道からの「逸脱」であるなら、革命があるとすれば、それは明治維新がほんとうに実現しようとしていた国家に続く道筋への軌道修正として果たされる他はない。どこか別のところに向かうわけではない。本来進むべき道へ戻るのだ。そのためには明治維新に続く第二革命がなされなければならない。昭和維新は日本が本来進むべき道へ軌道修正するための「第二革命」である。

北一輝は明治が実現した資本主義の発展とブルジョワ階級支配を「経済史的必然」であることは認めていた。しかしそれは「維新革命の理念の逆転」である。維新革命のめざした方向からの「逸脱現象」である。「不必要な迂路であり錯誤であった」。ブルジョワ支配によって維新革命は「簒奪された」。北はそう考えていた。

「彼によれば維新革命は、法律的にも経済的にも完全な公民国家、つまりは社会主義国家を実現すべき本質をもっていたにもかかわらず、その方向を歪曲されてついにブルジョワ階級支配を出現させてしまった〈裏切られた革命〉だったのである。」[176]

北の理解によれば、明治維新と大日本帝国憲法によって法理的に日本は「天皇ヲ政治的中心トシタル近代民主国」となった。

「何ゾ我ニ乏シキ者ナルカノ如ク彼ノ『デモクラシー』ノ直訳輸入ノ要アランヤ」[177]

外国に模範を採る必要はない。あるべき国家がいかなるものであるかを日本人なら先駆的に、心の深層において把持しているはずである。外を見まわすことはない。自分の内側を見つめ、そこに伏流し、噴火を待望している「マグマ」を見出せ。おのれの内側に沈潜し、夾雑物を排し、原初の清浄の境位に達するならば、われわれは行くべき道、なすべきことが何であるかを自得するであろう。

この昭和維新の発想には、私はほぼ同時期に（１９３３年）ハイデガーが行った「ドイツ大学の自己主張」と似た匂いを感じる。ハイデガーによれば、われわれは自分が本質的・根源的には何者であるのかを先駆的には知っている。それゆえ、われわれはおのれに負託された歴史的使命を見出し、実現することを通じてより完全により徹底的におのれ自身にならなければならない。「われわれがそうあらねばならないものに自らなる」ことこそ人間の使命なのだというハイデガーの存在論がファシズムのイデオロギーと親和した理由がわかる。

大戦間期のフランスの極右思想家ティエリ・モーニエ（Thierry Maulnier）の「国民革命（La Révolution nationale)」のアイディアにも私は同じ匂いを感じる。

モーニエは王党派の学生活動家であったが、王党派組織アクシオン・フランセーズの退嬰性に不満を感じて、既成の労働運動に不満を抱く極左活動家たちと合流して新しい運動を創り出そうとした。当面の敵は共産党と社会党が同盟した反ファシズム人民戦線である。これを倒さねばならない。だが、人民戦線政府の反ファシズム政策の実現を妨害すれば、ドイツ、イタリアのファシズムはますます増長し、いずれ領土的野心を抱くかも知れない。

「デモクラシーはフランスを衰退させる。だが、デモクラシーの敗北もまたフランスを衰退させるのである。」[178]

フランス・デモクラシーの息の根を止めてナチス・ドイツの走狗となることを拒否し、フランス・デモクラシーの延命に加担してコミンテルンの走狗となることも拒否する。既成の右翼と左翼を同時的に止揚する新しい運動を創り出さねばならない。モーニエは全フランス人が参加することができるフランス固有の、フランス独自の仕方による「フランスの再興（Relèvement de la nation française）」を提唱する。

「フランスの再興は何よりもまず一国民が歴史的に形成してきた性格とフランス文明の根本にある価値観とに適合するものでなければならない。文明に適合すること、それが重要なのである。」[179]

現体制はたしかにフランスの土壌から生まれたものであり、法理的には正しい政体なのだが、フランスにとって非本来的な要素が混じり込んでいる。そのせいでフランスはその本来の力を発揮できなくなっている。だから、現政体のうちの非本来的な要素を剔抉し、フランスの本来の姿に還帰しなければならない。「われわれに託された人間的かつフランス固有の遺産」を守り、「フランス」の名を騙る制度上の政体を打ち倒し、「全フランス人が共通に認知する価値」を国民統合の軸とすること。それが「国民革命」である。

抽象的過ぎてわかりにくいアイディアであるから、むろん政治的実力を持つには至らなかったが、モーリス・ブランショなど20代の活動家たちには強い影響を及ぼした。

ハイデガーとモーニエについて寄り道したのは、この時代の人たちが（おそらくは無意識のうちに）共有した政治的アイディアがあるような気がしたからである。むろん二人ともユニークでオリジナルなアイディアを語ったわけで、誰かの請け売りをしたわけではない。しかし、結果的には、似たような言葉づかいで、似たようなことを語ることになった。

それは、あらゆる国民は、おのれの国の本来あるべき姿についての「原像」を集合的・無意識的に共有しているというアイディアである。その「原像」は、今はさまざまな制度的表層によって覆い隠されているが、それを掘り起こし、それと一体となることで国民は「より完全により徹底的におのれ自身になる」ことができる。

おのれ自身の本来の姿に還るための政治革命。

進歩史観が支配的だった時代には決して人々の脳裏に浮かぶことのなかったこのような考え方が成立したのは、伝統的な共同体が解体し、人々が家郷を失い、伝統的な祭祀や儀礼を失い、原子化・孤立化したからである。しかし、「基層民」は貧困と無知のうちにあり、自らの手で「新しいコミューン」を立ち上げるような構想力も現実変成力も持たない。ならば、それは与えるしかない。

そして、前近代的な土俗性の地層に下半身を残したままの人々に強い喚起力をもたらすのは、西郷が構想したような「生産性は低いが道義的」な日本的コミューンであることを北一輝はおそらく知識として、権藤成卿は実感として知っていた。だが、そのようなコミューンへの「退行」を日本の資本主義者も植民地主義者も軍国主義者もまったく望んでいなかった。だから、彼らの思想は打ち捨てられる他なかったのである。

二・二六事件を機に軍部内では統制派による皇道派の粛清が行われ、統制派軍人と官僚と政党政治家と財閥によるヴァージョンアップした「有司専制」の仕組みが出来上がる。北一輝は刑死し、権藤は深い失望のうちに老いてゆく。

権藤は二・二六事件の後に『血盟団、五・一五事件、二・二六事件、その後に来るもの』という時局批判のパンフレットを発表する。権藤最晩年の著作である。その中で権藤は彼の思想的歴程を鳥瞰するようなかたちで、おのれの政治活動の総括を試みた。少し長くなるが、その行論をたどり、権藤の最後の思想的立ち位置を確認したい。

権藤はまず明治維新が不十分な革命であり、「第二革命」を要するものであったことの確認から始める。維新革命は「現状打開」と「現状維持」の間の戦いであり、前者が「動」を後者が「反動」と呼ばれる。そして「社会は常に進展して熄《や》む時なく、その社会の進展に伴って常理も恒例もまた変化し進展する」ものであり、この流れを止めることは誰にもできない。[180] 幕政は打倒されねばならず、維新は行われなければならなかった。

「以上の事実が欠くるところなく理解された時に、はじめて明治維新が所期の目的を一〇〇パーセントに達することができなかった理由が判るのである。薩長聯携による討幕は、討幕という限りでは『動』を意味して居たにもかかわらず、事実に於いて倒滅したのは、旧幕府体制内の徳川の勢力のみであり、それに代わって薩長の旧勢力が藩閥という新しい形態をもって登場して来たのである。すなわち、維新後に於いて、旧勢力を一掃すべき薩長は、反対に自己の旧勢力を維持するばかりでなく、強化せんために腐心し、狂奔したのである。（……）このようにして維新の本来の目的は、藩閥並びにその延長たる藩閥政府によって蹂躙された。」[181]

維新革命が所期の目的を達し得ず、維新本来の目的が藩閥政府によって「蹂躙された」以上、第二革命がなされなければならないという行論は西南戦争から自由民権運動を経由して昭和維新に流れ込む反権力イデオロギーの基本形である。

権藤の理説の独自性は、藩閥政府といえども、自分たちが維新の目的を「簒奪」したことについての疚しさはあったという指摘である。独裁体制を敷いたのは、あくまで国難的事局に処するための緊急避難的な措置であり、元老たちも未来永劫藩閥体制でゆくというつもりはなかった。明治政府の顕官たちがその地位を利用して私利私欲を図ったのも、「善いこと」だと揚言して行ったわけではない。明治国家の権力者たちはいろいろろくでもないことをしでかしたけれども、そこには「疚しさ」というか「羞恥」というか「一定の基準」はあった。

しかし、大正中期以降それがなくなった。道義的な規矩とでも言うべきものが日本社会から失われた。それはこの「一定の基準」が廃用され、「他の異なった基準」がそれに代替する時代に移行する「転換期」に日本が立ち至ったということを意味している。

この転換期、移行期の特徴を権藤は「行き詰まり」という言葉で言い表す。すでに歴史的に失効した旧時代の基準がまだ墨守されているが、それに代わる新しい一般的基準はまだ公認されていない。これが転換期の特徴である。

転換期において「動」を代表する人々は百家争鳴百花繚乱、一つの公式にまとまらない。「銅貨に刻まれた横文字を見ることさえ嫌った」神風連ら極右と「ルソーの『民約論』を懐中にして戦野を馳駆した」宮崎八郎のような極左まで「共に手を握って銃火の中に一命を提供した」のが転換期における「動」の人々の実相である。[182] 現状維持か変革か、動か反動か、そこに転換期においては党派的な分断の線が引かれる。

権藤は日露戦争以後の失政から現状分析を始める。戦争の「予想外の勝利」に「朝野を挙げてただ戦勝の祝酒に酔飽」するばかりで、「戦争によって疲れた民力の恢復などほとんど顧みられず」、結果として「暴富者」を生み出した。戦争を利して莫大な個人資産を積み上げたこの「暴富者」は「政治上の権力者と結託」し、「国民大衆の富は、いつの間にかこれら少数暴富者に占奪され、国民生活は必然的に窮迫する」に至る。[183]

続く第一次世界大戦でも、日本は戦場から遠く離れていたという地理的利点により戦後めざましい経済的活況を呈し、「人々はこれを黄金時代の出現として、讃仰していたものである」。[184]しかし、ここで日本政府は致命的な失着を犯した。シベリア出兵である。ロシア革命への干渉を名目に東シベリアへの勢力圏の拡大を企てたが、「何等得る所もなく、前後数年の遠征を続け、九億余万円の軍費を消費し、貴重な人命を多数犠牲にし」て終わった。[185]

戦争で莫大な国富を失った結果もたらされたのは経済格差の拡大であった。「少数資本家への富の集中」、権藤の言うところの「暴富者」たちは「政治上の権力者たちと結託し、政府の保護会社はいずれもこれら暴富者の手中に帰することとなり、(……)政治家は資本家の傀儡となり、政治家が腐敗堕落して、政費はますます膨脹し、結局国民の負担増加となったのである」。[186]

最も苦しんだのは農民である。農村の疲弊、貧富の懸隔による社会不安の増大、労働運動の激化。そして「大戦前に於いてすでに萌芽せる左傾思想は、ほとんど全国に瀰漫するに至った」というのが権藤の大正時代の社会状況理解であった。
そこに大正12年（1923年）関東大震災が起きる。震災時、震災後の政府の不手際について権藤は厳しい筆誅を加えるが、ここでは権藤が朝鮮人の虐殺について書いていることを記すにとどめる。

「朝鮮人数千名を虐殺したなどということは、これを如何に見るべきであろうか。後世深く戒めなければならない」[187]

またこの著作には言及がないが、震災後の戒厳令下、甘粕正彦憲兵大尉によってアナキスト大杉栄、妻の伊藤野枝、大杉の甥の橘宗一の三名が憲兵隊司令部に連行され、殺害され、死体が遺棄された事件があった。権藤は妹誠子を通じて大杉と個人的な親交があった。だから大杉たちの虐殺は許し難いものと思った。ところがかつての盟友内田良平はこの事件を「国家のためによろこばしい」ものと評価した。

「大地震以後の混乱常を失いたる間には無事の天下の良民にして警察又は軍隊の手にかゝりて落命せる者も少なくない。(……)仮令《たとえ》殺人窃盗等の行為があったとしても、其れでも人民は混雑場合已むを得ぬとして諦めて居るのである。然るに一無政府主義者が殺されたと云うので此れ程の大問題となると云うことでは、愚直なる良民も諦らめようとして諦らめられぬではないか。」[188]

秩序が混乱した時はどんな非道なことも起きる。みんなそれに耐えているのだ。うるさく咎めるなというのが内田良平の言い分である。表面的には生活者の生身の感情に寄り添っているような文飾を借りてはいるが、道義的退廃の色は隠せない。権藤はこれを機に内田良平と絶縁する。道徳的虚無主義を「政治的リアリズム」と言い換えるところまでかつての天祐侠の赤心の志士が堕落したことへの失望はおそらくそれ以前から権藤のうちに潜在していて、大杉の事件をきっかけに顕在化したということなのだろう。

権藤は震災から満洲事変までの政治の迷走、経済の混乱を詳述し、血盟団事件、五・一五事件、二・二六事件にはわずかに言及するのみにとどめている。

「しかしこれらの事件についても、我輩の塾中より逮捕された者もあり、或いは友人中に検挙された者も多いので、予は情に於いて今これを語るに堪えないところである。」[189]

検閲を考えればこれ以上のことは書けなかったということであろう。以下、権藤の行論を手短にまとめる。権藤は「公民」「教育」「宗教」「官紀」「議会」「自治」「統制」などの論点について順次その現状を叙し、欠陥を咎め、その積弊の由来を説く。

ここで権藤が論及しているのは、今からほぼ100年前の日本の体制であるが、その手厳しい批判の文言を一文字ずつ追ううちに、権藤の評言のほぼすべてが今の日本のシステムについても当てはまることに私はいささかの寒気を覚えた。これはどういうことなのだ。日本社会の欠陥は100年経ってもまったく補正されてこなかったということなのか。それとも体制というのはいつの時代のどこの国においても同じように「ろくでもないもの」であり、権藤のような慨世家は世界中どこでもいつでも似たような愚痴を繰り返しているということなのか。

いくつか権藤の言葉を拾ってゆく。まず「公民」の章で、私が線を引いたのはこんな箇所である。いささか長いができたら音読して欲しい。

「国民に確固たる志操がないとすれば、その国は全く始末にならぬものである。しからば、国民として必ず有《も》つべき確固たる志操とは如何なるものかといえば、それは、その国民の『守持心』の如何によって決まるもののことである。(……)では国民の有つ『守持心』とは何を指すかといえば、国民各自が、その一身の時と処と位置とに随って、守るべき筋のことを飽くまで固持し、固守すべき筋の観念を飽くまで固辞し、生命に代えても少しも動かぬという心の象《かたち》のことである。それは、国民として『なさざる所』とするものは、それが如何に利益があり、幸福をもたらすものであっても、決してなさないという『節操』のことである。

生命を賭してこの節操を守るというところに、国民としての、公民としての『道徳』が生じてくるのである。」[190]

ところが明治以降人心は一変して、志操も節度も打ち捨て、「ちょっと便宜であるとか、或いは小役に立つとかいうことに重きを置くようになってきた。（……）節操を軽視するという一般的な気風は、現代に至って特に甚しいようである」[191]。

昭和の初めに「特に甚しい」なら、それから１００年後はどうなっているのか。権藤の舌鋒は教育者に向かい、宗教者に向かい、官吏に向かう。およそ人の上に立ち、人を導く者である以上「徳責」というものがある。中でも権力を行使する者には高い道義性が求められるが、日本の公人はその要請に応えているか。

「昔は公人たるものの品格は、清修廉直（心が潔白でつつしみ深く、しかもいさぎよいこと）を尚《とうと》び、その人材擢用《てきよう》の標準も、殊にこの点に意をつくしたものである。（……）いやしくもその任にある人に、いささかでも妙な汚点があれば、世の中の大本が紊《みだ》れる。（……）官吏に於いては、特にその出処進退に当って、切にこの清修廉潔の行を尚んだわけである。元来、徳操のない人間ほど頼みにならないものはない。『頼み』ということが『信』の起るところであれば、国家の政治も信にあらざれば行われぬものである。」[192]

政治家や官僚は「国民に養われている者」である。「大は文武百官より吏員公人、すべての皆民衆に養われ」ている。だから、その頭数をあまり増やしてはバランスを失する。「養う者」と「養われる者」の比率が「無理のない程度」に収まれば天下は泰平であるが、「養われる者が徳操を重んずることもなく、ただ強力な支配権力のみを揮《ふる》うこととなると、常に社会の平調が破られるのである」[193]。

しかし、(ソースティン・ヴェブレンなら「有閑階級」と呼ぶところの)この「養われる者」「非生産部門」はただ肥大化し、権力は排他的にここに蓄積される。どこかで断ち切らない限り。

「明治維新後の薩長氏の政治に於いてもまたしかりである。そこに生じた門閥、財閥、学閥、政党閥など、皆その名利慾より外、何の意義もないものである。(……)ここに大なる覚醒をなし、議員にあれ、官吏にあれ、必ず清修廉潔の士を尊重するの風を起し、いやしくもかの不廉の徒あれば、これに対しては厳然たる社会的制裁を加えるようにならなければ、この頽風を挽回することはできぬと思う。」[194]

続く議会政治についての言葉も傾聴に値する。およそ政治には独裁制と代表制の二つのかたちしかないと権藤は書く。そして、日本の政体は古代から代表制であったという驚くべき知見を語る。

「我が日本は、神代に於いて天《あま》の安河原《やすかわら》に八百万神《やおよろずのかみ》が集合して、合議したという神話にみるも、上世以来、民意を尊重したことが解ろう。（……）日本国民の総員、すなわち八百万神が、貧の神も福の神も、すべて平等の発言権をもって『天の安河原』に集ったという神話は、日本の成俗上、その政体が如何なるものであらねばならぬかを示して余りある。」[195]

天智天皇は「万民ヲ宰《つかさど》ル者ハ独制スヘカラス」と詔しており、明治大帝は「万機公論ニ決スヘシ」と五ヶ条の御誓文に定めている。

この自治の統治原理からの逸脱はどうして起きたのか、権藤はそれを「プロシヤ式国家主義」を模倣したことから発しているという説明を採用する。明治国家が採用した統治システムとその基本思想は「我が日本の社稷民人を基調とせる国の成立とは、全然別物」であった。[196]

普仏戦争に勝利したプロシヤがその主導でドイツの諸邦をまとめて一大帝国を築いたその手順を明治国家は「薩長が主導して三百諸藩をまとめて一大帝国を築いた」プロセスに適用しようとした。「ドイツ帝国はプロシヤを宗主として構成された国であり、その組織化に当っては、プロシヤの利益以外のことは、全然顧みられなかった」[197]。同じように大日本帝国は薩長を宗主として構成された国なのだから、薩長の利益以外のことは顧みられない国のかたちになったのは自明である。

「すなわちいわゆる『プロシヤ国家』という組み立ては、彼ら藩閥官僚が、封建列藩を廃して郡県一綱の中央集権とする上に、無上の指南を受け得たものであった。」[198]

別にプロシヤの政体が世界標準であったわけでもないし、最良の政体だったからでもない。薩長の閥族たちが「自分らの安全な存立のために」採択しただけのものである。だから、当然ながらそれは日本古来の「代表制」とはなじまない。その齟齬は「自治」という点で際立つ。ここが権藤の社稷論が明治国家の地方制度と非妥協的に対立するその論の切所である。

そもそも日本とプロシヤでは「自治」という基本語の理解が違う。プロシヤの法体系では、地方自治体は、縮減され、力を持たない「国家のようなもの」と見なされていた。

つまり「国家の統治作用を或る一地域の団体に委託したもの」が自治であり、それゆえ自治体がいかにふるまうべきかを決定するのは国家であり、自治体は国家の監督下に置かれ、法令の範囲内でしか仕事をすることができない。

「自治体の仕事をするという権限は、自治体が当然に有する権限ではなくて、国家がその目的を達する上に、特に自治体に与えた権限である」[199]

自治体というのは国家が制度設計し、権限を委託し、その権限を逸脱しないように監督するものであるというのがプロシヤ式の考えである。権藤はこれを全否定する。わが国における自治というのはそういうものではない。

「だが、本来の国というものは、人間が安全な生存のための集団生活が、漸次に村落の自治となり、村落の自治が更に郡県の自治となって、そうして郡県の自治が集って、遂に一国となったものである。それ故に、自治体こそ一国の基礎単位である。

　だが、明治の藩閥官僚は、この基礎単位たる自治体を、より良く発達させるように按配調斉したのではなく、却って自分らの『統治』に都合のいいように、自治体から自治の権能を奪ってしまったのである。」[200]

ここまで引いてきた『皇民自治本義』のような漢語の多い文章に比べると、非常に平易に社稷論・自治論が語られている。この文体の変化に私は胸を衝かれた。権藤成卿はもう難しい漢字で文を飾ることを止めたのである。

一人でも多くの読者に自分の言わんとするところを伝えたい。『その後に来るもの』の文体は、道行く人の袖をつかんで「お願いだ。私の話を聴いてくれ」と懇請するような文体である。そこまで状況に追い詰められたとも言えるし、平易な言葉で語れるところまで自身の思想が血肉化したとも言える。おそらくその両方なのだろう。

明治国家が定めた市町村の制度は「市町村は国土分画の最下級であるが、或る限界内に於ては自治の権能を与える」という国家から基礎自治体への権限の下賜なのである。[201] それは権藤の考える自治ではない。これは民による「自治」ではなく、「官治」である。本来の自治の基体になる「村落共同体」は法的擬制ではなく、生き物である。

「旧来の村落形態にあっては、村と村民とは、密着した一つの概念であり、村が村民から離れて抽象的に存在し得るなどということは、考えることもできなかった。(……)全村民は村に即《つ》いて生きていたのである。換言すれば土着的に生きていたのである。」[202]

「村の負担する公租は当然村民全体の共同負担であり、村の債務は同時に村民全体の共同債務であり、村の防衛は同時に村民全体の任務であり、そして村有地は同時に村民全体の所有地だったのである。」[203]

これは村落はコミューンだったという宣言である。コミューンの自治が統治の基本のかたちである。コミューンは生き物であり、国家こそが政治的擬制である。これはほとんど『フランスの内乱』におけるマルクスである。マルクスはパリ・コミューンについてこう書いていた。

「かつての中央集権化された政府は、地方においても生産者の自治に道を譲らねばならないであろう。(……)どんな小さな田舎の村落であってもコミューンがその政治形態にならねばならない(……)国民そのものからは独立し、かつそれに優越する形で国民の統一性を具現しているなどと称しつつ、実際は国民から見れば単に寄生的な瘤にしかすぎなかった国家権力をコミューンが破壊することによって、国民の統一性は現実のものとなるはずであった。」[204]

マルクスはこの「新しいコミューン」は中世のコミューンの再生ではないと明言している。これを「過度の中央集権に対する古くからある闘争が肥大した形態」だと解する者がいるかも知れないが、それは違うとマルクスは言う。パリ・コミューンは過去への退行ではない。それは『可能な』共産主義以外の何ものであろうか！」[205]と。

権藤がこれを読んだとして「共産主義」という語の前にはひるむだろうが、国家が政治的擬制に過ぎず、国民の統一の本当の基盤は「生産者の自治」にあるという部分についてはマルクスに同意する他ないだろう。

権藤成卿がカール・マルクスを熟読する機会があれば、彼はおそらくその社稷論に手を加えて、それが「天智天皇以来」という過去に保証人を探し求めることを休んで、現代の科学技術と経済システムを適切に制御し得るコミューンがあるとすれば、それはいかなるものかという問いをおそらく自分に向けただろう。そして、「日本型コミューン主義」について、より解像度の高いヴィジョンを描いて、私たちに遺してくれただろう。

望んでも詮方ないことではあるが、私が権藤成卿に惹かれるのは、そこにマルクスに通じる回路を感じるからである。日本の思想家で、自力でマルクスに通じる回路を掘った人が、権藤と北の他にいくたりいるだろうか。

事実、権藤は左翼の掲げる「反対思想」についても、それが出現することとの歴史的必然性を認めている。日本の政体は「天の安河原に八百万神が集った」太古的デモクラシーを起点とする。

「それ故に、我が国史に信拠する人民の中より反対思想が起るのは、むしろ当然であった。反対思想は、後にデモクラシーの思想と相混して現われ、やがて更に一変してマルクス主義を受け容れることとなり、かくていわゆる危険思想なるものが非常な勢いで擡頭したのである。[206]」

権藤が「マルクス主義」という文字列を筆記した事例を私はこの箇所の他には見た記憶がない。どこかにあるのかも知れないが、私は権藤がマルクス主義を精密に検証した文章のあることを知らない。でも、晩年の権藤が、マルクス主義について「いわゆる危険思想」という書き方をして、彼自身がそれを「危険思想」とみなしているかどうかについての判断を保留したことは覚えておいてよいと思う。
左翼思想に共鳴し、その運動に参加した人たちは必ずしも、その学説を理解していたわけではないだろうと権藤は書く。

「真に学説を理解していたものは、極めて少数で、その他大多数は、単なる社会の現状に対する不平の勃発にすぎなかったのである。」[207]

この社会の現状に不平を抱くのは国民として当然である。だとすれば、この人たちを弾圧し、取り締まっても、益するところはない。政党や組織は姿を消すかも知れないが、「社会の機構、組織から生ずる不平不満は、到底そんなことでは消滅するものではあるまい」[208]。では、この国民的な「不平不満」はどのようにして適切に政治化し得るのか。「右翼思想」によってか？　権藤はこれに「否」と答える。

「この右翼思想は、現在なお国庫依食者中にも多く、殊に武官連中の中には最も多いように聞いているが、かつての或る時期に於いては、諸種の右翼団体には、官憲の保護すら与えられていたのであった。」[209]

これは見逃せない一節である。ここで「武官連中」と名指されている中に五・一五事件、二・二六事件に連座した軍人たちは含まれていないはずである。藤井斉のような自己の崇拝者を権藤が切り捨てるはずがない。ということは、このパンフレットを読んだ権藤の読者たちは、ここで軍部内部に存在する「国庫に寄生し、官憲の保護を受けている」者たちが誰のことであるかを誤解の余地なく知っていたということになる。

それは誰のことなのか。権藤はそれについてはそれ以上語らない。ただ「積弊の上に寄食せる、従来の既得地位に建てる者が、まず第一に、自らその徳責を負う」べきだという一般論を語るだけである。

しかし、権藤が何も具体的なことを語らないことに若干の失望を覚えながら頁をめくると、そこには「第十四　統制と国民生活」という章題が目に入る。権藤はここで「統制」について論じると言う。二・二六事件で陸軍皇道派が一掃された後、軍部は統制派の一元支配体制となったことはこの時点では周知の事実である。「統制」の二文字を見て、それとの関連に気づかぬ読者はいない。では、権藤は「統制」について何と書いているか。

「現在、あらゆる方面で、猫も杓子も『統制』ということを叫んでいる」という皮肉な一文から権藤は「現下滔々と行われている統制政策なるもの」[210]についての考察を始める。

「今日立案されている諸種の統制法をその法規についてみるに、それは国民大衆の利害得失や、生活安定ということなどは、一向考慮していないようである。また、日本の国史上に於けるそれの沿革についても、ほとんど研究されて居ないようである。それはただ為政者が、彼らの頭脳のなかに生じた国家統制の観念に従って、政治、経済、産業、教育等の社会の全般に亙り、これを統制することに過ぎないのである。このことを更に簡単にいえば、為政者が、官僚的に、従って法律的、強制的に、社会全般の『国家的統制』を実現しようとするので、その統制の方法は、成るべくこれを一括する、というにある。」[211]

これはまさに「プロシヤ式」に他ならない。明治国家が日本の本然の姿と相容れない上意下達・組織管理主義を採用したせいで、この惨憺たる現状があるのである。それをさらに強化してどうするのか。

「現在の積弊の原因が、総ての政治経済の施設の上に、日本の国体と相容れない外国を模倣したことに存することが、確認されていながら、またしても欧米の統制思想によるというのは、一体どうしたことであろうか。」[212]

では、「日本の国体」なるものは、どのようなものなのか。

「日本の公例に於いては、『適所に適従する』ということで、地方々々によって、それぞれの気候、風土、事情が異って居り、それに従ってすべての風俗、慣例に特色ができているのである。(……)それ故に、適所に適従する所のものは、そのままにしておき、人民の生活が区々別々にならぬように統括し、燮理《しょうり》するというのが、日本の公例による調斉の方式である。」[213]

権藤が「統制」に対置するのは「適所適従」である。けれども、これは容易なわざではない。国家による統制と向き合うためには、地域住民の側にも相応の覚悟が要る。自分たちが伝統的に守って来た風俗、慣習は手離さないと、国家に向かって決然と告げ、統制に全力を以て抗わなければならない。その覚悟が今の日本人にあるのか。権藤はここでずいぶん弱気な言葉を口にする。

「けれども、現在は非常時なるが故に、統制もまた止むを得ないということであるし、且つまた帝国議会も、これに重く協賛を与えており、従って国民大衆もこれに賛成しているものと見られるから、我輩としては、ただこれらの統制が、素直に発達し、国利民福に効果あることを望むより仕方ないのである。」[214]

でも、ほんとうに国民は上からの統制を望んでいるのか。「日本の成俗の潜在意識として」望んでいる事態なのか。権藤はそのような潜在意識はもう失われたようだという悲観的な言葉をここに記す。

「例えば、『お上』で金を貸してやろうといえば、国民大衆は何の考えるところもなく、忽ちにしてその方に傾くという状態で、全く自己の独立せる意思を認めることはできないのである。この国民大衆に独立意思の欠如せることが、今日代表公人の選挙が、とりとめのつかないまでに腐敗堕落した一面の原因である。だから、このような国民大衆によって選出された立法府が、腐敗堕落して無力無恥なことは当たり前である。」[215]

これが21世紀の日本のことを記述している文章なのだとしたら、別に驚くことはないが、聖王と良民による社稷の夢を語ってきた思想家が「国民大衆に独立意思がない」「潜在意識を失った」と悲しげに記すのを見ると、私は晩年の権藤成卿の索漠とした心境に触れた気がする。国民大衆は自分たちの代表として選び出した立法府の議員たちが「政府と協力し、非常時と称し、統制、統制と連呼して、国民大衆にこの上の困苦艱難を強制せんとしている」ことをただ傍観している。[216]

権藤成卿が民衆の直感の正しさと復元力に対してここまで悲観的な文章を書くものを私はこれ以前には読んだことがない。終章の「その後に来るもの」で権藤はこれから日本はどうなるかを書くが、引用に足るほどの文章は見当たらない。満洲国の建国によって世界的に孤立したこと、国力を超えた軍事費負担が国民を極度に困窮させていることを力なく綴ったあと、権藤は最後に残った力を振り絞って「60年革命説」を語る。

干支が一巡すると60年。明治維新から数えてこの時68年目。すでに革命の機は熟しているはずである。今正しい機運をとらえて進めば以後「隆々たる盛運」の時代を迎えるだろうし、「漸《すす》み化し移り変わるべき順運を壅塞《おうそく》し、阻止すれば」、「敗爛衰頽壊滅に陥」り、「乾坤闇黒の時代」となるだろう。[217] そう書きながら権藤は日本の未来にはもう「順運」の芽がないことを知っていたかのようである。

この頃、国民党の繆斌《みょうひん》から権藤を汪兆銘の南京政府の政治顧問として招聘したいという話があった。権藤も乗り気になって、かなり具体的なところまで話が詰められていたようである。繆斌はその後日本の敗戦直前にいわゆる「繆斌工作」で蒋介石の密命を受けて日本に日中単独講和計画を持ち込んだ人物である。

歴史には「起きてもよかったのだが、起きなかった出来事」がある。権藤がもしこの招聘を受けていれば、どうなっただろう。日華事変の帰趨は変わったかも知れないし、太平洋戦争も回避されたかも知れない。起きてもよいことは起こらなかった。

権藤はこの計画の進行中に持病の喘息が悪化し、昭和12年（1937年）、7月9日に目黒区中根町の成章学苑で息を引き取った。日華事変勃発のわずか2日後のことだった。

「病床で事変勃発の報を聞いた権藤は、〝武弁遂に国をあやまるか〟と絶句したという。」[218]

おわりに　「21世紀の権藤成卿」たちへ

権藤成卿の生涯と思想を瞥見した。先行研究をつぎはぎしただけで、正直申し上げて、さして見るべき学術的価値のない個人的な研究ノートである。それでも、21世紀になって四半世紀経った時点で権藤成卿の本が復刻され、権藤のことを知らない読者のために入門的な解説を書く必要が出てきたということは、やはり政治史・思想史的な「出来事」として記すに足る事件だと思う。「はじめに」で明らかにした通り、この本は「なぜ今権藤成卿が読まれなければならないのか」について説明するために書かれた。その任はほぼ果たせたのではないかと思う。

私がこの本で言いたかったことは「権藤成卿の思想は今も生きている」ということである。こういうタイプの政治思想は死なないのである。というのは、日本人なら権藤成卿は読めば「わかる」からである。たしかに言葉は難しいし、歴史的文脈も簡単にはわからない。でも、読めば「わかる」のである。権藤が描く社稷のイメージは皮膚を通して、すっと浸み込んでしまうのである。マルクスの『フランスの内乱』を読んでも、パリ・コミューンがどういう共同体か「皮膚感覚的にわかる」ということは日本人読者の場合にはまず起こらない。しかし、『君民共治論』や『自治民範』

を読むと、権藤がいかなる共同体を実現しようとしていたのかはわかる。その共同体の生活の手触りや香りがわかる。

現代の日本人も、昭和の日本人も、経験的事実としてそのような共同体に帰属したことはなかった。けれども、それは社稷を「懐かしく」感じることを妨げない。マルクスが道破した通り、政治革命は「新しいけれど懐かしい」という実感を必要とする。人々が「そうか、この手があったか」という納得の仕方をしなければ、制度上のイノベーションは起きない。自分は思いつかなかったのだが、自分が思いついてもよかったアイディアに人は強く惹きつけられ、それに忠誠を誓い、それに殉じることができる。権藤成卿が提示したのは、そういうアイディアであった。誰でも思いつきそうな「日本型コミューン」がそこに描かれているからである。

片山杜秀は権藤の思想を次のように要約している。

「権藤にとっては、『社稷』さえ成り立っていれば、人間には近代的な国家も法律も軍隊も工場も要らない。小共同体を基本に農業や漁業をやって、衣食住、それから性欲を充たせれば、あとはどうでもよく、そういう理想状態から近代の現実が逸脱しているとすれば、その変革が主張される。人間生活の基礎的範疇の絶対化による、無用な制度、無用な支配、無用な文明の棄却が彼の希望である。こうした権藤の反近代的、反科学的、あるいは反近代国家的な、永遠の静態的秩序への訴えかけは、近代化の諸矛盾の析出期にあっては、確かに現実への痛罵となる。」[219]

それゆえ片山は「こうして、社稷の約束する、無変化で非政治的なユートピアの時間は、何よりもまず静態的服従の持続という統治のイデオロギーと重畳する」として権藤の思想を統治者にとってまことに都合の良い「永遠の抑圧の理念的表現」として退ける。

片山の言う通り、「無用な」制度は原理的に「無用」である。それはいかに巨大であっても、堅牢に見えても、人間の本性からの逸脱や病態であるなら、廃絶するか、せめて治療するのがことの筋目である。「永遠の静態的秩序」はたしかに進歩を拒絶しているように見える。けれども、それは人間たちの営みが向かう仮説的な「無限消失点」である。まったくの幻想である。そんな共同体は過去に一度も存在したことがない。そんなことは権藤の社稷論をむさぼり読んだ人たちも知っていたはずである。それでも人々はかつて一度も存在したことがない過去にこそ帰還することを切望する。人間というのはそういうものである。

かつてマルクスは資本主義が廃絶され、分業というものがなくなったコミューンにおいて人々は「朝に狩りをし、午後に漁をし、夕方に家畜の世話をし、食後には批評する」という未来世界を描いて見せた。[220] これを「永遠の静態的秩序」と言わずして何と言うべきだろうか。マルクスが革命後の疎外なき世界の生活を具体的に描いた事例はほとんどない（私はこの箇所しか知らない）。でも、この文章はおそらく『ドイツ・イデオロギー』の中で最も繰り返し引用された箇所だと思う。もし、このような「社稷的コミューン」を望見していた政治思想が現に決定的な仕方で世界を変えたということが事実ならば、かつて一度も現実であったことのない永遠の静態的秩序へ帰還したいという願いは十分な政治的な喚起力を持つと言えるのではあるまいか。「静態的秩序」の夢が政治的な変成力を持ち得るのは、それがかつて現実になったことがなく、今も現実になったことがないからである。こう言ってよければ、その不可能性こそが人々を高揚させるのである。

今、人々は原子化し、富は偏在し、「官治」が「共治」に取って替わっている。それが現実である。その現実を「本来あるべき姿からの逸脱」と見立てる人たちは、現実を変えるために立ち上がるはずである。まさに「永遠の静態」をめざして「今、ここで、現実を変える」という権藤の思想は右翼的な革命思想としてはきわめて正統的なものであるように私には思われる。

権藤の政治思想の弱さは、彼が夢想的な社稷を描いていることに存するのではない。その理想郷に至る道筋について何も書いていないことである。彼は無限消失点は掲げることができた。それはいわば武道家が「天下無敵」を禅家が「大悟解脱」をめざすようなものである。誰もそんな境位に達することはできないことはみな知っている。けれども、その「誰も到達できない目標」をめざす以外に修行の道はないのである。プロセスが示されぬまま、目標だけが掲げてある。権藤の政治思想の強さはそのまま弱さである。この強さと弱さは表裏の関係にある。弱さを棄てて強さだけを残すことはできない。

だから、「日本型コミューン」をめざした戦いは、「隠岐コンミューン」から三島由紀夫のパーソナルなテロに至るまで、すべて失敗したのである。でも、失敗したということは、その政治的構想が魅惑的であることを止めたということを意味しない。むしろ、これだけ失敗に失敗を重ねながら、日本型コミューン主義が息絶えないことを驚くべきだろう。それは「日本型コミューン主義」を超えるだけのスケールと深みを持った政治思想を日本人がこれまで手作りしたことがなかったということを意味している。

たしかに、現代日本は堂々たる憲法を掲げた民主主義の国である。でも、この憲法もこの政体も日本人が主体的に作り出したものではない。敗戦によって勝者から「贈られたもの」である。自分で手作りしたものでもないし、選び取ったものでもない。そこに私たちの国の決定的な政治的弱さがある。

だが、この政治的弱さを克服する手立てはあると私は信じている。だが、それは改憲派が言うように、憲法を廃して、また大日本帝国のような強権的で非民主的な国家を作ることではない（そのような政体改変は不可能ではない。ただし、それはアメリカの許諾を得ての改変に限定される。アメリカに属国として忠誠を誓った場合に限り、改憲して戦前のような政体に戻すことは許されるだろうが、それは日本の弱さを固定化し、体制化することでしかない）。

私自身は典型的な「戦後民主主義の子」「日本国憲法の子」である。今に至るまで、その価値を疑ったことがない。どれほどあしざまに罵られても、私は戦後民主主義を「善きもの」だと思い、日本国憲法を「理想的な憲法」だと思うことを止めることはない。それでも、私はこの民主政が根源的な弱さを持っていると感じる。どこかで政治的な「系譜」が断たれたことを感じる。

日本には「叛逆の系譜」とでも呼ぶべきものがある。勝海舟、坂本龍馬、西郷隆盛、福澤諭吉、宮崎滔天、頭山満、中江兆民、幸徳秋水、大杉栄、権藤成卿……この「反逆者」のリストはいくらでも長くすることができる。この「系譜」は幕末から現代まで、日本の政治思想の底流に流れ続けている。水量の多寡は変化したが、水脈そのものは途絶えたことがない。

太古的起源を持つ天皇制と、近代的な擬制である立憲デモクラシーを整合させること、それが私たちに課せられた国民的課題だと私は思っている。この「氷炭相容れざる」二つの政治原理を葛藤させつつ両立させることによってしか日本人が政治的に成熟する道はない。これは私が久しく説いて来たところである。

しかし、戦後80年間、日本人はその努力を怠ってきた。一方には天皇をもう一度「帷幄」のうちに押し込め、その威を借りて強権的で非民主的な政体を作ろうとしている「改憲派」がおり、他方に天皇制と立憲デモクラシーはそもそも両立不能であり、原理的に言えば天皇制は廃止すべきだと考えている「護憲派」がいる。それぞれ思想的には「すっきり」しているが、目の前にある複雑な現実にはどちらも対応していない。「プロクルステスの寝台」のように、どちらも現実の頭を切り落としたり、足を切り落としたりしなければ、現実に対処することができない。その意味では双生児のような「不能の思想」である。

日本の政治的未来は天皇制と立憲デモクラシーの共生を可能にする力動的なプロセスの先にしかない。それは「プロセス」であって具体的な「制度」のことではない。「君民共治」は日本人がそれに憧れて、必死で求めて、だが手が届かないという未完了形においておそらく最も生産的になるタイプの政治思想である。私はそれでいいと思う。

すでに日本には３００万人の外国人がいる。これから後、その数はさらに増えてくるだろう。この人たちと穏やかに共生し、協働し、世界に「善きもの」をもたらしきたすためには「国家」という、私たちがそこにしがみついてきた政治的擬制をどこかでヴァージョンアップする必要がある。国家を超え、国家の枠組みを脱臼させるような共同体を基礎的政治単位として立ち上げる必要がある。「社稷」という概念はこの歴史的課題を引き受けるための一つの手がかりになると私は思う。

脚注一覧

1　カール・マルクス、「ルイ・ボナパルトのブリュメール一八日」、『マルクス・コレクションⅢ』、横張誠他訳、筑摩書房、２００５年、4頁
2　三島由紀夫・東大全学共闘会議駒場共闘焚祭委員会、『討論　三島由紀夫vs.東大全共闘』、新潮社、１９６９年、64―65頁、強調は内田
3　橋川文三、『ナショナリズム　その神話と論理』、ちくま学芸文庫、２０１５年、１４２―１４３頁
4　同書、１４５頁
5　同書、１４６頁
6　吉本隆明、「転向論」、『吉本隆明全著作集13』、１９６９年、10頁
7　同書、10頁
8　同書、17頁
9　滝沢誠、『昭和維新運動の思想的源流　権藤成卿　その人と思想』、ぺりかん社、１９９６年、25頁（以下『権藤成卿』と略記）
10　滝沢誠、『評伝内田良平』、大和書房、１９７６年、38頁（以下『内田良平』と略記）
11　同書、１０５頁
12　陸奥宗光、『蹇蹇録』、岩波文庫、１９８３年、56頁
13　同書、27頁
14　同書、33頁
15　滝沢、『内田良平』、１１２頁
16　高橋信雄、『鈴木天眼　反戦反骨の大アジア主義』、あけび書房、２０２１年、20頁
17　同書、8頁
18　滝沢、『内田良平』、１１２頁
19　同書、１１６頁
20　高橋、前掲書、21頁

21　竹内好、「日本のアジア主義」、『日本とアジア』、ちくま学芸文庫、1993年、303頁
22　同書、311頁、強調は内田
23　竹内好、「アジア主義の展望」、竹内好編、『現代日本思想大系9　アジア主義』、筑摩書房、1963年、10頁
24　竹内好、『日本とアジア』、346頁
25　葦津珍彦、『大アジア主義と頭山満』、葦津事務所、2007年、22頁
26　中島岳志、『超国家主義　煩悶する青年とナショナリズム』、筑摩書房、2019年、239頁
27　葦津、前掲書、24頁
28　同書、25頁
29　同書、25—26頁
30　同書、27頁
31　同書、27頁

32　竹越与三郎、『新日本史』、橋川文三、『ナショナリズム　その神話と論理』、ちくま学芸文庫、2015年、51頁
33　竹越与三郎、『新日本史』、橋川前掲書、51頁
34　片山杜秀、『尊皇攘夷　水戸学の四百年』、新潮選書、2021年、240頁
35　同書、266頁、強調は内田
36　葦津、前掲書、36頁
37　同書、39頁、頭山満は中江兆民と深い交友があった。兆民は『一年有半』にこう書いている。「頭山満君、大人長者の風有り、且つ今の子、古の武士道を存して全き者は、独り君あるのみ。」
38　同書、46頁
39　宮崎滔天、『三十三年の夢』、岩波文庫、1993年、88頁
40　同書、90頁
41　福澤諭吉、「牛場卓造君朝鮮に行く」、『福澤諭

吉著作集8』、慶應義塾大学出版会、2003年、244頁
42 同書、「朝鮮の交際を論ず」、209—210頁
43 同書、「脱亜論」、263頁
44 同書、263頁
45 同書、「朝鮮の交際を論ず」、211—212頁
46 同書、212頁
47 同書、212頁
48 同書、212頁
49 同書、「脱亜論」、264—265頁、強調は内田
50 滝沢、『内田良平』、128頁
51 同書、156頁
52 同書、149頁
53 同書、169頁
54 同書、170頁
55 同書、171頁
56 同書、172頁
57 カール・シュミット、『陸と海　世界史的一考察』、生松敬三他訳、慈学社、2006年、17頁
58 同書、39頁
59 同書、101—103頁
60 滝沢、『内田良平』、174頁
61 同書、175頁
62 同書、176頁、強調は内田
63 同書、176頁
64 同書、179—180頁
65 内田良平、「日韓合邦」、竹内好編、『アジア主義』、208頁、強調は内田
66 アーソン・グレブスト、『悲劇の朝鮮』、河在龍ほか訳、1989年、白帝社、196頁
67 同書、196—197頁
68 滝沢、『内田良平』、216—217頁

69 同書、217頁
70 グレブスト、前掲書、198―199頁
71 滝沢、『内田良平』、206頁
72 同書、207頁
73 内田良平、「日韓合邦」、竹内好編、『アジア主義』、209頁、強調は内田
74 滝沢、前掲書、213頁
75 滝沢、『権藤成卿』、66頁
76 滝沢、『内田良平』、223頁
77 同書、224頁
78 竹内好、「アジア主義の展望」、竹内好編、『アジア主義』、12頁
79 樽井藤吉、「大東合邦論」、同書、107頁
80 同書、107頁
81 同書、108頁
82 同書、109頁
83 同書、114頁

---

84 同書、117頁
85 同書、117頁
86 同書、117頁
87 同書、117頁
88 同書、118頁
89 同書、118頁
90 同書、118頁
91 同書、119頁
92 同書、124頁
93 同書、124頁
94 同書、125頁
95 同書、127頁
96 1907年に高宗がオランダのハーグで開催されていた万国平和会議に密使を送った事件。高宗は第二次日韓協約で奪われた自国の外交権を日本から回復しようとしたが、手引きをしたロシアに裏切られて、逆に日本の半島支配が国際

的に認められる結果になった。事件の責任をとって高宗は退位し、純宗に譲位。同年、第三次日韓協約が締結され、大韓帝国は外交権に加えて内政権まで日本に奪われることになった。

97 内田良平、「日韓合邦」、竹内好編、『アジア主義』、216頁

98 同書、218頁

99 同書、221頁、強調は内田

100 陸奥宗光、前掲書、47頁

101 同書、63頁

102 内田良平、前掲書、230頁

103 同書、236頁

104 同書、237頁

105 滝沢、『権藤成卿』、82頁

106 内田良平、前掲書、237頁、強調は内田

107 滝沢、『権藤成卿』、87—88頁

108 同書、43—44頁

109 長谷川雄一、「大正中期大陸国家のイメージ—「大高麗国」構想とその周辺—」、日本国際政治学会編『国際政治』第71号、1982年、94頁

110 同書、94頁

111 同書、96頁

112 同書、96頁

113 同書、96頁

114 同書、96頁、強調は内田

115 福田英子、『妾の半生涯』、岩波文庫、1983年、74頁

116 滝沢、『権藤成卿』、104頁

117 同書、104頁

118 同書、107頁

119 同書、108頁

120 同書、110頁

121 権藤成卿、「自治民範」、『権藤成卿著作集第一巻』、黒色戦線社、1972年、255—

２５６頁、強調は内田
122 同書、２６１―２６２頁、強調は内田
123 滝沢、前掲書、１１１頁
124 権藤、前掲書、２４２頁
125 権藤、「皇民自治本義」、滝沢、前掲書、１１３頁
126 同書、１１３―１１４頁
127 権藤成卿、「自治民政理」、『権藤成卿著作集第四巻』、黒色戦線社、１９７７年、76―77頁、ルビは内田が付した（以下同じ）
128 権藤成卿、「君民共治論」、『権藤成卿著作集第三巻』、黒色戦線社、１９７６年、58頁
129 滝沢、『権藤成卿』、１２８頁
130 同書、１２９頁
131 「訓訳南渕書」、『権藤成卿著作集第三巻』、黒色戦線社、１９７７年、３３９―３４０頁
132 同書、３４５頁
133 同書、４５５頁
134 同書、４５９―４６０頁
135 同書、４６６頁
136 同書、４７３頁
137 同書、４７３―４７４頁
138 同書、４７６―４７７頁
139 同書、４７７頁
140 滝沢、『権藤成卿』、１３３頁
141 権藤、前掲書、４７８―４７９頁
142 同書、４８３―４８４頁
143 滝沢、『権藤成卿』、１３９―１４０頁、強調は内田
144 同書、１４１頁、強調は滝沢
145 北一輝、「国民対皇室の歴史的観察」、『日本の名著45　宮崎滔天・北一輝』、中央公論社、１９８４年、５００頁
146 権藤成卿、「自治民政理」、『権藤成卿著作集第

四巻』、80頁
147 同書、80—81頁、強調は内田
148 同書、89頁
149 同書、89—90頁
150 滝沢、『権藤成卿』、144頁
151 同書、168頁
152 会沢正志斎、『新論』、講談社学術文庫、2024年、133頁
153 金子淳一、『昭和激流　四元義隆の生涯』、新潮社、2009年、61頁
154 金子、前掲書、98頁
155 Maurice Blanchot, "Le terrorism, méthod de salut public", Combat, Juillet 1936、内田樹、『前—哲学的』、草思社文庫、2024年、315頁に採録
156 「故藤井海軍少佐の日記（抄）」、中島岳志、『超国家主義』、筑摩書房、2018年、183頁

157 滝沢、『権藤成卿』、160—161頁
158 金子、前掲書、74頁
159 同書、83—84頁
160 同書、84頁
161 同書、84頁
162 同書、84頁
163 滝沢、『権藤成卿』、167頁
164 同書、174頁
165 金子、前掲書、113頁
166 滝沢、前掲書、176—177頁
167 同書、177頁
168 同書、179頁
169 同書、193頁
170 同書、195頁
171 渡辺京二、『北一輝』、ちくま学芸文庫、2007年、168頁
172 同書、168頁

173 同書、168―169頁

174 同書、169頁

175 同書、170頁

176 同書、164―165頁

177 北一輝、「日本改造法案大綱」、『北一輝著作集Ⅱ』、みすず書房、1959年、294頁

178 Thierry Maulnier, La Paix, la guerre et notre temps, Lardanche, 1942, pp.19-20

179 Ibid., pp.32-33

180 権藤成卿、「血盟団事件/五・一五事件/二・二六事件　その後に来るもの」、『行き詰まりの時代経験と自治の思想　権藤成卿批評集』、書肆心水、2013年、18頁

181 同書、21―22頁

182 同書、24頁

183 同書、27頁

184 同書、29頁

185 同書、32頁

186 同書、34―35頁

187 同書、39頁

188 滝沢、『権藤成卿』、144―145頁

189 権藤、前掲書、55頁

190 同書、61―62頁

191 同書、62頁

192 同書、79頁

193 同書、82頁

194 同書、83―84頁

195 同書、91頁、強調は権藤

196 同書、93頁

197 同書、94頁

198 同書、94―95頁

199 同書、97頁

200 同書、97頁、強調は権藤

201 同書、98頁、強調は権藤

202 同書、100頁、強調は権藤
203 同書、100頁
204 カール・マルクス、「フランスの内乱」、『マルクス・コレクションⅥ』、辰巳伸知他訳、筑摩書房、2005年、33頁
205 同書、37頁
206 権藤、前掲書、102―103頁
207 同書、103―104頁
208 同書、104頁
209 同書、105頁
210 同書、112頁
211 同書、112頁
212 同書、113頁
213 同書、113頁
214 同書、115頁
215 同書、115―116頁
216 同書、116頁

---

217 同書、121―123頁
218 滝沢、『権藤成卿』、208頁
219 片山杜秀、『近代日本の右翼思想』、講談社選書メチエ、2007年、64頁
220 カール・マルクス、「ドイツ・イデオロギー（抄）」、『マルクス・コレクションⅡ』、今村仁司他訳、2008年、筑摩書房、71頁

君民共治論

権藤成卿

序

学を一型に画《かぎ》り、その道を以て道となし、その是を以て是となし、その官を以て至公至善となし、その吏を以て至明至平となし、そのおのれと相協《あいかな》わざる者を攻むるに教えを以てし、しかしてこれを統《す》ぶるに政《まつりごと》を以てす、その用意誠に至微至細と謂《いい》つべし。

しかれども、学もとより一型に画り得べからず、官もとより一善に尽くし得べからず、我の是とするところ、彼の非とするところ、上の利となすところ、下の害となすところ、たがいに相杆《あいかん》格齟齬《かくそご》して、ついに百家の説となり、千径万岐《せんけいばんき》、各々自家の膳味《ぜんみ》を美とし、以て他家の羹飯《こうはん》を嘲侮《ちょうぶ》し、嘵々嘎々《ぎょうぎょうかつかつ》として、厨媼《ちゅうおう》の誇言《こげん》に似たるものあるは、これわが刻下の人心紛淆《ふんこう》を招致せし一大源因にあらざるなからんや。

けだし人国の存立は、必ずその基由淵源《きゆえんげん》あり、これを棄つれば統制すなわち破る。ゆえにわが皇家民人とその宗を奉じ、以て公例を正し公典を立て、政理のよるところを誓明し、これを不易の制謨《せいぼ》となさせ給えり。しかるに曲学阿世の徒、ややもすれば私説を恣《ほしいまま》にし、媚《こび》を権豪《けんごう》に鬻《ひさ》き、この不易の制謨を冒涜し、天智天皇君民共治《くんみんきょうち》の聖詔《せいしょう》を以てわが皇家の正典にあらずして、隋唐の模傚《もこう》なりと妄断し、民心の抑圧を図り、伊独の驕相《きょうそう》に付和せんと擬するに至れり。

予末学といえども、典制の講究を以て身世に没する者、もとよりこれを黙止する能わず、いささかここに平生の管見を述べ、以て朝野君子の教えを請わんとす。

それわが復古維新の聖主明治天皇登極《とうきょく》の宣命《せんめい》は、明らかに近江朝すなわち天智天皇の聖誥《せいこう》に法《のっと》らせ給い、かつこれを以てわが歴世列朝の公典と確認し、儀範《ぎはん》をここに取らせられたるは、真に万世の鉄案にして、国体の根基となす。しかるにかの没々焉《ぼつぼつえん》たる曲学阿世の徒は、まさにこれを抛却《ほうきゃく》せり、朝野の君子黙してこれを容《い》るべしとなすか。

いまそれこれを抛却するは、すなわち明治天皇復古維新の宣命を冒涜して、陰に国体変更を企図せんとする者にあらざるなきか、しかも法司これを辜《つみ》することなく、学者これを討くことなし、わが朝野の君子、それ予を容れ彼を誅すべきか、はた彼を容れ予を誅すべきか、予はただ襟を正して命を待たんのみ。

権藤成卿謹識

昭和七年十二月十五日

第一章

第一節　公同政理の起源

民生自然の発露による古代の純粋なる成俗を基礎として橿原《かしはら》朝廷は開始され、わが千古不磨の公典が定まり、出雲氏の溝橛《みぞくい》家は、外戚としてその諸族を管掌し、饒速日命《にぎはやひのみこと》の冢子《ちょうし》たる甘真手《うましまで》は、功臣の首位に立ち外祖長髄彦《ながすねひこ》の遺類諸部を掌握し、他の諸名族を超越せる二大勢力を成したことは、時と勢いの然らざるを得ざらしめし事情があってのことと考えらるる。

神武《じんむ》天皇の崩ぜらるるや、神八井耳命《かんやいみみのみこと》と健沼河耳命《たけぬかみみのみこと》（綏靖《すいぜい》天皇）御兄弟の皇子は、第一の皇子たる手研耳命《たけしみみのみこと》を射殺され、健沼河耳命の御践祚《ごせんそ》となり、神八井耳命には地方の鎮撫に膺《あた》らせられたことは国史に明瞭なるところである。この手研耳命は第一皇子として、多くの御功労もあらせられたことは想像に難からぬわけであるが、この皇子が、溝橛家に出でさせられたる五十鈴媛《いそすずひめ》皇后のお腹なる二皇子の手に非命の御最期を見たることは、特に深き注意を以て、後来に考慮を送らねばならぬことと思う。

安寧《あんねい》・懿徳《いとく》・孝昭《こうしょう》・孝安《こうあん》・孝霊《こうれい》・孝元《こうげん》の諸朝は、天下の県邑《けんゆう》、みな民衆の自ら治むるがままに治まり、前を承《う》け後を開き、上下和凞《しょうかわき》を極め、史に特著すべき問題さえなかったが、この間における大陸の形成は、実に容易ならぬ時代に移り、その流民の移動に伴う寇患抄掠《こうかんしょうりゃく》の害は、朝鮮半島の南端に及び、わが国の西辺も油断されぬこととなった。

この時代は、もとよりわが国に暦制がないので、国史の紀年も後世の推定と見ねばならぬ。しかし孝霊朝以後は、彼我通航の事績により、支那朝鮮の史書に参照しておよその年次を考えらるわけで、『八隣通聘攷《はちりんつうへいこう》』（注・権藤成卿の著作。権藤が国内外の史書に基づいて編纂した歴史書）の考證等はすこぶる厳密を極め、孝霊朝を以て前漢末王莽の簒奪より後漢光武帝勃興の時と考定してある。

いま、この説を取れば孝安時代は、すでに古三韓《こさんかん》を過ぎ、支那大陸は戦乱に次ぐ戦乱を以てし、朝鮮半島も一変して新羅の赫居世干《かくきょせかん》国を立て、高麗は始祖鄒牟《つも》王より儒留《じゅる》王の代に移り、鄒牟王の子温祚《おんそ》王は、百済に国を立てた時である。わが国史の考定せる橿原朝元年辛酉《しんゆう》より六百六十年、すなわち十一回目の辛酉が漢平帝の元始《げんし》辛酉にして、実に耶蘇《やそ》紀元元年に当たるのである。

しかしてこれより二十五年にして、後漢光武帝の勃興となり、いくばくもなく新羅皇子天日槍《あめのひぼこ》の帰化があり（天日槍の帰化年代は諸説一ならざるも、しばらく『八隣通聘攷』の考證に従う）、その後わが国使が始めて漢に入っていることは後漢書に明記され、また、その後わが国史通漢の事蹟が漢史に記載されている。これが孝元朝に当たり、倭王師升《しち》とある。精《くわ》しいことは、『八隣通聘攷』に見えている。これまでが上八朝《かみはっちょう》と称し、朦朧たる古代の史観である。

しかして第九代の開化朝《かいか》に至り、諸韓流民の転入よりして加羅と新羅との関係も起こり、決して古代のままの安穏が保たれず大勢一変して、上下内外の施設も事ごとに更改せねばならぬこととなった。朝鮮古史と漢史とを参照すれば、新羅祇摩《ぎま》王三年に、わが派遣軍の攻め入りし記載がある。この年はまさに後漢の延光二年癸亥《きがい》に当たる。これをわが国史には、二百四十年後の景行《けいこう》朝癸亥に推定してある。これらは読者の特に注意を要する点である。

支那漢代の文化は、十八九世紀の欧州文明のごとく、実に全世界の優位にあったことは東西学者の異論なきところであって、その学術工芸は黄河流域を中心として、東亜細亜《アジア》の諸邦に拡充したのである。殊に山東の対岸たる大同江口より鴨緑江口に至る朝鮮の一地域は、昔、帯方と称し、黄河民族多く移住し、文化の程度も他の地方に優り、三韓もわが国もすこぶるその同化を受けたことはもとよりである。

かの天日槍の帰化により、その工芸品が珍重された史談より、随従民が爍金凝土《しゃくきんちょうど》すなわち冶金《やきん》陶業《とうぎょう》に長ぜしところより、これらの者を諸国に分かち、工芸を奨励されたということを考うれば、わが国民の進歩欲が、いかにその文明を渇望したかは想像にあまりあるわけである。しかもその天日槍の帰化以降、諸国の農業が著しく開けたことは、何のためであろう、その大源因は金属製の農具が出来たためと云わねばならぬ。

しかもこの結果として、広大なる沃原を擁せし物部氏（甘真手の子孫）及び神八井耳命の子孫などは、にわかに富を成し、出雲諸族はいつともなしに対等の力を失い、したがって農村各部の平均も、旧来の斉和《せいわ》を保ちがたく、ために開化天皇には深く宸慮を悩まされ、庶政更新の端を啓《ひら》かせられて、新羅加羅を懐撫されたのである。これが後世より開化なる御謚《みいな》を上《たてまつ》りたるわけかと考えらるる。

しかしてこの開化朝の後を承けさせられたる第十代の崇神《すじん》天皇が、いわゆる肇国《ちょうこく》天皇と称し奉るのであるが、この肇国なる字面により慎考《しんこう》するときは、橿原朝創開より十朝を経て、始めて国の形体を具足するまでに、その自然の天化に進展したということが、明らかに観得される。しかもその時において、特に「農は天下の大本《たいほん》なり」という神誥《しんこう》が発煥《はっかん》され、以て皇祖皇宗《こうそこうそう》の神旨《しんし》をさらに一層明確に昭宣《しょうせん》させられ、社稷体統《しゃしょくたいとう》、自然而治《しぜんじち》の典謨《てんぼ》を立てさせられたるは、真にわが国体の神髄である。

第二節　大衆の公同帰一

第十代の崇神朝に至り、大陸流民の移動と三韓の抗争等その気運の変化は古代のままの自然而《しぜんじ》治《ち》に安んぜられぬ時勢となり、それに前朝数世の間に国内人民の文化も順次に進み、著しき農業の発達は農村富力の不平均を来たし、疫癘《えきれい》の流行もあり、飢饉もあり、ようやく統制困難の地方も出来てきた。

よって天皇には神卜《しんぼく》を以て八百万神に質され神器を笠縫里《かさぬいのさと》に遷し、これを天統の公器として奉祀し、社稷の基礎を固めさせられたのである。伝によれば、この八百万神というは八百万神を祖神とする各種各色の民衆を指すものにして、古代において国民大衆の輿情《よじょう》を質す方式が神卜である。

憶《おも》うに、古代のままの祭政混一のままでは、公私の弁別ももとよりこれを明らかにする必要もなかったであろうが、気運はすでに一進歩を来たし、因襲の時尚《じしょう》に副《そ》いがたいところから、神卜により輿情を質されて神器を天統の公器と確定された。すなわちこれにより公器と私物が判明し、公権と私権が殊別《しゅべつ》し、したがって祭祀と政治が区分されて宗廟《そうびょう》と社稷の別を正し、天社国社《てんしゃこくしゃ》が分祀さるることとなった。すなわちこの宗廟朝廷と社稷民人とを明らかに截別《せつべつ》され、四道将軍を置き、組織的に天下を統制さるることとなったのである。

ここにおいて御誓誥《ごせいこう》を発せられて曰く、「民を導くの本《もと》は教化にあり、群卿百僚《ぐんけいひゃくりょう》なんじの忠貞を竭《つく》せ」。曰く、「農は天下の大本なり、民の以て生を恃《たの》むところなり」。曰く、「多く地溝を開き民業を寛《ゆる》うせよ、船は天下の利用なり、諸国に令してこれを造らしめよ」と。すなわち天下の大衆は百草の春雨に潤うがごとく、礼を待つのいとまなく、風気靡然《びぜん》として改まり、一国の形体を具備することとなった。肇国天皇の諡称《ししょう》あるは大いに味わうべきことである。

民心を体して化を行わせらるるは、実に列聖の御鴻旨《ごこうし》である。謹みて前掲の御誓誥を拝し、当時の情勢を審攷《しんこう》すれば出雲族の反乱もあり、その他の八百万神の崇祀せる各種各色の邑里《ゆうり》人民不穏の傾向は、すでに農本の御施政にあらざれば安輯《あんしゅう》せぬのであった。これがすなわち神卜に質して天下民衆の輿情を啓き、体制の帰趨に副い、更始一新《こうしいっしん》の御大謨《ごたいぼ》を正されたわけである。この人民の期待を見て一国の大是を定め、これを助け進むる大施設を立てさせられたるこそ、神聖の典謨と云うべきものであろう。よってここに御誓詔につき管見の二、三を述べよう。

「民を導くの本は教化にあり、群卿百僚なんじの忠貞を竭せ」とは、上世《じょうせい》以来の自然而治の成俗は氏神を奉じ、天則の漸運《ぜんうん》を助け進むるのが恒例であった。ゆえに特別に教化施設の必要もなく、後進は先進に随い、その各自の習い覚えしところを以て事足りるのであったが、ここに進歩一級を加うれば、昔のままの延べ送りでは到底民衆の進歩欲に副うことができぬ。殊にこの進歩欲というものは、これを抛擲《ほうてき》すれば脱線する。これを抵圧すれば爆破する。そこでよくその行程順序を開き、これを進むがままに誘い漸《すす》めて、さらに優良なる後継民衆を育て上ぐるのが、聖旨《せいし》の存するところかと考えらるる。

しかして群卿百僚、今日の言葉にすれば官司公人のすべてに向かい、「なんじの忠貞を竭せ」と宣《せん》せられ、国のために忠貞なれとも、上のために忠貞なれとも仰せられていない。実に広大無辺なる聖旨である。

現代の忠孝論者はこの御誓詔をいかに読むのであるか。按《あん》ずるに忠の字は中心である。人の純正なる中心の発露が忠である。臣僕《しんぼく》のその主君に忠なるも、公人のその責務に忠なるも、自ら身を殺してもみなそのおのれの心を竭すのが忠である。決して強者のもとに阿附追随《あふついずい》するがごとき忠はあるはずがない。ゆえに当時の先達者たる群卿百僚に向かい、ただ、なんじの忠貞を竭し大衆の指導誘掖《ゆうえき》に任ずべきことを宣せられたものと解得さるるのである。

「農は天下の大本なり、民の以て生を恃むところなり」とは、わが社稷体統・公同自治の成俗は実に農を基礎として発育し一国を構成したもので、当時農といえばむしろ天下の民衆すべてを指《ゆび》させる言葉と見るべきである。

何となれば商もあり工もあったであろうが、それらの雑民はみな農村に付随せしものなるゆえ、今日の農工商のごとき利害の衝突は起こらなかったと考えらるる。この見地を以てこれを見れば、農すなわち民衆と、群卿百僚なる民衆に養わるるところの支配階級者の二者いずれを本とするかの問題が、「農は天下の大本なり」の一語に断定され、「民の以て生を恃むところなり」との御趣旨により、衣食住の調斉《ちょうせい》を以て政理の公則となす自治立制の端緒を開かれ、官司吏員の人民に対する心得方を示されたものかと考えらるる。

いわゆる「これ民の役、民を役するゆえんにあらず」という確言は、誠に自治国官吏の箴言《しんげん》にして、人心転換の際に誤りやすい官吏の習癖をさらに厳明にその指針を建てて戒飾せられたる聖旨は、特に今日においても謹んで遵奉《じゅんぽう》すべきことである。

「多く地溝を開き民業を寛うせよ、船は天下の利用なり、諸国に令してこれを造らしめよ」とは、まず疏水《そすい》灌漑を開き、労力を緩和し、収穫を多からしめ、民衆に寛暇《かんか》あらしむるの意なるはもとより文字通りだが、この「寛うせよ」との一事が実に神聖の心を砕かれたる大切な要点である。

制度家の伝によれば、これを教化の聖旨に対照して解釈するのである。その大要、民衆の衣食を豊足《ほうそく》すれば、したがって寛暇ある生活ができる。この寛暇を以て教化を勧め進歩向上せしむることと説いてある。いわゆる衣食足りて礼節を知る、いかに教育が必要でも飢児《きじ》に向かい忠孝を説くも感化知るべきのみである。

およそ人民に労働能率の限りを尽くさせて進歩向上を促がし、公序良俗を保たすることの不可能なるは、周漢以来事実の考験に明瞭なるところであって、この寛暇を得て教化に向かえば進歩向上は易々としてその民族の隆昌を来たし、もしこれに反しその寛暇を以て遊逸曠怠《ゆういつこうたい》に堕つれば、衰滅敗頽《すいめつはいたい》の悲運を招くは言うまでもない。

まして勤勉を強い努力を促がし労働に生命を削ぎ取り、寛暇ある生活は望まれぬようにして教化を説き秩序を談ずるがごときは、まったくこの聖典を破却するものである。ゆえにまず民業を寛うして民衆ののんびりした心地よき寛暇に教化を施し進歩向上せしむるならば、自ずから忠厚の風俗を高むるようになるというのである。

すなわちその疏水灌漑を開き、農業増殖の計画が立つと同時に交通運輸の便も考えられ、「船は天下の利用なり、諸国に令してこれを造らしめよ」との宣旨《せんし》が発せられた。そこで船舶を建造さする諸国の港津《こうしん》にまず食糧倉庫を築造して、工匠の衣食を充足し、その生業に安堵せしめられたのであった。これより工匠は欣舞してその精巧を競い、造船の技術も著しく進歩し、航漕《こうそう》の便大いに開け、農産物の配給と魚塩の配給とたがいに相待ち、都鄙《とひ》ともにその利を受くることとなったのである。

由来工業地にまず食糧倉庫を建つるの例は後世永くこれを保続し、殊に古代においてもっとも多くの工匠を集めたのは造船地域であったがゆえに、その善例も少なくない。諸君にしてもし余暇を以てこれを探究し今日の労働問題に参照せらるるならば、すこぶる裨益せらるるところがあるであろう。

この御誓詔により、農本組織の行動的企望が達成し、皇室も民衆と共に社稷を尊奉し、自然の天化を助け進むる成俗がよく紀律を推して歩調を開くこととなった。その時が後漢献帝の頃に当たり（『八隣通聘攷』の年次による）、漢室大いに乱れ、三国の代に移り流民の移転ますます繁く、朝鮮半島は抄掠寇患熄《や》む時なく、新羅と加羅とはたがいに兵を構えて相争い、まったく鎮静の見込みがなかった。そこでわが国も国として十分威力がなければ、その勢いに応じがたくなり、農本の政基を固めて民政と軍事との典則を正され、初めて国としての組織が立った。肇国と称するはけだしこれがためである。

第三節　国外通交と自治立制

崇神天皇の後を承けて垂仁《すいにん》天皇御践祚あらせられ、間もなく加羅王子于斯岐《うすき》来朝し、三己汶《さんきぶん》の地を献じ保護を願い出た。朝廷においてはこれを容《ゆる》し、先皇の御諱《おんいみな》にちなみ彌摩那《みまな》の称を賜り、太宰《おおみこともち》を遣わし官家《かんけ》を置かれた。これが後に任那官家または日本府と称せしものである。初め前朝において使節を新羅に遣わし加羅との和議を勧められたが、ついに隣好の期なく、しかも我と最も因縁多き加羅にはわが国の辺民も多く住居せしところより官家の設置となったものと考えらるる。

すなわちわが国は任那官家を開き、大陸に一歩を踏み入れ、この地を大陸通航の津門《しんもん》として支那三韓の文物を迎え入るることとなった。いくばくもなく田道間守《たじまもり》を常世国《とこよのくに》に遣わされたとの記録はあるが、事甚だ空漠にして辻褄が合わぬ。しかし時代はすでに三国鼎立《ていりつ》の時である、文学も芸術も相当に発達している。ただ、日本のみ神話を繰り返して古史を講究する義務もあるまい。よってここに『八隣通聘攷』によりその大要を取り掬《つま》み、講席を汚すこととする。

この時大和朝廷の立場は外海多事を極むると同時に、国内もまた甚だしき不穏の空気に満たされ、かの綏靖天皇の皇兄《こうけい》神八井耳命を元宗《げんそう》とする諸国の同族等相連結し、農耕の著しき発達とともに一大勢力となり、なかには海外に通じて事を図る者もできた。

その国史上に顕われたる諸族は、四国に伊予国造《いよのこくぞう》（河野越智彦）あり、九州に火君《ひのきみ》、大分君《おおいたのきみ》、阿蘇君《あそのきみ》、筑紫三家連《つくしみつやのむらじ》あり、東国に科野《しなの》国造、道奥石城《みちのくいわきの》国造、常陸仲《ひたちなかの》国造、長狭《ながさの》（安房）国造、伊《い》勢舟木直《せふなきのなお》、坂合部《さかあいべの》（伊賀）連、尾張島田臣《おわりしまだのおみ》、丹羽《にわの》臣、小子部《ちいさこべの》（尾張）連あり、畿内にも意富《おおの》臣、雀部《ささべの》臣、雀部《ささべの》連、小長谷《こはせの》連、都祁直《つげのなお》等あり、みな各々有利の地域を占め、皇兄の御血統としての名族、しかも肇国以来の遺習は歴代親しくその領民を愛撫し来たれるを以て、これが大和朝廷の節度に復すれば実に堂々たる藩屏《はんぺい》であるが、不幸にしてこれに乖叛《かいはん》すればたちまち天下両分の勢いとなるのは、至って見やすき問題である。この際において非時香菓《ひじのかぐのみ》（橘）を求むるがために国使を差遣さるるということは、あまりにも奇矯千万である。

魏志景初六年の条に「倭王卑彌呼《ひのみこ》（日御子の漢訓）大夫難升米《たいふたじま》、次使都市牛利《じしいつしもり》を遣わす」とあるは、田道間《たじま》と出石守《いつしもり》とのことたるは疑うべくもない。しかもこの使節が帯方大守劉夏《りゅうか》に送られて魏に至り、明帝に謁見して印綬を与えられ、翌々庚申《こうしん》の歳には魏より使節弓遵《きゅうじゅん》が来て国書金印を上り、その使節の行程より各所の地名等が掲出され、かつ国内紛乱の状も記載してあるが、問題外に渉《わた》るを以てここには省略する。

この間に乗じて筑紫熊襲《くまそ》の一族が朝命に抗し、天下の大乱を煽発《せんぱつ》した。これがために皇太子（景行天皇）には日本武皇子《やまとたけるおうじ》とともに御西征《ごさいせい》があって、川上梟師《かわかみたける》を誅せられ、伊予国造と和議を講じ、神八井耳命を元宗とする諸族を鎮定し、さらに東国の同宗諸族を懐撫して全天下に向かい、大和朝廷の節度を宣布されたが、不幸にして凱旋の帰途に薨じ、百世の哀話《あいわ》を留めさせられた。

そもそも古史の読み方如何によっては、八十梟師のごときは人喰《ひとくい》動物のようにも見え、東夷征伐といえば蛮人征討のようにも見えるが、日本武尊《やまとたけるのみこと》の西征東伐はともに一国の興廃に関する鎮撫的大行動であった。ゆえに成務《せいむ》天皇御践祚となり、その善後の大計を立てさせらるるに至り、大いに農本の御誓誥を昭《あき》らかにせられ、自治立制《じちりっせい》の御裁定となったものである。

しかもこの大騒乱中において一般的に文化の気運を促進したことは、従前の曠怠無為に眠っておった時に反し、また著しきものがあった。それは国外の通航による新知識の発達と農工物資の増殖等が原因であろう。

すなわちその知識の発達に伴う一般民衆の企望が随って変化することは今も昔も同じである。そこでこの機会を逸せず自治立制の御裁定があったのは、池の魚が腮《あご》を開いて待っているところに餌を投ずる妙用で、民衆もおかげによりその企望を開き、国政もこれがため労せずして整頓する。これ農本の政理が必ず公同自然の軌条《きじょう》により前例を推して誘《すす》み漸《すす》むことを典則となし、「六府《ろくふ》を修め三事《さんじ》を和する」を根基とせるゆえんである。

六府とは、水、火、木、金、土、穀である。この六物は人の生存上必要欠くべからざるものであって、これをよく修むるのがいわゆる政《まつりごと》である。しかも三事を和するにあらざれば、これをよく修むることができぬ。ゆえにまず正レ徳《とくをただし》、利レ用《ようをりする》、厚レ生《せいをあつくす》の三事を和するのである。

徳とは自得の成果を人に施すこと、燧人氏《すいじんし》の火徳、神農氏《しんのうし》の木徳、后稷《こうしょく》の稼穡《かしょく》の徳があまねく百世万衆に恵沢を与えしがごときをいう。もし身に一芸一能なく、偽飾好辞《ぎしょくこうじ》を以て世に立てる者は、もとより徳者ではない、郷愿《きょうげん》である。孟子はこれを、郷愿は徳の賊なりと喝破している。

しかもその「徳を正す」といえば、身に受けたる一徳を正し伸ぶるわけで、よく玩味黙会《がんみもっかい》さるるが肝要である。それから「用を利する」というは、天下の事物ことごとく人類の生存漸化《ぜんか》に善用さるべきもの、その疏通配給がよく整備すれば厚生すなわち人類の生きるということが安定する。むしろ生きるという最低限度の安定より、さらに楽しく子孫将来に生きるという安定ができるのである。ゆえに六府を修め、三事を和するを以て制度の大綱となすわけである。

第一　仁政は必ず経界《けいかい》より始まる。ゆえにまず山河を隔てて国県を分かち阡陌《せんはく》に随い邑里を定む。

第二　民政《みんせい》地に随い、俗を異にし各々その適を適とす。ゆえに国郡に長《おさ》（日佐《おさ》）を立て県邑に首《おびと》（飫弭騰《おびと》）を置き、みな当国《とうこく》の幹了者《かんりょうしゃ》を取りこれに任じ、民自ら治らしめ、あえてその習わざることを強いず。

第三　国に三年の蓄《たくわえ》なきはこれを国その国にあらずと謂《い》う。ゆえに県邑に稲置《いなき》（伊那岐《いなき》）を置く、屯倉《とんそう》なり。首（飫弭騰また稲置と称す）を置きこれを監せしむ。

第四　民統属《とうぞく》するところを知らざるべからず。ゆえに国郡県邑、みな中区の藩屏と為し、以てこれを朝廷に統《す》べ、ならびに楯矛《たてほこ》を賜《たま》い以てその表《ひょう》と為す。

第五　地を度《はか》りて民を居《お》く。田に常制《じょうせい》あり、民に定居《ていきょ》あり。ゆえに東西を日縦《ひたて》となし、南北を日横《ひよこ》となし、その経界を画して以て侵凌《しんりょう》を禁ず。

第六　居《きょ》同じからざれば民に利害あり、事を興し力に任ずる難易自ら別なり。ゆえに山陽《さんよう》を影面《かげも》と曰《い》い、山陰《さんいん》を背面《せおも》と曰い、その肥瘠《ひせき》を量《はか》り以て公賦《こうふ》を均《ひとし》うす。

この六章が実にわが国における最初の成文立制にして、いまよりおよそ一千七百年前のことである。しかもその時代は、支那においては三国すでに亡び、司馬晋勃興の初めに当たり、その秦漢以来考験を重ね来たりし学術が、漢武帝朝鮮郡治の後漸浸《ぜんしん》してわが国にまで普及せしことは想像に難からぬわけである。

もっともある一部の学者はわが国のこの時代を甚だしく草昧視《そうまいし》するのであるが、彼我の史書を考察すればその通航より流民の転入も少なからざりしゆえ、このなかには学問知識ある人物がわが国に投化し、文化の先導者なりしものと見るは至って当然の史断である。かつ本制条《せいじょう》中に周代教典の章句が編み込まれている。これまた深く慎考すべき要点であろう。

もと、典墳《てんふん》を重んずる周漢の学術と成俗を基礎として、善例に遵由《じゅんゆ》するわが古俗の習慣とはおよそ同型同軌《どうけいどうき》である。しかも本制条の組み立ては固く自然而治の成俗を維持し、その進歩発展を紀律的に助成し、「民を自治せしむ」ということをその主眼となし、人民が自ら治むるために公規を立て、人民の権能を確認されたものである。よってここに各章につき、一、二の管見を述べておこう。

第一、「仁政は必ず経界より始まる」。この一句は孟子の語である。仁とは中心の意味、梅の仁、桃の仁、みな中心である。天下もまた中心がある。中州と書いて「ヤマト」と訓《よ》ませ、主上の在《い》ます所である。今日もこれを中心とする。

すなわち天下の中心に国郡県邑の帰趨する所を定むるには、必ず経界が整然とならねばならぬ。この趣旨により経界を区画されたので、みな天成自然の山河の形成により無理のない経界が正された。後世の勢力区分による経界のごとき無理は許されぬ。そこでみだりに川の上流にある山林を濫伐して、下流の郡村に水害を嫁する等の人為的無理なく分水嶺を画《かぎ》りて、大小の国郡を分かち阡陌に沿い、それぞれに農戸を配して自治の邑里が大いに整頓した。

第二、「民を自ら治らしむ」の一句が本立制の大主眼である。由来天下の種姓氏別《しゅせいしべつ》同じからざる人民は、気象風土に随い多少の風俗を異にし、風俗によってその適所に適意があり、自ずから是とするところを固守するものである。ゆえにその各々の事情を理解体得する者にあらざれば、それらの部族を行動的に掌理《しょうり》することはできない。もしこれらの各地方に縁もゆかりもないものを任命して政務に当たらしめたところで、決して治まりはつかぬ。

そこで「当国の幹了者」すなわち徳行名望ある人を選ばせて（選ばせるということは人民の熟談協議を以て擢《ぬ》き出《だ》すをいう）、これに長たり首たる官掌権を任補するのである。これが後世地方官任補の儀範《ぎはん》となり、制度学の伝授に詳審《しょうしん》なる公則もあり事例もあるが、その精《くわ》しいことは他日に譲るとして、ここにその要点を考うれば、地方長官の職務は上天意《かみ》を奉じてこれを宣布し、下民《しも》心を体してこれを通達すべき特に大切なる責任あるものなれば、その任補も下に問うて上に決せらるるを公則と定められたのであって、現代の地方長官任補のごときはまったくこの典範に乖離せるものかと思う。

第三、「国に三年の蓄なきはこれを国その国にあらずと謂う、ゆえに県邑に稲置を置く」。これは礼記の王制にある一節を取り、食糧倉庫の整備を立てられた一章である。

由来県邑が公同的に自治するには、必ずその食糧の準備より配給に至るまでこれを公同的に管掌せざれば、その脩睦靖和《しゅうぼくせいわ》は保たれぬ。ゆえに県邑すなわち一自治区ごとに食糧の準備を立て、その首たるものが管治の責任を負うべく規定されたのである。

すなわちこの責任者を「オビト」と呼び、またそのまま稲置と称し職名のようにあったのは、明らかに民衆代表の意義を認めらるる。爾来《じらい》永くわが国に倉廩《そうりん》制度を保持し、王朝より幕代を通じ郷倉《ごうぐら》を基礎として石高《こくだか》と戸口《ここう》の割合が整頓し、公序良俗を維持し来たりし善例は、まったくこの県邑稲置の組織に基由したものであるが、明治以降欧州法制模倣《もこう》を以てこれを根底より破却し、現今の農村困弊の時代となった。

第四、「国郡県邑、みな中区の藩屏と為し、以てこれを朝廷に統べ、ならびに楯矛を賜い以てその表と為す」。この一章は地方各氏姓の多種なる自治県邑を第二章より選任せし国郡の長すなわち地方首長を以て民衆を代表させ、これを中央に在ますところの主上の藩屏となし、楯矛を賜いこれを標幟《ひょうしき》され、全国民が直接に皇室に統属せることを明らかにし、地方多数の自治県邑を以て中央を擁立する古来の成俗をさらに立制の上に確定せられたものである。

かの明治政府が伯《はく》伊藤博文を総理とし、伯山県有朋を内務として裁定せし市町村制に、細民の多数に制せらるる恐れありとして資格選挙の条規を編み、また特殊階級者たる華族を以て皇室の藩屏とした趣旨とこの古制の精神とは実に氷炭《ひょうたん》の別がある。

第五、「地を度りて民を居く。田に常制あり、民に定居あり。ゆえに東西を日縦となし、南北を日横となし、その経界を画して以て侵凌を禁ず」。これ「田により戸を配す」と謂える成俗の善例を基礎として農民の土着を固定させせられたる一章である。

由来わが国の公田（氏神に付せる神田）を擁して発育せる井伍《せいご》邑里の分布は至って自然なもので、その人民は老弱《ママ》男女打ち集まり、まず愉快に公田の耕耨《こうじょく》を終わり、しかるのち私田を耕耨したもので、その公田の収穫を以て公賦、貯穀《ちょこく》、救恤《きゅうじゅつ》、祭饗《さいきょう》に充て、私田の収穫はことごとくこれを自家の用に供したものであったという。

かく平均に調和せし成俗なりしを以て、多数力の制裁甚だ強く、時にあるいは脱線することもあった。そこで日縦日横すなわち光線と空気の応用を尊重せし古来の良習により一定の規律が設けられ、たがいに侵凌することを禁ぜられたのである。

これが近世に至るまで遺例となり、日面《ひおもて》に大建築をなし、または日上《ひうえ》に樹木を植え込み、日下《ひした》の隣地に損害を掛けるような場合には、影米《かげまい》もしくは影料《かげりょう》の要求権が認められておった。独逸《ドイツ》、丁抹《デンマーク》等にはこれに類似の法規があるように聞くが、わが民法にはその的確なる条文が見えぬ。

第六、「居同じからざれば民に利害あり、事を興し力に任ずる難易自ら別なり。ゆえに山陽を影面と曰い、山陰を背面と曰い、その肥瘠を量り以て公賦を均うす」と。これは一利一害所を異にし一致しがたく、したがって民業の難易進歩の遅速相斉《あいひと》しきを得ざるがため、これをよく量知して公賦の軽重を整え、民衆の労逸を調和する趣旨である。

すなわちこれを小にしては一村内の調和、これを大にしては一郡一国の斉一、陽地たる影面と陰地たる背面とは労力の多寡、収穫の差別も一定せぬから、同一負担の公賦を課するときは、民生上に甚だしき無理ができる。そこで土壌の肥瘠を量りてその賦課を正し、民衆の生活を偏倖《へんこう》なきようにするのである。

明治天皇地租改正の詔《みことのり》にも「賦に厚薄の偏なく民に労逸の弊なからしめよ」とある。まさにこの古制に遵由させられた誓旨《せいし》ではあるまいか。しかも当時の為政者はこれをいかに解釈して地租改正の職責に任じたのか、その結果は甚だしき土地兼併の風を助長し、地租の標準たるべき公定地価は売買実価と大なる差隔を生じ、地租委譲の問題となり、小作争議と労働争議は農村の困弊、工業不振に伴いほとんどその終熄《しゅうそく》の見込みがないのである。現代の官民はかくして御歴代の聖旨に対し、心が済むのであろうか。

ここに自治立制の六章を略説し、さらにその地方長官選任の公典を考え、現今の地方長官任補の状況を見て、最近一部政党の議論となれる地方長官民選説の代替を討究すれば、何ら民衆の成俗に考慮するところはなく、皇上《こうじょう》御親臨の意義をも忘却せるにあらざるかと思う。もし地方長官が現今のごとく内閣の更迭ごとに換代《かんだい》すれば実に席暖まるのいとまなく、ただその警察を擁し、代議選挙の事務を掌理するのみの者となる。しかもこれを延長して単なる民選とせば、地方政務は事ごとにその区分内の利害のみに偏し、全天下の均一調整はほとんど望み得られぬこととなり、上意は下達せず下情《かじょう》は上聞《じょうぶん》せず、皇室と国民とは甚だしく阻隔され、大政御親裁の鴻旨を忘却することになりはしまいか。

予はいささか古例制を了解するが、古例制にも善例もあれば悪例もあり、また後世に遵用《じゅんよう》されぬことも多くある。ゆえによくこれを取捨して誤謬なきようにするが、いわゆる学術である。けれども道統的に改むべからざるものがある。すなわちこの第二章に掲出されたる地方長官の選出任補のごときがそれである。

諸君宜しくこれを現代の事実につき、古制を参照援引して、細思熟慮せらるれば大いに識見を高めらるるであろう。その沿革上の詳説と諸外国の引証等はいずれ機会あれば後日において陳述することとしよう。

第二章

第一節　帯方百三十七県民の帰化

仲哀《ちゅうあい》天皇には日本武尊の嫡王を以て成務天皇の御代を承《う》け給い、筑紫の匪類《ひるい》を御親征中、賊矢に中《あた》り崩ぜられ（古事記一説、天皇親《みずか》ら熊襲《う》を伐ち賊矢に中る云々）、皇后（神功《じんぐう》）には遺詔《いしょう》を奉じて、新羅御親征を決行された。一般史書の住吉神の憑依等取り留めもつかぬことを書いてあるが、実はその筑紫の乱が新羅に関係ありしため、天皇には新羅御征討の方略を決せられ、帷幄《いあく》中の大計もすでに熟せしその際において非命に崩ぜられたので、皇后の御親征となったのである。

これよりさき新羅と加羅（任那）との抗争が熄《や》まないので、成務朝に葛城兄彦《かつらぎのえひこ》を新羅に遣わされ、これを嘖譲《せきじょう》された。ところが新羅の舒弗邯于老《じょふつかんうろう》（舒弗于《じょふつう》は宰相の官名）が陛下に対し不敬極まる暴言を吐き侮辱を与えたので大問題となり、ついに膺懲《ようちょう》の師《し》を差し向けられたが、于老は自らわが軍門に来たり、さきの失言は戯れであったのに、この大事を牽き起《ひ》こしたのはまったく某《それがし》の罪である、某をいかようにも御処分ありたしと潔く申し出た。

しかるにわが兵はこれを捕え、その臏筋《あしのすじ》を抜き石上に引きずり回し、これを虐殺して新羅城に迫り、新羅の君臣を威服させた。ところが、于老の妻女は深く怨みを蓄え復讐を思い立ち、その美貌を利用して兄彦に近づき、賄利と饗応を以てこれを蕩《とろ》かし、兄彦が酔飽《すいほう》して眠るを待ち、これを捕え薪を積んで焚《や》き殺し、その怨みを晴らした。

これがために再び討伐の兵を差し向けられ沙道城《さどうじょう》を破り、また、長峰城《ちょうほうじょう》を攻められたが、たとい戦はいかに勝利を得ても人心が順服せぬので、その鎮定の見込みも立たなかった。

それより間もなく仲哀天皇の御代に移り、不幸にして天皇には征途に崩ぜられ、しかもその変事が新羅に関係ありしことが、皇后御親征御決行の原因であったと考えらるる。

皇后の御親征により、新羅は無抵抗を以て降付し誓書を上《たてまつ》り、質子《しちし》を容《い》れて帰順の意を表したので、皇后には任那に行啓《ぎょうけい》あらせられ、その宮家の再興を宣し、御還輦《ごかんれん》の上、先皇の御大喪《ごたいも》を仰せ出だされ、皇后御摂政二十一年にして応神《おうじん》天皇御親政の代四十六年を閲《けみ》し、天皇には御年六十六を以て崩ぜられ、皇后には再び御摂政あらせらるること十三年にして崩ぜられ、仁徳《にんとく》朝に移ったというのが『八隣通聘攷《はちりんつうへいこう》』の記載であるが、普通国史はこの間の起序紛錯《きじょふんさく》を極め、皇后摂政六十九年、応神天皇には古稀の御齢《おんよわい》を以て御即位あらせられしように書いてある。

しかし人情より考えても御鍾愛《ごしょうあい》限りなき先皇の一粒種にまします、叡明文武なるこの皇子に対せらるる母皇として、一日も早く御登極《ごとうきょく》を祈らせ給うが当然ではあるまいか。ゆえに我輩はこの二十一歳の御成年を待ち御践祚《ごせんそ》あらせられしという説が穏当と認める。

この間における支那大陸および高麗の情況は実に戦乱に次ぐ戦乱を以てし、晋恵帝以来骨肉相屠《あいほふ》り内外大いに乱れ、慕容燕《ぼようえん》と符秦《ふしん》との争いは高麗に及び、しかして高麗は北境に蟠踞《ばんきょ》し新羅百済ともに一日の安定なく、わが外藩たる任那は常にその禍を蒙り、数次の征討もほとんど功果なき情況であった。

いま、これを当時の日本の立場により考察するには、まず高麗国の沿革を知らねばならぬ。精《くわ》しくはこれを他日に譲るとして、その大概を摘《つま》めば、始祖鄒牟《つも》は都慕とも書し、出雲の転訛《てんか》というのである。かつ鄒牟の妻召世奴《そせぬ》あるいは消奴《せよせぬ》とも書す、その消奴の子が百済の始祖温祚《おんそ》である。しかしてわが素戔嗚尊の女須世利《すせり》と召世利《そせり》とは同名である。そのほか地名、人名等同声音《どうせいおん》の考証は沢山あって、高麗人の上表等にも同祖源《どうそげん》と書いている。信ずべきや否やはどうでもよいが、とにかくそんな伝説がある。

鄒牟の後に朱留《しゅる》が大いに顕われ、漢郡の旧地を占有し、大いに版図を拡め邑朱《ゆうしゅ》より憂《ゆう》に伝え宮《きゅう》に伝え、その疆域《きょういき》はますます大を致し、遂成《すいせい》、伯固《はくこ》、伊模《いも》、延優《えんゆう》、位宮《いきゅう》、然弗《ぜんふつ》、薬盧《やくろ》、相夫、乙弗利《おつふつり》を経て釗《しょう》の代となり、百済と戦い敗死し、これより麗、済両国は怨みを構え、その子丘夫《きゅうふ》立ち大いに国威を張り、文教を興し、大学を立て、律令を布き、符秦の僧順道《じゅんどう》来たりて仏教を伝え、しかして子安《しあん》これを嗣ぎ後、燕の慕容垂《ぼようすい》より遼河《りょうが》左右の地を割《さ》き与えられ、広大なる土境を併有して北地の諸酋《しょしゅう》を総攬し、その子談徳《だんとく》国を襲《つ》ぐに及び、勢力東方に延び新羅を助けて百済を図り、前王釗敗死の讐《あだ》を報ゆる計を立つることとなった。談徳はかの有名なる永楽大王にして、新羅がつねにわが国に対し不順なりしは、この大国高麗の後援ありしためである。

この情勢中にありし百済は背後に高麗の圧迫を受け、東隣に新羅の侵掠を蒙るので、応神朝の末に使節を派し、種々の貢物を奉り帰順の意を表し、引き続き博士王仁《わに》も来朝し系統ある文教を開くこととなった。この王仁の来朝より、始めてわが国に漢字の学問が輸入されたように見る人もあるが、それは甚だしい謬見である。

漢字を識《し》り漢書を読むことは、まだまだ早くより開け、かつ学術ある人物の帰化もすでに少なくなかったことは、事ごとに事実上に例證さるるのである。この点はあらかじめ承知しておかれたい。ただ、漢代より晋代に至り、十分に選練されたる系統ある学術が王仁より伝えられ、さらに同時代に高麗では大学を建て、百済では博士高興《こうこう》を挙げ、わが国では王仁を迎え、そのいずれも文教開発の気運に向かったのである。

百済の帰順により、わが国よりは将軍荒田別《あらたわけ》等精兵を率い、百済を援けて高麗を撃ち、大勝して王釗を斬り、しかも高麗は王安《おうあん》その後を襲ぎ国力ますます大を致し、わが国は神功皇后再摂政の代より菟道王《うじのみこ》御禅譲《ごぜんじょう》三年を経て仁徳朝に移り、百済は枕流《ちんりゅう》王の死後簒奪問題起こり、実に一刻の油断もできない時代となった。

この時、勅命を奉りかの地に駐箚《ちゅうさつ》しておった人が、皇后磐之媛《いわのひめ》の父たる葛城襲津彦《かつらぎのそつひこ》であった（襲津彦は武内宿禰《たけうちのすくね》の子）。この間に高麗は王安の代より王談徳に移り、勢威四境を圧し、東晋の頽乱に乗じ大いに東侵の計を勧めてきた。初め襲津彦は新羅の欠貢《けつぐ》を嘖《せ》めてその反省を促せしも、不順不逞にして命を奉ぜず、ついに将軍紀角宿禰《きつぬのすくね》等を遣わしこれを伐ち、あわせて百済辰斯《しんす》が簒立の罪を鳴らし、前王の子阿花《あか》を立てその宗祀《そうし》を復し、襲津彦はその危殆極まる内外の機務に任じて独りかの地に留まりおりしが、果たせるかな、王談徳は大挙して百済を襲い、これを下し王弟大臣のすべてを捕虜として、その五十八城、七百県邑《けんゆう》を収めて凱旋した。よって襲津彦は百済に入り、善後の計を講じ、鎮戍《ちんじゅ》を置き、防備の方略を立て直した。憶《おも》うに、当時百済には親日、親麗の両派があって、国内の統制が紊《みだ》れておったことはもちろんである（永楽大王碑六年丙申一節参照）。

その後、襲津彦は出でて新羅を伐ちしも、新羅は高麗の後援によりこれに応じたため、わが軍は散々に敗績して任那までも踏み潰され、任那王は挙族百済に避難する惨状を演じた。そこで朝廷より木羅斤資《もくらきんし》に精兵を付して差し遣わされ、数回の激戦を以てようやく任那は回復したが、人民は劫掠焚燼《こうりゃくふんじん》のために困弊し、将士は多く戦死し、襲津彦は讒誣間疎《ざんぶかんそ》のうちに立ち、非常の苦境に陥った。

かの百済記を引ける記録中に、襲津彦が新羅の美人を受けて大失敗を演じた等のことが見ゆるのは、まったくその中傷説の残影である。しかも襲津彦は一時の勝敗を以て心を動かさず、断乎として所信を遂行し、祖国、将来の興廃に心力を傾注し、まったく一身の毀誉を顧みなかった（永楽大王碑巳亥の一節参照）。

いくばくならず百済の防備も立ち直り、任那もほぼ片付いたので、襲津彦はわが派遣軍の平群木兎宿禰《へぐりのつくのすくね》等の諸軍と百済軍を糾合し、高麗討伐の謀《はかりごと》を決し、兵を進めて帯方に入った。談徳は出でてこれを平壌に拒《ふせ》ぎ、大激戦の末、高麗軍は城に拠り、両軍大同江を隔てて対峙し、一勝一敗四年を費やしたが、大陸の形勢はこの間の非常の変化を起こし後、燕《えん》滅亡して僭夏《せんか》起こり、南涼《なんりょう》、北魏《ほくぎ》、西秦《せいしん》たがいに抗争して高麗の西北境はますます多事となってきた。

そこで談徳は一国の精鋭五万人を募り、一挙にわが軍を鏖殺《おうさつ》する計を立て、丁未《ひのとひつじ》の歳（晋義熈《しんぎき》三年）親《みずか》ら将として平壌に向かい、乾坤一擲の大激戦を開いたが、わが軍の邀撃《ようげき》すこぶる巧妙にして、かえって多数の将士を損し、勝算挙がらざるを見、談徳は断然講和を申し込み、その兵を撤退させ、襲津彦もこの機会を以て輟戦《てっせん》を令し、帯方百三十七県民招致の配備を立てた。

すなわちこの帯方民の招致が、古今に超出せるわが仁徳天皇の叡旨《えいし》にして、襲津彦が一身を毀誉の外に置き十余年の苦節を守り、国舅《こくきゅう》として何の不自由なき地位におりながら、風雨霜雪のうちに生死を賭して砕尽《さいじん》せしゆえんである。永楽大王碑中に「王倭の屈せざるを知りついに和を議し、師を引いて城に旋《かえ》る」とある一節は深く味わうべき記述である。

談徳が和議を申し込みしも襲津彦が快くこれを容《い》れしも、ともに大英雄の胸襟豁如《きょうきんかつじょ》たるものが見ゆる。殊にわが皇懐遠《こうかいえん》の御鴻業《ごこうぎょう》は、人の国を取るはもとより易く、人の国を治むるは甚だ難しという御規箴《ごきしん》があるやに承る。もっとも、この御規箴は、決して昔のことのみと見るべきではあるまい。今日の朝鮮満蒙の措置に対しても特に慎重に心得置くべきことであろう。

前朝より我に付庸せし新羅の統治難、百済の統治難、それは常に兵馬を労し民力を糜《つぶ》し、まったく鎮静の萌《きざし》も見えぬ。それに帯方がいかにわが国に帰頼せんと欲するも、乱国のうちに介在せる一地域なれば、永久の統治は及ぶべくもない。むしろその文化優れたる人民をわが国に招致し、これによりてわが国の文化を促進するのが、祖国将来のためであるというところより、帯方民の招致が断行されたものと考えらるる（永楽大王碑丁未一節参照）。

この帯方とは、いまの朝鮮の黄海道を中央とせる西面海岸一帯の地方にして、古代の駅道は遼陽より韓半島を通じ、水路は山東角より大同江口に通じ、箕氏《きし》時代より漢民交通の要衝を占め、秦の遺民が百二十県を立てて国を成し、また漢の流民が十七県を立てて国を成し、秦、漢の学術工芸がここに保続され、その工芸品は高麗、百済、新羅よりわが国にも供給され、かつ三国以降支那大陸大乱のため、その文化が破壊されたにもかかわらず、帯方は一種の平和区域をなし、その文才ある人物はいずれの国にも登用され、訳事《やくじ》、文冊《ぶんさつ》の職掌に任じたのであった。わが国も垂仁朝、田道間等が魏に使《つかい》せし時、帯方の劉夏これを送りしといえば、早くより外交事務に帯方人を登庸せしものと考えらるる。

しかるに百済、高麗が抗争を始めしため、その通路に介在せし帯方の地は常に抄掠《しょうりゃく》の害を蒙るので、秦民の主たる功満《こうまん》王と漢民の主たる阿智《あち》王はともに百済に避難せしが、百済も頼みにならぬので、ついにわが国に来たり援護を願い出て、わが軍が高麗と和するに及びその領民招致の恩命を拝し、朝廷より八臣を分遣され駅亭、糧食すべての配備を立て秦漢二氏、ともに一百三十七県の人民、老弱男女ことごとくわが国に投帰することとなった。当時山東が百五県なりしゆえ、百三十七県の人口がいかに多数に上りしかは、ほぼ想像される。

後世、駅亭配置について範を当時に取りしというが、惜しいかな、何の文献もない。しかしその範を取りし影跡《えいせき》を考察せし一、二の推定説あれば、ついでに諸君の参考に供しよう。

由来、関駅郵逓《かんえきゆうてい》の制は周代の文献に見え、よほど古代よりの伝統ありしものと考えられ、漢代より三国を経て逐次に発達し、大陸より三韓を経てわが国に交通せし使節往還の記録等より考うれば、自ら国際的の常例も認めらるるのである。しかし、一国を移すほどの大計画を立て、遠距離の駅逓施設を開きしは、まずこの帯方民の招致よりその一大発達を認むるのである。

当時、その駅道は遼陽街道、鴨緑江の渡津《としん》に至り、それより帯方に入り、百済を貫き、新羅の西境を経て、任那に入り、金海の津頭《つとう》に達し、これよりわが筑紫に渡りしもので、この帯方より任那の金海に至るまで駅亭糧餉輿馬《りょうげよば》を配置し、古代の簡単なる記録に「一百三十七県の民、挙落《きょらく》男女幼老千里絡繹としてことごとく皇朝《こうちょう》に来帰す」との文字を留めておる。

かつその駅亭配置の大体は、普通男女の一日行程の距離に二駅を置き、駅と駅の間に一亭もしくは二亭を置き、宿泊休息を便にし、駅ごとに吏員ありて行旅荷物を管理し、かつ要所々々に衛士戍卒《えいしじゅそつ》を置き、緩急非常のことを警備し、しかして任那より海を渡り筑紫に至り、諸国それぞれの安住地に土着せしめたのである。

しかも農耕、蚕織《さんしょく》、佃猟《でんりょう》、陶冶《とうや》、各所能に随い、適当の土壌を撰び、故旧倚托の情を酌み、かの地にありし閭里《りょり》をそのままにして、よく習俗を容認せしはすこぶる用意周到であった。ただ、その度支《どし》のことはまったく何の伝えもないが、当時において一般に行われたる駅田組織により、特にわが国より補助を与えてこれを経理せしものと見るが至当であろう。

かくして前後およそ九年の歳月を費やし、ようやくこの大事業は終了した。その間新羅が駅道を塞ぎ襲津彦を包囲し、帯方民衆の行程を遮断したので兵を動かしたこともあるが、このことは普通国史にも見えているからこれを省略する。

これより帯方、秦漢二氏の領民は、ことごとくわが国に投帰しその工芸技能により、みな適当の常職に着き、学問智識ある者は重く朝廷に登用され、阿普《ママ》王のごときは王仁とともに重職に任じ、ついに大蔵組織を開始し、また使命を奉じて晋に入り、あらゆる功績を樹《た》てたのである。

しかしながら仲哀朝以来百余年間内外多事を極め、幾回の外征はついにこの一大強国の高麗を敵とする乾坤一擲の大戦となり、数年の対抗を続けようやくにして講和となりしも、国内の疲弊と戦乱に伴う民力の不平均は、尋常一様の政策を以て回復さるべくもなかったかと考えらるる。

そこで曠代《こうだい》の聖主たる仁徳天皇には特に民政の燮理《しょうり》に御軫念《ごしんねん》あらせられ、畏れ多くも御躬《おんみずか》ら人情忍びがたきほどの御節倹を実行あそばされ、三年の課役を免ぜられた。

制度家の伝えによれば、当時の租は中田以上その収穫の二十分の一で、課役はそのうえに割り当てて徴収したというのである。そこで課役が免除さるれば、土地兼併者の中間利得が取られぬようになる。ここがいわゆる聖人の権を用いるという大事の秘訣として制度家の伝授あるところであるが、法規上、いまその詳細を発表することは、あるいは不謹慎なれば差し控えておく。しかし古制度の予備学識ある篤志者を引き、たがいに襟を開き、その現代に処する実行応用を講究することは、予が席を設けて待ち待つところである。

仁徳天皇の御盛徳は、すでに古今の定論あれば必ずしも予が賛辞を捧ぐるまでもない。「心を削り志を約し倹行範を垂れ以て民徳を勧め給う」とは一つの御宣命《ごせんめい》もなく、また一つの御禁制もなく、ただ御躬らの御常行が近従より万衆に漏れ、朝野ことごとく感激遵行《じゅんこう》して聖意に副《そ》い、国力を立て直し紀綱を更張したのは飾りなき当時の史実である。

しかもこの極端なる上下一致せし節倹の時に、阿智王を呉（晋の都）に遣わされ、織女《しょくじょ》（弟媛《おとひめ》呉媛穴織《くれはとりあやはとり》）を招致されている。これは節倹緊縮といえば枯衰退嬰《こすいたいえい》に陥りやすいが、天皇の節倹は大いに興るがための節倹にして、目的ある苦辛、いわゆる国民将来の福祉を進め給う大御心なりしため、さきに招致されし帯方民の技能よりさらに進歩高き呉工の妙技を迎え入れて、紡織業《ぼうしょくぎょう》発達の基礎を立てられたのである。

○国史の記載　応神仁徳二朝の間殊に紛錯を極め、まったく国外書史に対照されなかったが、明治十六、七年頃永楽大王碑が発見され、二十七、八年戦役の時その拓本をもたらし帰り、これより学者間において年代の考証も始まり、のち予らわが古文献中に永楽大王碑の前文を見出だし、拓本の残欠文字がひと通り読み得らるることとなり、これを『八隣通聘攷』に引き合せて、始めて史実を考定さるるまでになった。ゆえに任那府の開始より引き続き仁徳朝に至る外征、外征に伴う文化の変化等すべて普通国史の記載によらず、その大体を講述せしわけである。

第二節　雄略朝の廓清

仁徳天皇には民心を体し化を誘《すす》め給うを以て志穀《しこく》となさせられ、庶民は社稷《しゃしょく》を奉体して天意に遵由し、上下一致して困弊せる国運の復興に努めしため数年ならずして民力充実し、皇宮の御造営などは人民よりたっての願い出を容れさせられて、始めてその御許容があった。これがため人民は賦役の命を待たず雲集して役務を競い、たがいに争いを起こすほどで、司掌らはむしろその整理に苦しんだというのである。

王仁博士の「難波津に咲くやこの花冬籠り今をはるべと咲くやこの花」の和歌は、その中心の喜びを述べて賀頌《がしょう》を上《たてまつ》りしもので、帰化人として御幼少より御教育の大任に当たり、この曠代の英主を出だし、引き続き大政を参翼して四十余年を閲《けみ》し、過去における惨憺たる国難上下臥薪嘗胆の状を顧み、自ずから邦音に習熟せしところよりこの絶唱を成せしは、実に愉快限りなきことである。

仁徳朝は履中《りちゅう》朝に移り庶民の富はますます加わり、殊に帯方民の工芸は呉工の妙技を添えて駸々《しんしん》たる発達を遂げ、ほとんど天下の面目を一新し、諸国より絹綾布帛《けんりょうふはく》その他鉄器、陶器、工匠、百物の調進倍蓰《ばいし》十百し、斎蔵《いみくら》に収納しきれず、さらに内蔵《うちくら》を建て阿智王と王仁博士にその監理を命ぜられ、ここに初めて蔵部《くらんべ》の制度を樹立し大蔵の起源が開かれた。これ阿智王の子孫に姓大蔵を賜わりし由来である。

爾来反正《じらいはんぜい》、允恭《いんぎょう》二朝の間は三韓の方面も甚だしい変化なく、朝貢も滞りなく新羅医の招聘等もあり、万事仁徳朝の御遺徳を承け襲ぎ来たりしが、高麗王璉《れん》、慕容燕の余衆を併せ領し勢力強大を致し、それに東晋の滅亡後劉宋これに代り、支那大陸は分崩《ぶんほう》して豪傑諸方に割拠し六朝大乱の期に入り、王璉は使を遣わし鉄盾《てつとん》、鉄的《てつてき》を貢しわが国の動静を窺い、百済、新羅ともに反復離合常なく、しかしてわが国は勝国功臣《しょうこくこうしん》の子孫、寵嬖《ちょうへい》の殊恩に狎《な》れ、民富の増殖につれさらに徴求《ちょうきゅう》を進め、驕怠浮奢《きょうたいふしゃ》、前朝の艱苦勤劬《かんくきんく》を忘却し、朝廷には内閧《ないげき》を起こし、安康《あんこう》天皇御即位間もなくついに弑虐《しいぎゃく》の大事を発し、にわかに幼武《わかたけ》皇子（雄略《ゆうりゃく》）の御奮起となり、誅伐討燼《ちゅうばつとうじん》、宗室大臣も赦させられず、廟堂《びょうどう》人なく洗うがごときまでにして御廓清《ごかくせい》の御大業を成就させられた。実にこの御勇断は東洋史上に比類なき明快なる御行蹟にして、この力なければ決して頽廃靡爛《たいはいびらん》せる人心の更新は望まれない。

かくして幼武皇子は御登極あらせられた。これがすなわち雄略天皇にしてその御親政は歌学に代ゆるに佃猟を以てし、士気を振作して浮華を禁じ御躬ら農耕に従事し、后妃は蚕織を習わせられ、土豪等が帯方帰化民の才芸を利用して自家の部民のごとくせる者を保護するがために、秦酒公《はたのしゅこう》（功満王の後）を挙げ、一百八十種姓九十二部の民籍を正しこれを管掌せしめるとともに諸国に分居せしめ、蚕織陶冶の業を奨励された。摂津、山背、丹波、但馬、因幡等の土師部《はじべ》たがいに精巧を競い諸国、絹縑《けんけん》の産出ますます加わりその調進、中庭《ちゅうてい》に堆積するようになった。秦氏が禹豆麻佐《うつまさ》と呼ぶは、堆積を意味する。

かつ天皇の涜官汚吏《とくかんおり》を悪《にく》まれたことは実に極端であったが、同時に人民を愛恤《あいじゅつ》せられたことも極端であった。その御遺詔に「朕《ちん》が小心おのれを励み日一日より慎むゆえんは百姓のためのゆえなり、義はすなわち君臣情は父子を兼《か》ぬ、臣連《おみむらじ》伴造《とものみやつこ》国司《こくし》郡司《ぐんし》庶幾《こいねがわ》くは朕が百歳の後なんじ等の力を藉《か》り普天の下をして永く安寧を保たしめよ」とあるを拝読すれば、いかに叡旨の深仁至恵《しんじんしけい》なるかが窺わるる。

この赫々《かくかく》たる天皇の御稜威《みいづ》により、幸いに内政廓清のことは成就したが、いつの代も同じである。内政の頽廃はつねに国外に及び任那の管治乱脈を極め、この隙に乗ずる新羅の浸寇ますます甚だしく、百済は新たに仏教を迎え入れ、寺院仏殿興造のために民力を枯らし尽くし、高麗の長寿王璉の襲撃に逢い、百済王慶《けい》は梟斬《きゅうざん》され卿相《きょうそう》男女八千人を擒《とりこ》にしその宗社を滅ぼし、まったく回復の方略なきまでになった。

そこで天皇には百済の王の弟に当たる牟都《むと》（一牟大《むだい》に作る）に任那の別邑久麻那利《べつゆうくまなり》（いまの熊津《ゆうしん》）の地を賜い、百済の国名とその宗祀を伝えさせられ、御親征の思召もあったが、さきに紀小弓《きのおゆみ》、蘇我韓子《そがのからこ》等を伐って失敗し、かつ当時いまだ国内の燮理も完《まった》からざりしため出師《しゅっし》の運に至らず、ようやく吉備尾代《きびのおしろ》を征新羅将軍となししも先発軍いまだ出津に及ばずして天皇崩御あらせられ、ついに征討休止となった。

天皇の御代短かかりしは、真に百代の痛惜するところなるも、天皇の古今に比類なき御勇断は鬼神も縮み怖れしほどで、もしこの稜威《みいづ》なかりせば、功名利欲に昏惑せる七種の凶賊は良民の膏血《こうけつ》を絞り尽くしたであろう。実に天皇の英武勇断は千古に赫々たる廓清の模範をなせしものである。

それより清寧《せいねい》朝に移り続いて顕宗仁賢《けんぞうにんけん》二帝が傍系より統を承けさせらるることとなった。この二帝は永く民間に下られしがため、寛仁の君と伝えらるるが、稜々たる光威においては雄略朝に比すべくもなく、続いて武烈《ぶれつ》朝に移り、紀綱壊頽《かいたい》して官司と民衆と情を別にし、民衆の生命はわずかに古来の成俗たる県邑自制自治の惰力によりて支持され、国朝の権威はますます不振に陥った。

第三節　継体の聖旨

継体《けいたい》天皇の御血統は応神天皇の皇子稚野毛二派王《わかぬけふたまたのみこ》より出で給い、その五世の孫に当たらせられ、代々近江の宮家として前徳を継承せられたことは疑うべくもない。由来、わが古代における名族の習慣は自らその家の善例を守りこれを伝統的に維持したもので、この二派王も仁徳天皇および菟道王の御兄弟なれば、ともに王仁の教えを受けさせられ「大の君を立つる、もと百姓のためなり、ゆえに君は百姓を以て本となす」という御詔旨《ごしょうし》を体得せられ、「一人の饑寒《きかん》これを省みて身を責む」との御聖訓に法《のっと》らせられ、よくその御領民を愛撫せられたることは言うまでもない。

この御血系より出でまして大統を承けさせられ、壊頽し尽くせる国政の御燮理に膺《あた》らせ給い、社稷体統《しゃしょくたいとう》の御大詔《ごたいしょう》を煥発《かんぱつ》され「一夫耕《たがや》せず則ち天下あるいはその饑《き》を受けん、一婦織らず則ち天下あるいはその寒《かん》を受けん、このゆえに帝王躬耕《きゅうこう》以て農業を勧め后妃親蚕《しんさん》を以て女功を勧む、いわんや群卿百姓農績《のうせき》を廃してよく殷富《いんぷ》を致すべけんや」と宣せられ、重ねて「宗廟《そうびょう》を奉じて社稷を危《あや》うせざるを獲《え》んや」との御宣命であった。この御宣命がいわゆる継体の御謚《みいな》を撰びしゆえんにして、継体すなわち国初以来皇祖皇宗の一貫せる社稷体統の御神慮をさらに昭《あき》らかに御宣布あらせられたもので、わが国史上重大なる要点である。

しかるに明治以降わが国に普魯士《プロシャ》式国家学説が輸入され、上皇室より下万民が共に社稷を体統し来たれる、わが国性の基調を忘却し国民思想を極点までに昏惑せしめたのは、軽薄なる御用学者の罪である。

故飯塚西湖《せいこ》翁は西郷南洲により、普仏戦争当時、仏国に留学せし人で、その後久しく欧州に住し、普魯土王が独逸《ドイツ》連邦を統合し自らその宗主となり、国家主義を唱導し国運一時に勃興したる前後の事情を知悉《ちしつ》し、当時わが国の御用学者間において独逸模擬の議論盛んなりしを察し、西湖翁は意見書を提出して、わが社稷体統の国性は決して独逸の国家主義に一致すべき素質なきことを詳論し、もしわが国にして独逸式国家主義を摸倣するならば、成俗を換え風尚を破り、ついには取り留めも付かぬようになろう。独逸にしても、帝王のみ崇貴にして、いつまでも国民が役死《えきし》を甘ずるようのことはない。必ずや百年を待たずして倒覆《とうふく》するは理数必然の帰結である、と云うておった。

しかるに西湖翁の存命中に欧州大戦勃発し、独逸皇帝は国民の怨府《えんぷ》となりついに国を棄てて和蘭《オランダ》に出奔するに至り、翁は我輩に向かい、日本はなおなお独逸国家主義に目覚めぬであろうか、何ゆえに継体の御聖誥《ごせいこう》を忘却して省みないのであろうか、と長嘆されたことがある。

日本は国初以来皇室と国民と共に社稷を尊奉し、自然而治《しぜんじち》の成俗を保持漸化《ぜんか》させ、継体朝に至りさらにこれを具体的に「宗廟を奉じて社稷を危うすることを獲んや」と宣命されたのである。もとこれ社稷民人を安泰ならしむるがために、宗廟朝廷を尊奉するのである。それが宗廟朝廷の尊奉――尊奉は慴服《しゅうふく》となり、阿附《あふ》となり、臧官涜吏《ぞうかんとくり》に屈従して功利を競うようになれば、たちまち社稷民人の生存は危殆に陥る。

当時千秋万歳を叫び続けて国を亡ぼした司馬晋もあれば百済もあった。由来、宗廟朝廷を尊奉するのは、臣民としてもとより当然のことである。しかもその宗廟朝廷の鞏固なる基礎は社稷民人衣食住の安定にある。いわゆる衣食足りて礼節を知るということにあれば、宗廟朝廷の威服のみを拡充して社稷民人を馭御誅圧《ぎょぎょちゅうあつ》すれば、その国の根底基礎はたちまちにして決壊する。

ゆえに孟子はこれを「社稷を重しとなし、君を軽しとなす」と喝破しておる。この深意は各人の考慮思索を以て会得すべきもので、一々これを引證的に講述することは宜しく慎まねばならぬ。要はわが社稷体統の国性を普魯士式国家学説に付会せし官僚学者の謬妄《びゅうもう》を理解されるれば事自ずから分明である。

しかしながら継体朝にはすでに功臣閥は中央と地方に抜くべからざる基礎を造り、かつ支那大陸は六朝の大乱となり、百済の南遷後わが国策しきりに支離し、直属地の任那すら我に怨みを構え、筑紫国造磐井は新羅に通謀して難を構え、「時と勢いとすでにかくのごとし聖智ありといえども、またこれを如何ともすべからず」といえるほどの時代であった。すなわちこの前朝数代の積弊のうちに君臨されたる天皇の御苦衷はいわゆる「立言《りつげん》、立徳《りっとく》」を以て社稷体統の聖範を昭宣させられ、これが七十余年の後に大化新制の根幹となったことは、いやしくも歴史を講究するものの見落とされぬ一節にして、外八隣諸国の攻伐争奪に際し、国民は民心腐敗し、卿相にその人なくこの遠大なる叡旨が廓清の気運を起こさなかったことは、実に千古の遺憾である。

始め清寧朝において、三妃のために屯倉を置かれ、これより民衆の食糧倉庫として立てられたる屯倉が権力者支配に変じ、部曲田荘《ぶきょくでんしょう》なる特種の私地私領が出来て、その私地の人民は知らず識らず農奴のように化し、これが後世荘園の遠因をなしたものである。これより顕仁《ママ》仁賢武烈の三朝を経て継体朝となり、あらゆる紀綱振張に御軫念あそばされしも、永年間に宿積せる弊竇《へいとう》はなかなか一朝に払清さるべくもなく、殊にその外交乱脈は、功臣閥百数十年間の権益の占有に基因し、この時に及び任那王家はついに新羅のために滅ぼされ、崇神朝以降、国民上下莫大なる犠牲を払いしわが国直属の外藩たる任那を喪失したることは実に当時の一大事であったことが想像される。しかもこれが一部の功臣閥富豪閥の権益占有に基因せし沿革を審考し、これを今日の満鮮問題に対観すれば大いに誡箴《かいしん》すべき要素があろう。

第三章

第一節　蘇我氏の横虐

継体朝より安閑宣化二朝六年を閲《けみ》し、欽明《きんめい》朝に入り任那復興の詔《みことのり》を下され血を吐くような御《ご》宣旨《せんし》があったが、政権と財力とを擁せる功臣閥の首脳たる蘇我稲目《そがのいなめ》は、大伴金村《おおとものかなむら》が任那を喪いし責を負うて退きし後を承《う》け、大伴氏の勢力を併せて権威内外を圧し、殊に祖先以来の夤縁《いんえん》を以て百済を掌中に収め、詭策陰謀の限りを尽くし、百済を援けて高麗を撃ち、一時の勝利を得しが、由来久しき高麗新羅の関係は、拘々《こうこう》たる小策により動かすべくもなく、しかもその時は、すでに新羅は任那の旧県を併有し、人心ことごとく我に離れおりしその虚に乗じ、新羅は高麗の後援により百済を迫りしため、ついに都城を棄てて南走し、領土の大部を失い、君臣上下乱離のうちに彷徨しておったその際に、わが国に向かって仏像経論を献上したのである。『八隣通聘攷《はちりんつうへいこう》』には「王明《めい》困《こん》逼《ひっ》使《つかい》を遣わし仏像経論を献ず、これ廃国の残宝をもたらし哀憐を求むるもの、もとより仏ここに治まるにあらざるなり」とある。

その仏像を蘇我稲目に賜わり、百済よりは医博士暦博士等が渡来した。これは避難の意味もあり、運動の意味もあったろう。しかもその間に蘇我一類の権益擁護策が含まれて、物部中臣二氏と抗争を起こしたことは、決して単なる尊仏論と排仏論との衝突と見ることはできぬ。

由来仏教は符秦時代に高麗に入り、ついで百済に入り、新羅に入り、継体朝に司馬達等が仏像をもたらし日本に来たり、それよりはすでに仏教を信奉せる三韓民の帰化もあり、この献仏の時すでに朝野に多くの仏教信者がおったことは、古史の考證も明らかである。

後世の坊主どもがこの時始めて仏法がわが国に入り、中臣物部二氏が大陸における仏教文明を理解せずして、頑迷極まる排仏論を主張したように言うのは、歴史を省みぬ身勝手論である。中臣物部の両族よりは、当時すでに多数の人が三韓に来往し、仏教東漸《とうぜん》の勢いよりその弊害等も詳らかに知っておったと考えらるる。ついてここにまず承知しておかねばならぬことは、当時三韓に伝播せし仏教はどんなものであり、またその僧侶より仏徒はいかなるものであったかということである。

当初、三韓に伝播せし仏教は、第一に、仏殿寺院を荘厳に建造し、招提の儀観、袈裟の装飾を以て、求福冥利《ぐふくみょうり》の祈祷を鬻《ひさ》ぎ、その箕氏《きし》以来の成俗により、郊社（わが国の氏神に類せり）と公田を僧侶の管掌に移し、郊社に付随せる司祭等を坊主となし、国の祭典を造り換え、何ら仏法の意義を理解せずして、その徒類を招集し、甚だしきは男女交錯して、風俗壊乱の醜事を尽くしたことは、古文献にも見えている。いわゆる「その貌《かたち》を仏《ぶつ》にしてその術を巫《ぶ》にす、仏法を破壊し、世法を破壊す、陰害《いんがい》ほとんど制すべからず」とあるに見れば、当時識者間に大いに憂虞《ゆうぐ》されてあったことが考えらるる。

殊に百済の滅亡は、高麗より僧道順を遣り、盖鹵《がいろ》王に寺院仏殿の建造を勧めさせ、したがって郊社公田を覆し、大いに国力を疲弊させ、その民心離乖の機会に乗じてこれを伐《う》ち、蓋鹵王を梟斬《きゅうざん》したのが雄略朝であった。これより百済はわが国の庇護により、南遷してわずかに国を立て、ここに六十余年を閲し、ほとんどその国を保ちきれぬ非運に陥り、百済王家と賁縁深き蘇我氏が仏教を迎え入るることとなり、献仏問題が起こったのである。

この献仏問題は、百済より献上した仏像を受ける受けぬの問題ではない。仏教を、わが朝廷において御採納《ごさいのう》になるべきや否やの問題であった。もしこれをわが朝廷に御採納になるとなれば、国として措置を立て、三宝すなわち仏法僧の三者に至上礼遇を取らせねばならぬ。

さすればわが国の氏神を擁して発育せし全国の郷邑《きょうゆう》と、これによって保持されし自然而治《しぜんじち》の公序良俗を滅却することとなり、あるいは百済に均《ひと》しき結果を招致せぬとも限らぬ。いわんや朝廷におかせられても、そのすべての祭祀典礼を変更せねばならぬ節が多い。国初以来典礼を掌《つかさど》りし中臣氏、国民を基礎としたる軍務の世職におりし物部氏、この両家が排仏論を主張したるは、決して当時の大陸における仏教文明を理解せぬ頑固説とのみ断ずることはできぬ。

しかもこの献仏の翌々年に、百済王明は新羅軍に斬首され、新羅はことごとく任那の旧県を占有し、わが派遣将軍の紀男麿河辺瓊缶《きのおまろかわべのにえ》等は見苦しき敗北を招き、これよりわが半島経営はことごとに不振に陥り、国内は人心支離紛錯して、弑虐《しいぎゃく》斬殺の時代となった。

稲目死して馬子《うまこ》職を襲《つ》ぎ、敏達用明崇峻《びだつようめいすしゅん》三朝十年の間において、物部守屋、中臣勝海はみなその殺すところとなり、穴穂《あなほ》皇子も宅部《いえのべ》皇子も崇峻天皇も弑虐の難に罹らせられ、馬子は厩戸《うまやど》皇子

（聖徳太子）を摂政として、国初以来前例なき女帝を擁立し、天下を以ておのれの国家となし、物部中臣二氏の采邑《さいゆう》資材を併せてこれを領し、権勢宗室を凌《しの》ぐまでとなり、仏法興隆の詔を奏請し、三宝篤敬の宣命《せんめい》を下し、四天王寺建立の大工事を創め、地方諸国に仏寺仏院の建造を勧誘され、全天下土木頻繁を極め、徭役徴課《ようえきちょうか》已む時なく、人民の苦痛は実に想像も及ばぬほどであったろう。

しかも摂政の七年に大地震があって、建造なかばにありし寺院の大部分が倒壊し、徭役徴課さらに苛酷を加え、人民は駆使に飢餓に斃死《へいし》するもの引きもきらぬ有様となった。かくまでして日本を仏教国に化し、国民の成俗を変更するに努力されし聖徳太子、蘇我馬子等の心底は、仏教信者ならざる我輩の窺知《きち》する能わざるところであるが、仏教の本旨はもとよりこれらの行為は許すまい。

第二節　隋使の来朝、国使の派遣

この際において三韓の情勢はますます我に離乖し、かつ支那大陸は隋の勃興により漸次一匡《ぜんじいっきょう》の傾向を現わし、隋文帝の高麗征伐がわが国の対新羅政策に大関係ありしところより、摂政の十五年ついに小野妹子を使節として隋に派遣され、その翌年に隋の使節裴世清《はいせいせい》来朝し、再び小野妹子を送使として留学生八人を付して派遣された。南淵請安《みなぶちのしょうあん》もこの留学生中の一人である。

当時、隋は煬帝全盛の時にして、宮殿服物の荘麗豪奢、実に目を驚かすばかりであった。これがためにわが朝廷では、てっきり隋が大陸を一統するものと見て、従来の国策を一擲《いってき》し、隋の高麗討伐を機会に新羅を懲《こ》らし、任那を回復するの謀《はかりごと》を講ずることとなった。

もと新羅は高麗の後援により、任那の諸県を併有し、百済を撃ち潰し、わが国をして手も足も出ぬようにしたのであるが、重ね重ねの失計は敏達朝における日羅《にちら》の召還よりその横死となり、日羅の進言たる「食を足し衣を給し百姓を愛養し悦を以て民を使わば諸藩自ずから仁に帰す」ということはまったく顧みられず、聖徳太子の摂政中は仏殿寺院の興造に忙殺され、対新羅方略により、ついに高麗僧恵慈《えじ》等の来朝を機とし、いつともなしに高麗に親しむようになっておった。しかるに煬帝が大挙高麗を伐つとの計画あるを聞き、これを機会に新羅を懲らすの謀を立てたのである。

ところが煬帝の高麗親征は三十万五千の大軍を発し、一挙に事を決するつもりであったが、高麗に乙支文徳《いっしぶんとく》という佐傑《かいけつ》がおって、巧みにこれを邀撃《ようげき》し、遼陽に生還せし隋軍の将卒はわずかに二千七百人という、古今稀に見る大敗戦に終わり、わが国の対新羅策は幻散夢消し、さらにまた手も足も出ぬこととなり、引き続き煬帝の再高麗討伐も失敗に終わり、煬帝はこれにより人心を失うて弑《しい》に遭い、唐公李淵（高宗）禅を受くることとなった。しかして我においても間もなく聖徳太子薨《こう》ぜられ、馬子はその子蝦夷《えみし》と権威並びなく舒明《じょめい》朝を経て皇極《こうぎょく》朝に移った。

聖徳太子摂政中において、仏教興隆の国是を定められ、排仏派を弾圧し尽くし、国民思想帰一政策は樹立され、寺院仏殿の建造仏像の鋳造等により、工芸技術の発達経論講究に伴う学術の進歩等、多少の文化を進めた点もあったが、これに対する犠牲は、その徭役者の数限りなき斃死、苛酷なる誅求による州郡の疲弊は備荒の余力なく、数回の地震凶荒に飢民の屍を積むの惨状を見、僧侶はこれに対し、祈禳《きじょう》に鉅大《きょだい》の供資《くし》を糜《つぶ》し、金銀の袈裟《けさ》を纏《まと》い、華厳壇上《けごんだんじょう》に仏慈悲《ぶつじひ》を説き、外交失敗を忘れたるもののごとく、超世間《ちょうせけん》たるべき仏教を以て権力者の利用に任せたるは、深く推究せねばならぬ要点である。

もと官僚の力によって宣布せられたる仏教、官立の寺院、官造の僧侶、しかもその官僚は上を剋《こく》し下を虐げ弑虐を忍ぶほどの蘇我閥類である。この蘇我閥によって保護助成されて創起したところのわが国の仏教、これが天平の偽飾《ぎしょく》仏教ともなり、平安の両部《りょうぶ》仏教ともなり、化《ば》け変わりて鎌倉の阿闍梨《あじゃり》仏教ともなり、室町の朱印《しゅいん》仏教ともなり、また変わりて江戸の御用仏教ともなり、しかして現代の寺院は、仏像を飾れる肉食妻帯《にくじきさいたい》邪欲の淵叢《えんそう》とも云うべき葬式法事請合所となり、釈迦の教えは痕跡も見られぬまでに堕落した。

元来高遠博大なる釈教《しゃくきょう》は、もとより官僚の利用物になすはずのものではあるまい。しかし遺憾ながら日本の仏教は伝来当初より官僚に玩弄《がんろう》されたものにして、今日の堕落に入り、さらに他日に向かいいかなる猛毒を醸成するかは、ほとんど我輩の予想し得ざるところである。

第四章

第一節　南淵先生

予はここに南淵《なんえん》先生のことを略叙《りゃくじょ》して大化新政の本源を闡明《せんめい》し、古今を一貫せる偉人の一斑《いっぱん》を窺看《きかん》することとしよう。

南淵先生のことは、正史の表面には中大兄皇子《なかのおおえのおうじ》、中臣鎌子《なかとみのかまこ》を従えさせられ、南淵先生の所に至り、周孔の教えを学ばんと請わせられた一節が見えているだけである。しかし後世学者間において古文献を渉猟《しょうりょう》し林道春、貝原益軒等の時代に至り先生を王仁《わに》の次に置くようになった。人名辞書に簡単に推古《すいこ》朝隋に遊び経術を以て称せられ書百余巻を著わせり、その書いま伝わらずとあるのは、道春の考索を採録したものであろう。

意《おも》うに近江朝倒覆の後、当時の事蹟がしきりに抹殺されたことは疑うべくもないことであって、天智天皇の御遺著百巻余も東寺にその目録を留めてあるばかりで、一冊も伝わっておらぬ。南淵先生の事歴遺著の焚滅《ふんめつ》に帰したのも、この時代における心なき官僚のなしたことと考えらるる。

ただ幸いにも『南淵書《なんえんしょ》』三巻が制度家の秘籍として大中臣《おおなかとみ》家に伝えられ、元禄中同家の家艱《かかん》により庶長子の友安《ともやす》という人が築後の蓮台僧正のもとに隠れ、帰雲翁《きうんおう》と称し、制度律令の学問を権、藤宕山に伝え『南淵書』を授与したものである。

もとこの書は近江朝倒覆の時、右大臣中臣金《きん》（鎌足《かまたり》の甥にしてその後を承《う》け輔弼《ほひつ》に任ぜし人）という人が刑に就くに臨み児孫《じそん》に遺留し、弘仁中その子孫の大中臣堅守《かたもり》の時に蠹残《とざん》本を修訂し、その子孫数家各々伝写してこれを蔵し、寛文中大中臣友忠《ともただ》に至りさらにこれを伝写したもので、この友忠は友安の祖父という。かつ寛文中に大和において南淵先生の墳墓が修築され、貝原益軒その他諸大家の詩文が見ゆるのはまた箇中の消息を語るものではあるまいか。

予が家に『南淵書』を伝えたのは宕山以後のことにして、宕山は柳川藩《やながわはん》の安東省庵に師事し長崎に出でて明人鄭一元《ていいちげん》につき漢音を学び朱舜水《しゅしゅんすい》を引き省庵との親交を結ばしめ、のち舜水は水戸侯に聘《へい》せられ大いに修史上に貢献したことは世間周知のことである。

それより宕山は大中臣氏の制度律令に関する家説を聞き、その伝を受けて漢唐三韓歴代の礼制刑律の書を渉猟し一家の見を立て処士を以て一世を終わり、門人田中浩蔵に家塾を譲りしが宝暦中山県大弐事件の嫌疑を以て絶食して死し、嫡孫寿達は高山彦九郎に親交ありしため幽閉中に死し、その子の延陵というが家学を復興して多数の子弟を養成し、養子松窗、遺子松門二人の代は変革時代に当たり学問を省みるのいとまもなく明治維新を迎えた。

松門は予が先考にして明治初年より文墨《ぶんぼく》に隠れ、晩年に及び予が支那朝鮮に来往せしため、特に『南淵書』の校修を遺命して世を終わりしが、千数百年間伝写を重ねたる本書は誤謬錯訛《ごびゅうさくか》甚だしく、そのうえ蠹蝕敗爛《としょくはいらん》の箇所もあり、かつ支那朝鮮の史書を参較せねば解釈されぬところも多く、わずかに老学小沢打魚氏により前後およそ十年を費やし、ようやく読まるるまでに修訂校訂したところ、一条実輝《さねてる》侯爵は「わが家に夤縁《いんえん》深き本書が卿等の努力により今日に至り世に出でしことは、かのモーゼの書が石室を出でしよりも勝れる一大快事である。わが家の伝えに中興の祖と称する兼良《かねら》公が本書を珍蔵せられしも、応仁の兵火に罹り焼失したのでこれを終世の憾《うら》みとなし悲しまれたということである。とにかくこれは自分より摂政宮《せっしょうのみや》殿下に上《たてまつ》ることとしよう」との意を漏らされたので、一本を浄写し一条公に提出せしところ、公には大正十一年五月三日付の上表を具してこれを摂政宮に奉献せられ、その後同好者相謀《あいはか》りこれを写真版に付して頒布することとなった。

同書の内容により南淵先生の学説を一考すれば、大化新政の因って起りしゆえんが窺われる。すなわちその巻初にわが自然而治《しぜんじち》の古俗を闡明し、「古《いにしえ》の民自然にして治まる、載籍《さいせき》備わらずいずれかその詳《しょう》を知らん。しかれども飲食男女は人の常性《じょうせい》なり、死亡貧苦は人の常患《じょうかん》なり、その性を遂げその患を去るはみな自然の符、勧めざるも民これに赴き刑せざるも民これを tr 阻《つと》む。霊智ここに発し、居《きょ》海に近き者は漁《すなどり》し、居山に近き者は佃《かり》す。古語に曰わく、山福海利《さんふくかいり》各々天の分に従うと。これの謂《いい》なり」と説き、これを自治の大源となし、肇国《ちょうこく》の宏謨《こうぼ》に入り「田里を立て約束を信にし民を馭《おさ》むる父母の子を愛すがごとく、士を待つこと兄の弟を愛するがごとく、その饑寒《きかん》を見ては則ちこれがために憂え、その労苦を見ては則ちこれがために悲しみ、賞罰身に加《くわ》うがごとく賦斂《ふれん》おのれに取るがごとし」と説き、初め出雲朝が奢侈淫靡《しゃしいんび》によりその衰亡の気運を迎え、これに乗ずる長髄彦《ながずねひこ》等の匪類《ひるい》が民財を兼併し、その暴斂誅求《ぼうれんちゅうきゅう》の結果甚だしき民富の不平均を来たし、長髄彦の勢力がまさに出雲宗室を簒奪せんとするので、日向家《ひゅうが》におかせられては大義により長髄彦一類を討平せられ、成俗の善例たる自然而治《しぜんじち》の公正不偏なる御大謨《ごだいぼ》を宣布せられたるため、天下の人民はことごとく日向家を奉戴することとなったのが、すなわちわが皇室天業の御創立にして、この曠世《こうせい》の御盛徳が八隣の諸国に及び、三韓の帰順を見ることとなった由来を詳述してある。

その古三韓以来民族の流転離合より王統の存否文物の漸入《ぜんにゅう》等はごく簡明に説き正し、垂仁朝以来わが国の任那経営より百済新羅関係ないし対高麗国策の一勝一敗がわが国是に随い変化せし史実が、すべて民力の不斉《ふせい》に起こる国内貧富上下の離乖に基由することを痛論し、ひいて蘇我氏の横虐に及びその十罪を挙げ「臣聞く、日中《ひちゅう》すれば必ず彗《すい》す。刀を操れば必ず割《さ》き、斧を執れば必ず伐《き》る」と云えるがごときその弑虐《しいぎゃく》を論じ、「春秋の義名分の際にいまだかつて苟《いやし》くもせざるなり」と云えるがごとき、一読、人の心血を震撼《しんかん》せしむるの概《がい》がある。

しかして南淵先生は世界一民の説を立て、人類の祖源は北溟《ほくめい》の北より出でたものなれば、万劫《まんごう》万々劫《まんまんごう》を経たる今日に至ってもなお祖言《そげん》の遺響《いきょう》を存し人情の懽虞《かいぐ》を一にし、いわゆる「性《せい》相近し、習《ならい》相遠し」である。そは風土気象の差、衣服飲食の別により、習慣は自ずから差隔を生ぜしとするも、人の純性純情においては決して異別はない。

しかるに己れを尊び他を卑しむ元宗《げんそう》組織が支那に起こり、ついに華夷の殊別が甚だしくなり、それがわが国にも輸入されて自国を特種特別のものとなし、わが皇家懐遠種徳《こうけかいえんしゅとく》の御聖旨《ごせいし》を無視するものができた。いやしくも自尊孤立を以てしては隣閭郷党《りんりょきょうとう》も化し得らるるものでないということは、一民すなわち民を一にせる元始観《げんしかん》の上より説破《せっぱ》してある。

また、国の大事は必ず衆と弁ずべきことを説き、痛く独制《どくせい》を誡《いまし》めてある。これが大化二年三月の詔書に現われ、「それ天地《あめつち》の間に君となり万民を宰《つかさど》る者は独制すべからず。すべからく輔翼《ほよく》を仮《か》るべし。これを以てわが皇祖卿等《けいら》が祖考《そこう》と共治《きょうち》す。朕《ちん》また神明の保佑《ほゆう》により卿等と共治せんと欲す」という宣命《せんめい》となっておる。

さらに先生は「万々世の後、大同《だいどう》世に行われんか、天下を公となす」という自家独特の見解を立てたものである。由来漢代以降この大同説は古昔、堯舜《ぎょうしゅん》の世は大同なりしというのであったが、先生独り万々世の後理想が実現するに到れば天下を以て一家の私物とせず公正至平なる大同説が行わるると論じて、則天すなわち自然の天化に遵由《じゅんゆ》すべき神謨《しんぼ》を昭《あき》らかにし、天下の民はことごとく公民である。公民はその国土に衣食し子孫将来の福祉を全うし、自ずから発達漸化《ぜんか》すべきものとの政理を説いてある。

これが大化新制に現われ、戸籍の修定となり、班田の給付となり、民財の壟断および民地の私買を厳禁し、特に豪族富家の公地を私地となし、あるいは水陸の要地を領有し、民利を独占することを制止された、「天下は大同にしてすべて彼此《ひし》なきものなり」となっておる。その深意は宜しく沈思黙会すべきである。

南淵先生は推古朝に留学生として隋に遊び、舒明朝に帰った人である。この間三十三年隋の滅亡より唐の勃興、三韓および遼燕の変化を実地に見て、すこぶるその内外の情偽《じょうぎ》に精通し、殊に王通《おうつう》の門に学びしというのであれば、唐朝における魏徴杜淹《ぎちょうとえん》等の諸名臣はみな同窓なので、決して読書文字の学究でなく堂々たる活学者となりしことは疑うべくもない。

しかして天智《てんぢ》天皇および中臣鎌足が先生に師事し、いくばくもなく皇極朝となり入鹿《いるか》誅伐が決行されておるが、爾来《じらい》先生のことは何らの伝えもない。あるいは入鹿誅伐の前に病没せしと云い、あるいは入鹿の殺すところとなりしとも云い、あるいは筑紫に逃れ寿《じゅ》を終わりしとも云うが、いずれも何らの考左《こうさ》がない。ただ入鹿誅伐の前に病没されたと見るが穏当であろう。

ついでに王通のことを一言しておく。王通はいわゆる文中子《ぶんちゅうし》の姓名にして山西省の河汾《かふん》に住し、代々学術を以て立ち一地方その学風に化せしほどの名家、しかして王通は隋文帝の召命を謝し子弟を教授し多数の人物を出だし、唐朝勃興の名臣は多くその門に出で、唐朝律令の根拠も王氏の学術に在りというのである。予はひそかに王氏の諸書と『南淵書』とを対較し、南淵先生の学脈が王氏に串連《かんれん》し、またその文章の気格より章句の構成が同型に出でたることを認むるのである。

王通の学説に無赦《むしゃ》の国はその刑必ず平、重斂《じゅうれん》の国はその財必ず削らるということがあり、また、謗《ぼう》を聞いて怒るは讒《ざん》の囮《か》なり、誉《ほまれ》を見て喜ぶは佞《ねい》の媒《ばい》なり、囮を絶ち媒を去れば讒佞《ざんねい》遠ざかるということがある。南淵先生もすこぶるこの意を体得したものかと考えらるる。この魏晋以来一家の学風を継承し多数の名儒を出だせし山西の王氏は王通に至り大いに顕われ、その学術が六朝大乱後の大陸を一匡《いっきょう》するの規準を立て、王通の弟に王績《おうせき》を出だし孫に王勃《おうぼつ》を出しておる。

第二節　大化新制

皇極朝乙巳《いっし》の歳六月十二日に中大兄皇子は中臣鎌子、蘇我山田石川麿《そがのやまだいしかわまろ》等と蘇我入鹿を大極殿《だいごくでん》に誅せられ、ついで父の蝦夷も誅に伏し孝徳《こうとく》天皇の御践祚《ごせんそ》となり、中大兄皇子は後退しとして万機を摂行《せっこう》せられ、わずか一ヶ月間に一糸乱れず施政の大方針を宣布させられた。

その詔《みことのり》は「まさに上古《じょうこ》聖王の跡に遵《したが》い天下を治むべし」ということが主眼である。これは、自然而治の成俗を社稷体統《しゃしょくたいとう》の典例に遵い、育成漸化せしめ給う聖意にして、何もかも新しく創造的に更改せらるるということではない。これを浅薄なる欧州学者が唐制模倣《もこう》など云うのは、実に不謹慎極まるものである。

もと、わが皇《すめらぎ》の天を代《しろ》しめし給うということは、民心を体し化を行う、と宣《のたま》わせられたる御遺典に帰着し、古代における自治成俗の民衆が、肇国の聖化に発育し崇神朝農本の叡旨《えいし》ともなり、成務朝自治の立制ともなり、仁徳朝民富の大謨ともなり、雄略朝台斗更新《だいとこうしん》の勇断ともなり、継体朝社稷体統の詔誥《しょうこう》ともなっておる。すなわちこの御歴代一貫せるわが皇室不磨の政典が、大化新政の規矩準縄《きくじゅんじょう》をなしたことは言うまでもない。

殊に、わが国中興の聖主として、千万代《ちよろずよ》の民望を一身に集めさせられたる中大兄皇子には、入鹿誅伐御断行以前より、新制御実施準備がその博大深浩なる学術により画《えが》き出されてあったことはもちろんである。そこで誅伐御断行の七日目には新天皇の御即位より廟堂《びょうどう》組織まで成立し、一ヶ月目には新制宣布の詔諭《しょうゆ》が煥発《かんぱつ》され、四ヶ月目にはその大体の施設がひと通り整うておる。何としても、神速驚くべきである。南淵先生が「公子天錫《てんし》の聡明物を照《てら》すこと火のごとし社稷福ありと謂《い》うべし」と感嘆しておるのは、その神識学徳を想像さるるわけである。しかして大化二年正月に新令四綱を発布され、勅使を諸国に派遣してこれを実施さるることとなった。

第一「前代置くところの子代《こしろ》の民、処々の屯倉《みやけ》、および臣連《おみむらじ》、伴造《とものみやつこ》、村首《おびと》所有の部曲田荘《ぶきょくでんしょう》を罷《や》め大夫以上に食封《しょくほう》を賜い、官人百姓に布帛《ふはく》を賜う、各々差あり」。

この子代の田は、清寧朝皇子皇孫のために設られたる特種の采邑《さいゆう》、屯倉は成務朝以来、民衆食糧の常備のために設けられたる地方生産の収納倉庫、部曲田荘は諸家の功封《こうほう》にして、民を曲部と称し地を田荘と称せしもの、これらの機関がいつともなしに権官富豪の占有に移り、名称のみ残り、事実は水陸数郡の地を兼併するまでになり、良民はほとんど農奴に化したものである。

よって、ことごとくこれを罷められて、大夫以上には一定の食封を下賜され、以下の官人百姓には布帛を下賜された（布帛は貨幣と同じく通用しておった）。いまこれを表面より見れば、事甚だ容易のようであるが、実は全力、有力者の基礎を覆す大問題なれば、その施行はすこぶる困難を極めたであろう。

大化元年の詔書中に「方今百姓《ほうこんひゃくせい》なお乏し、しかも勢いにある者、水陸を分割し、以て私地となし、百姓に売り与えて、年ごとにその価《あたい》を索《もと》む。今より以後、宜しく地を売るを禁じ、以て兼併の路を杜《ふせ》ぐべし」とあるところより推考すれば、この新令の聖旨が中間利得者を抵制し、農民の土着安定を基礎とせられたることは、明々昭々《めいめいしょうしょう》である。

第二、「新たに畿内の国界を定め、京師《けいし》を修む。国司郡司《こくしぐんし》を置き、郡は大中小に分かち、大領《たいりょう》小領主政主帳《しょうりょうしゅせいしゅちょう》を置く」。

これは中央都府経営の大要と、地方官制の大体を公示された一章である。本章は、古来制度家の解釈も区々にして、これを詳述することは容易でないが、ついでに中央と地方との関係につき、その要点を述べておこう。

当初大廓清《だいかくせい》御決行のとき、すでに遷都の御成案はできておったが、四周の関係はいまだその時期に入らず、ために浪速において仮の政庁を開かれたのであった。推古朝以来、わが国の都市経営はいたずらに中央の繁栄のみを図り、仏殿寺院の興造より懽楽《かんらく》機関の設備、商工収益の方法まで大いに整い、富豪僧侶の権力はみな倭京《わきょう》を基点として四方に及び、地方はこれがために困弊の極に陥り、まったく匡済《きゅうさい》の見込みがなかった。

もと中央権威の拡充は誅求機関の発達にして、中央が壮麗を尽くせば、地方民衆の負担はますます重くなる。成務朝自治立制の一綱に、「国郡県邑《けんゆう》みな中区の藩屏《はんぺい》となし、以てこれを朝廷に統《す》ぶ」とあるは、深くその無謀なる中央経営の拡大を誡められたる一節である。何となれば成務朝自治立制の御聖旨は、地方民力を以て中央の藩屏となさるるにあるので、地方民力を枯らして中央の威福を保持することは、むしろその誡むるところであった。

これは王氏の学説も南淵先生の学説も、ともに反覆丁寧に詳説せるところにして、秦始皇の阿房宮《あぼうきゅう》造営といい、隋煬帝の未央宮《みおうきゅう》造営といい、一時の繁栄は夢のごとく、ついにその亡国の因を成せしことはもちろんにして、近くこれを百済の敗頽に見るも、みな同軌同轍《どうきどうてつ》であったことは、摂政皇太子《せっしょうこうたいし》のあくまで御講究遊ばされたる廓清御決行の一大重要事であった。よって、中央政庁は一時仮の政庁としてその大綱だけを公示され、まず地方官制の更正を図らるることとなり、「民自らを治めしむ」という典制に遵い、国司郡司以下の選任を規定させられた。

由来国司郡司の職掌は、その邑里《ゆうり》公民の自治修睦《しゅうぼく》を観察し、これが労逸貧富の均衡を調斉《ちょうせい》し、上意を伝え下情を通じ、皇室と国民との間に阻隔なからしむるがその職掌なれば、地方官たる者の人選には操行学徳衆に秀でたる者を擢《ぬ》き、その任務と機関とは努めて煩雑を省き、そのすべてを簡約に組織するのである。

第三、「戸籍を造り、班田収授の法を制し、田畝《でんぼ》を定む」。

戸籍制定の問題は国政の基礎なれば特に重大視せられたことはもちろん、詔書にも「人の所を獲《え》ざるを思いしばらくも胸に廃せず」とあるに見ても、その大体が窺われる。

もと公例としては「民に定処《ていしょ》なければ固志《こし》なし」と云うて、公民の土着安定を目的として民政の規度《きど》を立てたものである。ゆえに民籍と地籍とは相離るべからざるものと定め、「戸なければ籍なく籍なければ庸調なし」すなわち一定所の居住権が公認されて、しかるのちに徭役の義務が起こるもので、わが社稷体統の公制としては国内に無戸《むこ》の人民を無くすることを政治の目的とせねばならぬ。

大化廓清と同時に部氏《ぶし》を廃止されて、これをことごとく公民籍に編入され、一定の住所に土着させられたのは、いわゆる上古聖王の迹《あと》に遵わせられたる聖旨である。そこで「田によって戸を配す」という公例が当時代に適用されて、班田収授の法が刪定され、農地町反の方式より徴租の公規が確立し、中間利得者の暴斂誅求が禁止された。

現代学者間においてこの班田収授につきいろいろの臆説を立て、甚だしきは当時実施されなかったもののように説く人もあり、実施困難なるものと断ずる人もあるが、これらはみな近世の欧州における個人財産の措置を準縄としてわが国の古代を判断するものなれば、ここに一言弁じておこう。

本来わが自然而治の成俗は、土地を私有独占することなく、すべてこれをその自治集団の熟談協議により戸口に配給されておった。いわゆる「田により戸を配す」ということは決して学者机上の空文ではない。いまでも三宅島その他処々にその遺習が残っておるのである。

この古来の成俗を破り、涜官《とくかん》富豪が私有兼併を企て、良民を誅圧して、横虐の限りを尽くすので、一大廓清を決行され、農民本来の成俗を法条に規定し、その大綱を公示され、地方官は旨を含み、各地の郷邑《きょうゆう》をその成俗に復帰せしめ、熟談協議のもとに、班田法が円満に実施されたものである。換言すれば、この班田法の実施が、すなわち涜官富豪に対する私占兼併の解除であった。明治時代の欧米制度に模倣して土地所有権を確定されたこととは、その根本が相違している。

第四、「旧賦役を罷め租庸調の法を行う」。

蘇我氏の横虐により、徭役《ようえき》の濫課《らんか》となり人民は困弊の極となった。これはいずれの国にも、いずれの時代にも、涜官の跋扈財物の兼併に伴う一定の帰結である。そこでまず租庸調の法を正し、租税の一定限度を定め、濫課暴斂の弊害を防止された。

租庸調の公典は崇神朝に起源し、いわゆる「田に租あり、家に調あり、身に庸あり」として公民の公義務を厳定されたものであった。田の租は収穫の二十分の一未満、家の調は一家一年につき布二丈六尺、身の庸は普通正丁一年につき十日未満、いずれより見るも実に軽微なものであった。のみならず従来私民として、部民として、駆使役殺されておった者をすべて公民として取り扱い、斉《ひと》しくその将来ある生存を保證されたのである。

この新令の四綱が宣布され、兵器の検閲が始まり、兵庫《へいこ》の配備が立ち、しかるのち君民共治の詔を発し、皇室と人民との差隔が撤去され、市関要津《しかんようしん》の制を立てられた。これは商業地ないし商人に対する法規であったが、いま文献を徴すべきものなく、史断すこぶる困難なるも、大化令の要旨が生産者の安全保證に重きを置き、商人の独占行為ないし暴利を抵制するにあれば、市関すなわち商業要地は一般民衆の物資需給を円滑ならしむることに注意し、あらゆる方法を尽くし、商人の姦曲《かんきょく》を防止したことは疑うべくもない。殊に大資力を擁してその商利を独占するようなことは、もとより容認すべくもない。

続いて葬制を宣布された。由来葬礼は人情の至微に発する。常情以外のことが平気に遂行され、風俗に大関係あるものであり、殊に百済の通交以来は権官富豪等競うて大墳墓を築造し、前朝以来の禁制たる殉死も行われ、殉死は殉殺すなわち近習の男女を殺して殉ぜしめ、または愛馬を殉ぜしめ、宝器を殉ぜしむる等のこと行われ、これがために民財を縻《つぶ》し良俗を破ったことは、実に想像のほかであった。いまでも広大なる墳墓が各地に残っておるのは、多く当時の遺物である。

南淵先生がかつて中大兄皇子のために厚葬《こうそう》の害毒を痛論し、「礼の奢《おご》りて節なき、これを僭《せん》と謂う、その僭ならんよりむしろ礼なけれ」とまで云うておる。この学説が新政により制令として実施され、墳墓区域を不食《ふしょく》の地、すなわち利用のできない土地に置き、その築造は易代《えきだい》の後その所が分からぬようになる程度（易代とは五代の後）にし、殉死殉宝を厳禁された。

もと斂葬《れんそう》は人世最終の行為なれば、各自身分相当に偽りなき情を尽くして、事を修むるが当然である。しかるにこれを誇栄のために利用し、奢美を競うこととなれば、人の純情はまったく滅却され、しかもこれが社交的に余儀なくさるるようになれば、その風俗に及ぼす影響は、実に恐るべきである。現代においても、葬式の誇栄を競う地方は、必ず人情浮薄である。これらの点は大いに考慮を払わねばなるまい。

第三節　万世の遺謨

しかるに、失敗に失敗を重ね来たれる新羅百済高麗の折衝は、権官富豪の利益関係にからみ付き、まったく手の付けようもなく、それに唐の勃興とともに外海の情勢一変し、わが国の立場も殊に危殆に逼《せま》り、かつ新令実施の結果、蘇我氏の残党と仏教徒の一類は天皇の仏教御尊信あるに乗じ、難波高津宮に聚《あつま》り種々の陰謀を企て、摂政皇太子の宮邸は恠《あや》しき火災に罹るなど、まったく油断を許されぬ情勢であった。

この際摂政皇太子には百済の詐謀《さぼう》を観破され、任那貢物の兼領を解き、すでに任那が国を立つる能わざるところよりその調賦を免除され、新羅皇子金春秋《こんしゅんじゅう》が質子《しちし》として来朝せしを愛撫せられて、半島経営の大方針を定め給い、摂政皇太子にはしばらく宮廷内のことを差し置かれて地方民政の燮理《しょうり》に当たらせ給い、もっぱら海表《うんぴょう》の軍務を総管され、孝徳天皇の崩後、当然御践祚となるべきはずなのに斉明女皇の重祚《ちょうそ》を迎えて、ひたすら地方民心の安輯《あんしゅう》と外海諸国の禦侮《ぎょぶ》に努力させられたるはなぜであろう。

由来内政のことは、ある場合に至れば更新もできれば改革もできるが、一たび対外折衝を誤ればまったく取返しがつかぬ。幸いに廓清の業はすでに民心の帰収を認めたれば、地方郡邑《ぐんゆう》の収束を固定し置き、事を他日に譲る外はないとしてこの難局に膺《あた》らせられたという史説は、大いに審攷《しんこう》すべきである。

金春秋は新羅中興の英主と称し、わが摂政皇太子も大いに望みを嘱《しょく》せられ、わが国より帰国後、間もなく唐に遊び厚く太宗の信任を得、援兵二十万を派遣することを約束した。これより新羅は固く唐に結び、屹然として半島の一角に覇を唱うることとなった。

摂政皇太子には早くすでに春秋を認め、百済の頽運《たいうん》支えがたきを予知されしも、百済はわが附養国《ふようこく》である。これを他の占有に抛擲《ほうてき》すれば、国権を失墜する。しかも唐軍の南下は予定行動で、わが国もその戦図内に含まれておる。これを百済に拒《ふせ》ぎ止め、春秋をして三韓を一統さすれば、自ずから緩衝地帯ができる。百済はもとより必亡《ひつぼう》の国、義を正して必亡の国を援け、勁敵《けいてき》を粉摧《ふんさい》せざれば、わが国権の存在はなくなる。

そこで摂政皇太子は天皇を奉じて、御西征《ごさいせい》遊ばされ、筑紫に御駐輦《ごちゅうれん》、丸木造りの仮御殿に入らせられ、兵士と艱苦を共にし軍務に任じ給い、唐軍南侵の機会を見て精兵二万七千を派遣し、白江口《はくこうこう》の一大決戦を遂行された。この戦闘により、百済は滅亡し、わが軍も大部分の将士を喪い、唐軍もまた非常の打撃を受け、その南進の意を絶ち、わが国を不討国《ふとうこく》となし、特別の取り扱いを開くこととなった。

ここにおいて摂政皇太子には海表総管府を筑紫に引き取られ、任那太宰の名称をそのままに大宰府と称し、海外通航を管理さるることとなった。これがために中間の奸曲者《かんきょくしゃ》を一掃し大いに通市交易の便を開き、出入物資数倍を加えたというのである。暴利を絞る中間者の害毒は実に今も昔も同様である。

この間において金春秋はすでに死し、法敏《ほうびん》の時代となった。法敏は春秋に劣らぬ傑物で、新羅の国政は一糸乱れず進展し、唐の百済の鎮将劉仁軌《りゅうじんき》は直ちに朝散大夫郭務悰《かくむそう》等を使者として、わが国に聘問《へいもん》せしめた。これは彼らがわが国をすでに不討国に決定し、まず和親の端を啓《ひら》いたものである。ついでその翌年に唐より特に劉徳高《りゅうとくこう》を国使として派遣し来たり、わが国よりも大石の小山《こやま》等を遣わされ、ここに両国の和好成立し、唐はわが国に特別待遇を開き、その南下の意を絶つこととなった。これまったく白江口における大奮戦を決行し、滔々たる危勢に善処されし摂政皇太子の賜《たまもの》と云わねばならぬ。

斉明《さいめい》天皇にはさきに筑紫宮に崩ぜられ、摂政皇太子御践祚遊ばされ、御喪服のまま海表の軍務を聞こしめされ、善後の大計、その順序を開き、これより御還旋《ごかんせん》ありて、御遷都の御計画に就かせられ、続いて近江朝廷の御開始となり、御即位を宣《せん》せられた。大化以降新政御実施に際し、国外情勢の変化は実に多難多事を極め、一歩を誤れば国命を断ずるも測られぬ実況であったが、頼《さいわい》に叡聖仁智なる天智天皇の御遠謀により、この危勢を転じて社稷体統の国土を支持することができた。

しかしながら利害是非彼此相一致せざるは理数の免れざるところにして、廓清の御大業が国民大衆に有利なりし反面は、従来の特権占有者たる富豪僧侶に大なる打撃を与え、かつそれらの者はすでに代々の習慣をなし動かしがたき社会位置におれば、もとより一朝一夕にこれを平均さすることはなかなか容易でなかった。殊にこれらの徒輩が大和を根拠として大海人皇子《おおあまおうじ》を擁し、軍務多端の際に乗じて堂々たる一勢力を造り大機を窺いおれば、これを未発のうちに討平《とうへい》するも、もとより不可能ではなかった。

けれども外征に疲れきりたる国民を駆って、さらにこの天下両分の大戦を起こせば、せっかく甦生《そせい》しかかれる州郡は再び強力支配に逆戻りすることとなる。しかもそれが御兄弟の争闘《そうげき》である。天皇には深くここに御軫念《ごしんねん》あらせられ、さらに至大高遠なる聖謨《せいぼ》を正され、その御一身はたとえいかなる横禍《おうか》を招くも、この時において万世の国基を鞏《かた》めおかざれば、社稷体統の皇謨《こうぼ》は維持されぬという御見地により、敢然として万機を御決裁遊ばされた。

そこでまず近江朝令二十二巻を準定され、礼制刑律の理を明らかにし、「天下は大同にしてすべて彼此なきものなり」との御詔旨《ごしょうし》を宣布され、天下の公民自制自治の大義により固く守りて失わざれば、桀紂《けつちゅう》の暴もまたこれを動かすべからずとの思召を以て、学校を諸国に設け、国民に典常を教え給い、同時に大化以来に継続せし戸籍の修定、班田の公規をさらに整理を重ねて地方邑里自制自治の収束を固めさせられた。

自制自治とは、公民集団の単位たる邑里が自分の力により、その衣食住の節制を立てて自ら治まることにして、他の権力者によって治めらるることではない。およそ国の形体は生民相集まって井《せい》をなし、数井相集まって邑里をなし、邑里相集まって郡をなし、数郡集まって国をなし、その国を統一して天下となる。ゆえに天下の大本は人民にして、人民の集団たる邑里がわが古来の公同政体の単位をなせるものなれば、邑里が自制自治を全うすれば、非違奸曲《ひいかんきょく》は相恕愛隣《そうじょあいりん》に化せられ、同互制裁《どうごせいさい》に懲《こ》らされ、いわゆる刑せざるも自ずから悛《あらた》まり、律せざるも自ずから修まり、官司の務めはある程度まではなくなるわけである。

かくあれば国に多数の官吏を養う必要がない。同時に人民の負担が軽減さるる。これが公同自治の理想とするところである。かつまた自治結束の力は、ある程度までは自主自衛の抗禦《こうぎょ》ができる。公正無私なる公典が存在すれば、これによって他の不当なる制圧徴求を排拒《はいきょ》し得らるる。桀紂の暴もまたこれを動かすべからずとはこれである。

天皇のまず大同の公典を掲げ、その教化を弘布されたるは、仔細にこの深遠なる聖旨も黙会せねばならぬ。この大同の公典たる近江朝令二十二巻は、すでに焚滅に帰し、世に伝えられておらぬが、その要旨は新令の四綱に存し、かつ大中臣氏の伝授によりほぼ大体のことは考えらるる。また、天皇には天暦《てんれき》の理に通ぜられ、躬《みずか》ら暦書を著わし、漏刻《ろうこく》を作らせ給いしが、その書も惜しむべし、焚滅に帰した。しかし三善清行《みよしきよつら》の暦説は、いささかその遺型をたどったものではあるまいか。いまその暦学の理論はこれを省き、節序祭祀の民政に及ぼす関係について攷《かんが》うれば、夏の建丑建元《けんちゅうけんげん》（春分の丑《うし》いまの二月末）、殷の建寅《けんいん》、周の建子《けんし》より漢代に四変し、三国より隋までに十三変し、唐に八変したということである。

しかも東洋各国はみな元正《げんしょう》と秋祭《しゅうさい》を重んずる風俗にして、秋獲期《しゅうかくき》と正月との間に十分の貯穀《ちょこく》を図り、民衆の生存安定を政治主眼とする組織と、この間を徴収征誅の期として民衆を搾らるるだけ搾るを政治方法とする組織と、消極積極の別がある。

前者は公同の政治にして国の基礎を民衆に置くがゆえに、収穫期より正月までの間隔を長くし、この間に貯穀を整理し、豊かに冬の凌《しの》ぎを過ごさせ、春分ののどかなる気温を迎えて年祝《としいわい》をさせねば、惇厚善美なる風俗を成し、向上進歩の気象も起こらぬものだと云い、後者はいわゆる官治《かんぢ》式にして、すべての権能を官庁に置くがゆえに、収穫期より正月までの間隔を縮め、徴求さるだけ搾り上げ、祭事《さいじ》供施《くし》遊観《ゆうかん》宴楽《えんがく》あらゆる手段を尽くし、厳寒期の立春に新年を置き、民衆に余財を留めさせぬようにせねば、驕慢放逸となり官庁の命令が行われないと云うのである。

この立春建元と春分建元との両論が四期の節会と祭事典例の差別を生じ、商人巫祝《ぶしゅく》僧侶の類はいつも官治派に属し、民衆を枯らす手段に細微極まる方法を取りしことは、昔、大聖孔子の夏正《かせい》を遵奉《じゅんぽう》せられしより以来、深く前哲《ぜんてつ》の苦心せしところであって、単にこれを史書の残影と見過ぐることはできぬ。

冬至の正月が春分に延ぶれば、衣服の費用が三分の一に減じ、したがってすべての費用が大いに減少する。かつ急劇に収穫物を売り出すがため商人からはあくまで踏み付けられ、高利の借金には相殺される。実に見じめなものである。しかも官治式冬至建元論者はかくあるから、商人も坊主も神職も遊芸人もみなそれぞれその懐を肥やし得る。それが人間社会であると定めている。

かつまた現行の太陽暦に随える建元は、冬至暦よりさらに一ヶ月も早い。それでもなお従前の元始儀式を踏襲して改められぬ。それは一国の格例であり、尚俗である。しかもその結果たる一般的年越しの常態は、ますます窮苦に窮苦を重ね、人心の傾向はますます険悪に険悪を加え、ほとんど手も付けられぬ有様ではないか。いまの為政者たる者、静かにこの天智天皇の聖旨を慎思審考して、教えを天管氏《てんかんし》に請うも決して慚《は》ずべきことではあるまい。

大化の新制により甦生せしわが州郡の人民は、ことごとく自制を起ち、遠近民衆相呼応《あいこおう》し相扶提《あいふてい》し摂政皇太子を奉戴して、前後十余年間にわたる外征の役に駆馳し、海防の労に服し、その鉅大《きょだい》なる国費を負担していささかの憾《うら》みなく、皇太子の御登祚《ごとうそ》を迎え奉り、あまねく大同の公典に訓習《くんしゅう》させられたため、天下の郷邑は翕然《きゅうぜん》として自制的自治の基礎を固め、互恕共済《ごじょきょうさい》の風尚に興り、山河草木ことごとく面目を一新することとなった。

しかれども天数は制すべくもなく、鎌足薨《こう》じ、引き続き天皇も御不例《ごふれい》となり、ついに辛未《かのとひつじ》の歳を以て崩ぜられ、弘文《こうぶん》天皇の御践祚となったが、吉野の山に機を待ちおられし大海人皇子は、果たせるかな、不意に兵を挙げ、近江朝を襲撃し、天皇には非命の御最期となり、鎌足の後を承けて補佐の任に膺りおりし中臣金以下みな斬流《ざんりゅう》され、廟堂は大海人皇子に移り、皇子御登極《ごとうきょく》ありて、いわゆる天武《てんむ》朝が開かるることとなった。この危勢は文武叡聖なる天智天皇のあらかじめ知って防ぎ給わざりしところにして、いわゆる八鼎《はちてい》の変異と云うべきもの、後世の推断及ぶ能わざる一事である。

ただ大中臣氏の伝えに従えば、天智天皇には不幸にして御年四十六にして崩ぜられ、常寿《じょうじゅ》六十に及ばせられなかった。もしこれが十余年を伸ばすことができたならば、聖沢はかの富豪閥残類の淵叢《えんそう》たる大和を化し、事なきを得たであろうというのである。

第五章

第一節　官治制の創設

大海人皇子、自ら登極《とうきょく》ありて、その功臣を挙げ、新朝廷を飛鳥浄見原《あすかきよみはら》に開かれた。これがいわゆる飛鳥朝と称し、天武天皇の御謚《おんおくりな》を上《たてまつ》り、わが国官治《かんち》制の創開をこの時とするのである。

官治制とは、すべて官により国政を統制するものにして、至上権を天となし、官司を公正最善の者として、生殺与奪すべての支配に任じ、その至上権を代行せしむるものである。かの近世の独逸《ドイツ》式国家組織の簡単なるものとも見らるる。ゆえに自治制の専断を誡《いま》しめ、朝野相親しみ、官民の共治を以て主眼とするものとは、全然別種別質である。

もとより自治制度に理由あるごとく、官治制度にも理由がある。著者のごときは自治制度の主張者であるが、しかし必ずしも官治制度を嫌悪して、これを不問不知に付せんとするものではない。歴史的にも現在的にもよくこれを闡明《せんめい》探究して、将来を測る針路を正さんとするのみである。世の自家の主張に立ち、他家の黒白を弁ぜず、ただ排撃を能事とする者は、決してこれらの機事を理解することはできぬ。

予は頼《さいわい》にこの官治制の創開に対する史的管見を述べ、大方の批判を請おう。官治の元始《げんし》思想は、もとより上古《じょうこ》に萌《きざ》し、継続して権力者に選錬《せんれん》され来たり、この時に至りようやく組織的となったものである。これは原始の自然而治《しぜんじち》組織が漸次《ぜんじ》に進み、成務朝の成文立制となり、大化の大同共治の律令となったのと相並行せる行程をたどっている。

ただ天武天皇の挙兵は、決してこれを政理的に推究し、名分を正して決行されたものではない。もちろん大化の廓清《かくせい》が前代累世の宿弊を一挙に掃清され、従来の権力者たりし巨族富豪僧侶等がにわかにその位置を失い、ひそかに大海人皇子を擁して機を窺いおりしものが、大故《たいこ》に乗じて襲撃を敢行し奇功《きこう》を奏せしもので、その政務の更改については何らの予備もなかった。

ゆえにまず功臣の欲望に副《そ》い、これらの者を登用され大いに饗宴を開き、衣冠服飾を以て尊卑を分かち、厚く僧侶を礼して仏会供施《ぶつえきょうし》を盛んにし、しきりに太平を鼓唱して大赦を行い、努めて人心柔和の方策を取り、僧官を四方に差遣して、招提《しょうてい》を飾り壇施《だんし》を勧奨され、ついに漁猟禁止の詔《みことのり》を下し、牛馬鶏犬猿《ぎゅうばけいけんえん》を食う者を罪するの令を発せられたが、海濱山陬《かいひんさんすう》の人民はこれがために飢餓に陥り、かつ前朝の恵沢に浴せし全天下の郷邑《きょうゆう》は、班田自治に収束して自ら守り、容易に変化すべくもなく、その強制命令の反面には不穏の情勢も潜みおるところから、三年乙亥《きのとい》の歳に、諸王以下初位以上の者に私兵を備え自衛することを許された。これがわが国における随身兵仗《ずいしんへいじょう》の濫觴《らんしょう》である。

かくされても人心はなお前朝を回慕《かいぼ》して更《かわ》るべき兆候もなく、八年庚申《こうしん》律令改訂の御詔旨《ごしょうし》もほとんど実行される見込みも立たず、朝廷はただ修礼儀飾を以て階級班序を立て、饗餮供施歌楽《きょうさんきょうしかがく》舞曲《ぶきょく》のうちに国民気習《きしゅう》を移すに努めしも、前朝の徳化に固成せられたる各国郡の自治郷邑は、依然として班田収授の遺制を改めないのみならず、朝廷においても大津皇子《おおつおうじ》のごときは切に変制の不可を論ぜられしという一説もあれば、当時における内外の情勢は決して単調に看過するわけにはゆかぬ。

かくして十二年甲申《きのえさる》の歳に大地震があって、土佐は水田五十余万頃《けい》が陥没し、伊豆は西北一面の地形変更し、海上には三百余丈もある山が飛び出し、人畜の死亡夥《おびただ》しく、引き続き飢饉《ききん》疫癘《えきれい》の流行となり、諸国州郡の惨害その極に至りしも、前朝の遺制を遵奉せし公同愛隣の成俗は各郷邑たがいに自救し、この大天災の後に善処したのであった。

それより二年、すなわち十四年丙戌《ひのえいぬ》九月に天皇には崩御せられ、皇后の御践祚《ごせんそ》となり、翌十月に大津皇子に死を賜わり、妃山辺皇女《やまべのおうじょ》には徒跣《はだし》のまま刑場に赴き殉死され、その近侍者は多く斬流《ざんりゅう》されたる悲惨極まる記録を留めておる。

ただ国史には新羅僧行心《ぎょうしん》の指嗾《しそう》により逆謀を抱かれおりしためと書いてあるが、ここには史家の大なる疑点を存するところである。もと大津皇子には、天武天皇の皇子にましませしも、御幼少の時より天智天皇の御愛撫深く、御生長に随い文武の道を修め、近江朝倒覆の後、律令変更のことに関し、独り前徳の承続を説き、班田制の維持を図られしため、衆望一身に集まりおりしが、天武天皇崩御後、直ちにこの皇子に死を賜わり、その近侍者ないし近江朝以来の諸名士がことごとく斥けられたるは、大いに疑いを挟まざるを得ざる一事である。別伝の一説に「天武天皇かつて律令を改めんと欲す、皇子痛く近江朝令の改廃すべからざるを論ず、権臣僧巫《けんしんそうふ》みなこれを畏れ、よって誣《し》ゆるに謀反《ぼうはん》を以てし、事ついにここに至る」とある。

持統《じとう》天皇御登極後は、仏教の勢力逐次に蔓延し事ごとに唐朝文物の摸倣に堕ち、しかも当時における唐朝は則天武后の代となり、内閧《ないげき》引き続き、その宗室はたがいに血を濺《そそ》ぎ合い、遼東三韓の諸鎮は漸次に力を失い、新羅は前王春秋法敏王の遺謀を守り、すでに三韓を匡合《きゅうごう》し、我に対する聘礼《へいれい》も大いに変じ、貢献調賦を省減し、政明《せいめい》法敏の後を承《う》け、理洪《りこう》の代に移りますます国政を燮理《しょうり》し、君臣心を一にして徳化大いに揚がり、巧みにわが庸属《ようぞく》時代より残存せし旧制を排却し、三韓の故地を挙げて自ら独立せしむることとなった。しかもわが国においては、ただただ旧例故格を墨守してしきりに庸属の聘礼を求めて、燮伐《しょうばつ》の威命なく、まったく国外通交の方針を失墜することとなった。

もとわが外海懐撫の御大業は、稲氷王《いなひのみこ》の大伽耶国に徳を植えさせられし神話に起こり、これを種徳懐遠《しゅとくかいえん》の鴻業《こうぎょう》と称し、決して他の国土を攻略することではない。いわゆる「神武不殺《じんむふさつ》以てその徳を敷き、正を養い、孝を申《の》べ、生民灑々《きき》として忠厚俗を成し、県邑《けんゆう》自然にして治まり、八隣ことごとくその化を仰ぐ」という自然の鴻化《こうか》が、国内より溢れて国外に及び、国外の地域にその大徳が植え付けられて、庸属ともなり帰順ともなる。垂仁朝に加羅（任那）が庸属を願い出でて、応神朝に百済が帰順を誓いしがごとき、みなその種徳の結果である。

しかもこれが後世となり、懐撫の恩徳もなく、膺懲《ようちょう》の威権もなく、ただ前代の敗典残例を提《ひっさ》げて国際抗礼《こうれい》の利器となせしは、実に愚の至りである。殊にかの新羅王法敏といい、理洪といい、学問才識一世に高き傑物である。巧みにこの間の情偽に省み、その折衝に善処し、使節の通聘に権度《けんど》あり緩厳《かんげん》あり、一抑一揚、わが朝廷を翻弄して、ついにその貢物はわずかに神饌に供するまでに省減し、三年一貢を約して、まったくわが国民の大陸発展を阻止することとなった。

第二節　大宝律令の準定

文武《もんむ》天皇は、天武天皇の皇子草壁王《くさかべおう》の嫡王にましまし、天武天皇の皇太孫《こうたいそん》として持統天皇の後を承け、御即位遊ばされ、藤原不比等《ふひと》の補佐を以て、その即位の六年すなわち大宝二年壬寅《みずのえとら》に大宝令十七巻を準定された。

初め天武朝において、変制の御詔命《ごしょうめい》があったが、この変制の御趣旨は、近江朝の大同自治の御《ご》聖謨《せいぼ》を廃して、新たに官治制度を樹《た》てさせらるる思召なりしがため、まったくその実施の見込みも立たず、ただその御政事は、仏寺僧侶の保護ないし人心の柔化に始終し、かつその間に大震災連年引き続き、大津皇子の大変事を生じ、飢饉疫癘等あらゆる問題起こり、ひいてこの時に及び、変制の御趣旨を、法制に実現さすることとなった。

しかし不比等は鎌足の遺子である。またその編纂に任ぜし諸家には、近江朝の遺臣もあり、かつ地方州郡の人民は、なお近江朝の恩沢を忘れない。したがってその田制戸制の変更は、まったく望み得られぬ実情であった。

ゆえに民制には多分に近江朝の遺制を存して、その大体を官治制となし、唐制を加減して律令を編成した。これがすなわち大宝令である。いまここに大宝律令と唐律令との大目を対出して諸家の参考に供せん。

○大宝律

一、名例
二、衛禁
三、職制
四、戸婚
五、厩車
六、擅興
七、賊盗
八、闘訟
九、詐偽
十、雑律
十一、捕亡
十二、断獄

○唐律

一、名例
二、衛禁
三、職制
四、戸婚
五、厩車
六、擅興
七、賊盗
八、闘訟
九、雑律
十、雑律
十一、捕亡
十二、断獄

○大宝令

一、官位

二、職員

わが朝において職員制の簡単なりしは、地方自治の成俗により政務の繁雑ならざりしを考うべし

三、後宮職員

四、東宮職員

五、家令職員

この一目は特に貴戚の家職を官職となせるものにして、官私紛錯の弊これより起これりという

六、神祇

七、僧尼

僧尼令中に僧綱を編し自部省において僧尼

○唐令

一、官位

二、三師三公台省職員

三、三事監職員

四、衛府職員

五、州県鎮戎岳読開津職員

六、内外命婦職員

七、東宮王府職員

八、祠

の非違を監督せしは、近江朝の遺制にして
唐令以上の整備と称すべきも、のちその撫
法の大旨を逸し、かえって僧侶の権威を国
法に保護することとなり、仏徒横暴時代を
現出せりという
八、戸
九、田
十、賦役
十一、学
十二、選叙
十三、継嗣
特に世職譜代のために設けし一目という
十四、考課
十五、禄
特に世禄のために設けし一目
十六、官衛
十七、軍防

九、戸
十、田
十一、賦役
十二、選挙
十三、考課
十四、官衛
十五、軍防

十八、儀制
十九、衣服
二十、営繕
廿一、公式
廿二、倉庫
廿三、厩牧
廿四、医疾
廿五、仮寧
廿六、喪葬
廿七、開市
廿八、捕亡
律に捕亡の目あり、さらに令に重ね出だせるは、寺院豪家の采邑《さいゆう》に捕亡の特権を与うるためなりしという、一考すべし
廿九、獄
三十、雑

十六、儀制
十七、鹵簿
十八、衣服
十九、営繕
二十、公式
廿一、倉庫
廿二、厩牧
廿三、医疾
廿四、喪葬
廿五、開市
廿六、獄官
廿七、雑令

かくしてわが大宝律令と唐律令とを対照すれば、その大体がまったく唐制の摸倣《もこう》に編纂せられしことが考えられ、かつ近江朝令の自然而治の成俗とその慣例を基礎とせしものと相異なれるを知らるる。

当時唐の文化は真に昌盛の極に達し、大宗時代の雄健なる気風はようやく変じて浮華に傾き、則天武后の代となり、官府の権威は次第々々に強圧的に変じ、辺境各処の藩鎮すこぶる不穏を加え、いわゆる武后の垂拱格頒布《すいこうかくはんぷ》とともに大いに律令の条文もかわり、一面には帝範臣軌《ていはんしんき》という書籍を弘布して官治組織を固め、宗室を弑《しい》し、名臣を殺し、武后自ら金輪聖神皇帝《きんりんせいしんこうてい》と称するまでになった。

その武后の長安元年がすなわち大宝二年に当たり、この年を以て大宝律令が発布され、ようやくにして天武天皇変制の御詔旨が成文上に具体化することとなった。これを後世の学者が、近江朝令の延長が大宝律令である等と云うのは、あまりに浅見であり、牽強である。

もと近江朝は大同の御聖詔《ごせいしょう》を根基として、わが古来の成俗たる自然而治を以て全天下の村邑《そんゆう》を調斉《ちょうせい》すべく組織され、春日朝は唐制を模擬して官府の権威を飾り、そのすべてを官治組織とせられたものである。この分明なる差別観は事ごとにその祭政のうえに現われ、大宝令頒布後の儀飾は、近江朝の質実惇厚なりしに似よりもせず、優美奢麗にかわり、引き続き天平の仏法昌盛、国朝爛朽《らんきゅう》時代に推し移った。

第三節　仏権昌盛の起因

大宝律令刪定の目的は、もとより官治を主眼としたものであった。たとい官治というも、決して民衆を誅圧する利器を作るものではない。どこどこまでも善良なる役人、どこどこまでも貞順なる人民を養い上げたいことはもちろんである。そこで近江朝の班田制度も、輿情《よじょう》の余儀なきまに急激なる改正を加えず、これを押し送り来たりしも、その大目的が近江朝の民衆が自ら治むるということを基調として施設せられし政治が、一変して官司により治めらるることとなり、したがって公私すべてのことが大いに儀飾的となり、司宰権がすこぶる強く、かつ僧侶の特権が民衆の均斉を破るようになってきた。由来政事が一定の指針を失い、是々非々となり、大勢順応となり、下りて政策に堕落すれば、その根本精神はいつの間にか消滅するものである。

大宝の唐制摸倣後の推移と、明治の欧州法摸倣後の推移を対観すれば、また自ずから符節を合するごとき感がある。仮に明治の地租改正を一例として見れば、その勅令には「民に労逸の弊なく賦に厚薄の偏なからしめよ」とあるが、当局者がこの叡旨《えいし》を奉じて刪定実施せし法規は、かえって競利的行為を助長し、逸者はますます逸し、労者はますます労し、削剝《さくはく》兼併は国民の常習となり、全然勅令の御趣旨を裏ぎり、ついに現今の農村困憊《こんぱい》を迎えた。

奈良朝においてもほとんど同様の推移をたどり、その宮殿寺院の壮麗、文物衣冠の盛観は、多数民衆負担の激増となり、富の不平均となり、地方州郡漸次に凋弊《ちょうへい》し、ついに人民の役死《えきし》引き続くまでになった。

文武天皇崩後、母皇元明《げんめい》天皇の践祚となり、続いて皇后元正《げんしょう》天皇の践祚となり、しかして聖武《しょうむ》天皇には文武天皇の皇子を以て御登極あらせられ、仏教昌盛の時代となった。もちろん仏教尊崇は天武朝以来の常例であったが、これが聖武朝に入り、天皇自ら仏号を受けさせられ三宝奴《さんぼうど》と称し給い、一国の御政道はまったく仏教のために施行せらるる有様となった。

当時仏教の流布は、東亜細亜《アジア》の全面にわたり、その講論の発達より、工芸美術の進歩は実に超妙を極め、したがってわが国においても学術精深なる比丘も出で、智略縦横なる沙弥も出で、寺院仏殿は国郡到るところに建立され、いずれも壮麗偉観を競い、かつその寺院はみな国費を以て建設せられ、しかもそれらの寺院は広大なる采地《さいち》を領し、采地内の住民は寺領民として駆使され、国内到るところにそれらの特権地域ができたのである。

三善清行の封事に「上は群公卿士《ぐんこうきょうし》より、下は諸国の黎民《れいみん》に至るまで、寺院を建つることなければ人数に列せず、ゆえに資産を傾尽して浮屠《ふと》を興造し、競うて田園を捨てて仏地となし、多く良民を買うて寺奴《じど》となす。これより以降、天平に至るに及びいよいよ以て尊重し、ついに田園を傾けて多く大寺を建つ。その堂宇の崇、仏像の大、工巧の妙、荘厳の奇、鬼神の製のごとく、人力の為すところにあらざるがごとし。しかして七道諸国に令して、国分二寺を建てしめ、造作の費、各々その国の正税を用ゆ。ここにおいて天下の費、十分にして五」とあるに見れば、当時の日本は、まったく仏権の国に一変せしことが窺わるる。

孝謙《こうけん》天皇には聖武天皇の皇女を以て禅を承けさせられ、恵美押勝《えみのおしかつ》の問題より廃太子事件、廃帝事件を経て、孝謙天皇御重祚《ごちょうそ》あって称徳《しょうとく》朝となり、寵僧道鏡《どうきょう》の陰謀となり、わが国史に言うも忍びざる醜跡を印し、わずかに和気清麿《わけのきよまろ》等の忠誠によりわが国命を支持したが、称徳天皇の崩御により天武天皇の御血統は断絶し、光仁《こうにん》天皇には天智天皇の曽孫を以て大統を承けさせられた。後世これを復統と称するのは、いわゆる社稷《しゃしょく》継体の御大統が、天智天皇の御正胤《ごせいいん》に復帰せしことを、あやかり奉る意味である。

天武天皇の御登極より称徳天皇の崩御まで実に九十七年、この間における仏教勢力の拡充は実に永久に牢乎《ろうこ》たる基礎を固め、その裏面に国民のすべてがあらゆる犠牲を払いしことは、実に想像も及ばぬ凄惨なものであった。しかし、これに伴う文化もまた相当と認めらるる。いわゆる天平の工芸美術が後世に称揚され、一部の論者はこれを以てわが国の誇りとしているほどである。

すなわちかくのごとき誅求制圧のもとに地方各処に空村を生じ、役死、餓屍《がし》道路に充つるまでの代償を払い買い得たるところの天平文化のそれが、ただに仏法昌盛の賜《たまもの》であるとのみ見るのも、あるいは妥当ではあるまい。むしろこれらの大陸文化は、仏法なしといえども、大勢の移るところであれば、相当に漸入《ぜんにゅう》するものと見ねばならぬ。しかもこの天平の文化が極めて模擬的であり、かつ甚だしく儀飾的であり、甚だしく貴族的に優美化せしのみで、一般的に弘布せざりしは何ゆえであろう。

要するにこれらの機要点を考覈《こうかく》するとなれば、まずその時代の国際通交の事情も了解せねばならぬ。学術宗教の実相も了解せねばならぬ。決して百頁二百頁の小冊子に書き釈《と》かるるものではないが、しばらくここに取り掬《つま》んで、その談柄《だんぺい》を掲げおくことにしよう。

第四節　旧仏教と新仏教

唐太宗の貞観元年はわが推古朝三十五年に当たり、聖徳太子の薨後《こうご》七年目、国内は大飢饉を以て餓屍巷《ちまた》に充ちし時である。それに蘇我馬子すでに死し、その子蝦夷朝に立ち、仏法隆興の美名を冠《かむ》りあらゆる凶威を揮《ふる》い専暴を極め、大慈大悲の大法は影だもなく、入鹿となっては弑虐《しいぎゃく》を事ともせざるまでになった。

この間において唐太宗は支那大陸を一匡《いっきょう》し、その国内文治の大是を樹て、進んで遼陽総管府を開き、名将軍利世勣《りせいせき》を挙げて、東方経営の方略を管掌さすることとなり、実に堂々たる歩調を正し、新羅百済に臨んできた。「李公《りこう》人才を遺さず、燮理嘉謀中《あた》らざるところなし、箕域《きいき》をしてその郡治を置き、漢武の故業を復するものまたまさに遠きにあらざるべし」と謂《い》えるは、実にその時の勢いであった。

しかもわが朝にあっては、新羅の懐撫を誤り、百済の統制を紊《みだ》し、大陸通交の津門《しんもん》たる任那はほとんど収拾されぬまでになり、外事の危殆と内国の困迫と併せ到り大国難に直面し、ついに入鹿誅伐の一大事変を起こされたものである。

そこで、ここに一つ考慮せねばならぬことは、仏教なる釈迦の教えではない、当時蘇我氏の権勢に付随せしところの僧侶仏徒どもの動きである。初め高句麗仏教の起こりしより、僧道林が百済の蓋鹵王《がいろ》を誑《たぶら》かし、大いに仏殿寺院の土木を起こし、強いて国力を疲弊せしめ、その虚に乗じてこれを伐《う》ち、その疆土《きょうど》を占略し、百済の南遷となり、その仏教勢力は新羅に入り、わが国に及び、欽明朝の仏像経論の貢献となり、さらに推古朝に至り、仏法隆興の国是を定められしまでの沿革は、前章においてあらまし講述しおいたが、その僧侶仏徒等の行動はどんなものであったか、もちろん釈迦の教旨にも添わざるあらゆる権力抗争と財利欲に始終したものなりしは疑うべくもない。かつそれらの講論は、いたずらに無量功徳を不可思議動作に顕わす、冥福冥利の祈禳《きじょう》以外は何の教えもなかったようである。

「ゆえに仏法の三韓に入るや、従前の巫覡左世《ふげきさせい》の徒、その剪落俗《せんらくぞく》に殊《こと》なり、三衣様《さま》を異《こと》にするを喜び争うてこれに帰し、その貌を仏にしその術を巫にし、種々の名目を仮り、種々の荘厳を作《な》し、諸々の淫女寡女処女《いんじょかじょしょじょ》を招集す、履舄交錯《りせきこうさく》、僧尼《そうに》分かたず笑語択《しょうごえら》ぶなく、甚だしきは閨房《けいぼう》に交通し僧俗相接し、密坐低語《みつざていご》、瓜《うり》を剪《き》り醜《しゅう》を流し、仏法を破壊し、世法を破壊す、これみな制なきの致すところなり」とは、当時の実相を写せる古文献である。

いま、これらの考査を推して、史蹟の順序に参較するときは、釈迦教の本旨と仏徒の功利的動きは、決してこれを同一視すべきものではない。当時仏教の伝播は亜細亜全局にわたり、いかなる力もこれを防ぐことはできなかったことは、いま我輩の架説《じょせつ》を用いぬが、その教旨を滅却せる僧侶仏徒の勢力、勢力に伴うところの弊害は、大陸諸国においても先覚者の大いに頭脳を痛めし一事である。

すなわちその大なる現われは、山西学者の唱道せし「いやしくも国に制ありて、その利を通じ、その害を塞がば、万法いずれか益なかるべけんや、詩書盛んにして秦世の滅びしは、仲尼《ちゅうじ》の罪にあらざるなり、玄虚《げんきょ》長じて晋室の乱れしは、老荘の罪にあらざるなり、斎戒修りて梁国の亡びしは、釈迦の罪にあらざるなり」。この義を精考熟慮して、釈迦教の本旨を探究修行せしむるために、天竺《てんじく》の玄奘《げんそう》法師を招聘したのが、実に唐太宗である。その弊害の甚深にして酷虐なるを知り、詳らかにこれが真諦《しんたい》を握り、正教を披《ひら》いて、陰害《いんがい》を未前に拒《ふせ》ぐべき国制を正し給いしが、すなわちわが中大兄皇子すなわち天智天皇であった。

玄奘法師の入唐によりよく仏説が闡明《せんめい》され、これより仏説の真諦がその教えの上に新光輝を発することとなり、従来の北方に伝播せし仏教すなわち冥利冥福の惑いのうちに彷徨せる高句麗百済新羅、ないしわが国の蘇我氏により弘布されたところの仏教は、ほとんど別物のようなものとなったが、しかしこれが一たび人心に浸蝕して習慣となり、一種の勢力を起こせし結果は、いかなる弾圧も駑御《どぎょ》も及ぶべきものではない。

よって大化朝廷においては、一国一寺の制を立て、僧尼の濫行《らんぎょう》を戒飾《かいしょく》され、ついに玄奘法師の教えを受けたる僧道昭《どうしょう》を認め、ついで中臣鎌足の子定慧《じょうえ》を道昭に付して唐に留学せしむることとなった。当時人臣の最高位置にありし鎌足の子、わずかに十四、五歳の者を思いきりて唐に留学させるということは、人情上より見ても、実に容易な問題ではない。かくまでして仏教の本旨を明らかにし、世道人心を改めたいというのが、摂政皇太子《せっしょうこうたいし》たる中大兄皇子の宸慮《しんりょ》であり、廟堂《びょうどう》諸公の燃ゆるがごとき精神であった。

第五節　正教の微淪と儀飾的公典

道昭定慧等の諸高僧により洗練研磨されたる仏説が、天武朝以降に至り逐次に宣布され、したがってその講論も学術的となり、修行の順序も相当に進みしが、時尚《じしょう》の風潮はとかく卑隰《ひしつ》に就きやすく、天平の淫奢時代となったのである。

ただこれら諸高僧の賜を以て、そのなかに一点の真光を繋ぎ、淫仏妖僧《いんぶつようそう》の心肝《しんかん》を照破《しょうは》し来たりたるは、光仁朝に至り、近江朝の遺謨《いぼ》を復し「如聞輜徒《にょもんしと》の行事俗に別たず、慈教に違《たが》い国憲を犯す者あり、みな僧綱に率《したが》いこれを正すべし」との詔を発せらるるに至りし因由《いんゆう》である。

この僧綱とは、推古朝に始まり近江朝に至り、各宗の宗律宗規を徴し、これによりその監視をなすの例を開き、各宗各派みな自家の教律により、その操行を固めしむるの恒典である。すなわちこの僧綱の微妙なる運用により、兎にも角にも、徳川季世《きせい》までは甚だしき陰害を起さないで国民風俗を維持し得たのであるが、明治以降は肉食妻帯勝手次第となり、俗と別なき坊主が無税の寺院に釈迦の道を説くようになった。

阿曾麿《あそまろ》が諂曲不霊《てんきょくふれい》の神託にかこつけて道鏡問題を起こし、和気清麿の精忠により危運を回《か》えし、光仁天皇には天智天皇の御血胤《ごけついん》を以て大統を継がせられ、官治仏権の御政事は再び近江朝制に復することとなり、桓武《かんむ》天皇の御嗣立《ごしりつ》となり「民はこれ国の本なり、本固ければ国寧《やす》し云々――広く林野を占めて、蒼生の便要を奪い、あるいは多く田園を営み、黔黎《こくれい》の産業を妨ぐ、百姓凋弊せるは、職として、これにこれよる、宜しく禁制を加えて、貪濁《どんだく》を懲戒すべし云々」等々、旧来における民物の兼併独占の弊害を厳戒され、しかるのち平安遷都の御決行があった。

由来都市に一国の弊涜《へいどく》が宿積するのは、東西古今の歴史に證明され、殊に社寺仏院の吸引力が地方民力を枯渇さすることは、げに恐るべき結果を招くものである。天平時代の仏権政治の帰結として地方郡邑《ぐんゆう》を絞り竭《つく》し、ついに道鏡問題を起こすまでになったのも、見ようによってはあるいは当然の結果ともなる。

すなわちここに一活眼を開き天智天皇の近江御遷都の決行を審考して、この平安御遷都の聖旨《せいし》に及び、しかして道鏡問題に大功を樹てたる和気清麿が、民政に通暁し、二十余巻の著書までもあったことに想到すれば、この間の機事は何人にも想像できるであろう。

清麿が大命を奉じ、宇佐八幡の神勅を請いしことは普通青史に特記するところであるが、この人が民政の大家として、光仁桓武二朝に重く登用され、その子孫同族中に学術徳行古今に秀でたる大家を出だし、文教に偉勳あることは、学者間に深く討究されておらぬ。予は他日を待ちその概要を述べ諸君に紹介することとしよう。

これより平城《へいぜい》朝四年しかして嵯峨《さが》天皇の御代となり、延暦の御詔旨に法《のっと》られ、農地兼併の禁令を下し、かつ譜代世官を廃し才能を登用するの聖旨を宣布されしが、大納言藤原園人《そのんど》の阻止するところとなり、綸言《りんげん》ついに民に達せず、これより藤原氏の威令は諸大寺院の権勢と一国を掩圧《えんあつ》し、官民の差隔さらに甚だしきを致し、弘仁四年には、ついに疾病の奴婢《ぬひ》を道傍に棄つることを禁ずとの禁令を見るまでになった。奴婢を棄つる者がなければ、もとより禁令の必要はあるまい。実に凄いことではないか。

しかしなお公典一線の遺緒を存し、この際に近江朝の遺制により、弘仁格の準定があり、それより淳和仁明《じゅんなにんみょう》二朝を過ぎ、貞観式が删定され、さらに清和《せいわ》、陽成《ようぜい》、光孝《こうこう》、宇田《うだ》四朝を閲《けみ》して醍醐《だいご》朝に及び、延喜式が修定されたのである。このおよそ一百年の間は天下万衆ことごとく官僚仏教に虚勢され、大体無事平穏に過ぎたようにも見ゆるが、庶民の幸福とその進歩向上の気魄はすこぶる銷尽《しょうじん》し、すべての文化は貴族僧侶に独占され、また前代近江朝の影だに認められなくなり、覚えず知らずの間に、皇朝式微《こうちょうしきび》の禍因《かいん》が胚胎してきた。

その文物典章の優美、その儀飾冠帯の雅麗、廟堂の班序より祭例の薦羞《せんしゅう》に至るまで、すでに式としてはほとんど間然するところなきまでにはなったが、真の心に発して容儀に顕わるる偽りなき本念の流露が、いつともなしに手薄になってきたところに、大なる平安朝の弱点が認めらるるのである。

学者多く延喜天暦の時代を以て太平の模範とするが、それは朝廷の儀観に眩瞑《げんめい》せる一種の妄見ではあるまいか。何となれば、この時すでに地方国郡に不穏の萌《きざし》が見え、延喜中には安芸守藤原思行《しこう》が忿民《ふんみん》に殺され、処々に乱民が蜂起してきたのである。決して貴族僧侶官吏富豪の繁栄のみでは、永く天下の大平は保たれない。

惟神《かんながら》なる名詞は、大化頃より見ゆるかと思う。後世惟神道《かんながらのみち》と称し、何か一定則の例式教規でもあったように説く人もあるが、いまだ何らの具体的型範を示されてない。予はわが古代成俗の偽りなき真性そのままを尊重して、相互の規矩準縄《きくじゅんじょう》となせしことが、いわゆる惟神と称せしものではあるまいかと思う。後世の祝人《はふり》どもがこれを撮《と》えて、儀飾的に造り立てたところの祭典様式などは、もとよりわが古俗そのままの純美なるものではないかと考うる。

当時は仏法昌盛の時代にして、その華厳《けごん》飾りが様式を変じたものとせる史説に随えば、いわゆるかの神道と称するその儀型は、天竺偶像を飾らざる仏教徒というも差支えはなかろう。これらのものは行基空海《ぎょうきくうかい》の両部説、役小角《えんのおづぬ》の修験道等と、天平頃より延喜頃に至るその間に混成拈造《こんせいねんぞう》され、大いに発展してそれに寄食する祝人僧侶の城郭を築くようになったものではあるまいか。

しかもそれらの者が、社会の高級位置におり、またその学問智識卓抜な人も少なくないのみならず、文化の上に相当の効験もあったであろうが、本を棄てて末に走り、時尚の囚われを超越しきれぬ通弊は、ついに社会を昏乱《こんらん》に導く結果となって、甚だしき上下貴賤の離乖を招き、皇朝の式微と国郡の民乱を招致するようになった。

第六節　成俗の本念ついに滅尽せず

わが天平時代は、唐の玄宗が則天武后以来の内紛を一掃し、皇后韋氏《いし》に死をすすめ、珠玉錦繍《しゅぎょくきんしゅう》を焚《や》き、奢侈を禁じて国内を一匡し、またおのれ自らも楊貴妃を寵して楊忠国《ようちゅうこく》を右丞相《うじょうしょう》となし、安禄山《あんろくざん》の乱を招致した時にして、これより唐は藩鎮の組織を破り、新羅は金春秋、法敏の遺謀によりまったく唐の羈絆《きはん》を脱し、わが国に対しても事ごとに抗礼を保つに至り、そこに高麗の遺民はいまの吉林《きちりん》地方を中心として渤海国を建造し、わが国は仏殿寺院の興造に民力を枯らし尽くし、しばしば起こりし国辱問題にも手も足も出されず、すべて有耶無耶《うやむや》に葬り、ただ、その唐朝の文華《ぶんか》に憧れるまでであった。

なるほど当時における唐の文化は実に世界無比であったろう。しかもその初唐の文化が玄宗の貞観に至り成熟したことも相違ない事実である。たとえ李氏の朝廷がいかに紛糾しておったにせよ、一般社会の文化的発達はこれを無視することはできぬ。わが国がそれに憧れそれを迎え入ることは当たり前であるが、唐におけるその文化の成熟がすでに爛朽期を迎えおることに気付かず、ただ、その皮相を模擬摸倣したのが平安朝文化の通弊であった。いま、これを明治の欧州摸倣に考え合わすれば、また思い半ばに過ぎる。

これより唐は漸次にその文化の爛朽とともに頽壊《たいかい》し、新羅も衰運に入り、わが国は貴族仏院の荘園極点まで拡大され、民地を兼併し尽くして、庄司目代《しょうじもくだい》の驕暴、すなわちその富力の脅威は、地方州郡庶民の甚だしき困窮となり、ために民乱を忽起せしめ、ついに租貢の輸納不可能となり、中央たる京都の窘迫《きんぱく》を招致し、貴戚公卿はわずかに源平二氏の武力を頼みに一時の苟安《こうあん》を図り、諸大寺院は競うて僧兵を蓄えたがいに自ら守り、さらに変じて源平二氏の勢力抗争となり、藤原氏摂関の威信もまた衰頽するに至り、その民政まったく紊れて皇朝の典制は、ただ一線の微をつなぐまでとなった。

初め文徳《もんとく》朝仁寿中、唐は衰運すでに迫り、新羅もまた大いに乱れ、渤海国も自ら支え得ざる状態となり、わが国は通聘使節の差遣を停止され、いくばくもなく菅原道真遣唐使に任ぜられしも、道真は上書してその不可を論じ、これよりわが国使の大陸差遣は休止され、爾来《じらい》明治復古の時に至るまで正式の国際通聘なく、わが国は一種の鎖鑰《さやく》中に孤立することとなった。よってわが前修はこれを絶隣時代と称し、ここに国史に一段落を画《かぎ》るのである。

しかして唐は衰滅して五代の乱となり、しかして趙宋これを一匡し、高麗は新羅を倒してこれに代り、わが国は藤原氏の極盛、まったく民事を省みず、関白道長の艶奢《えんしゃ》を絶頂となり、後三条《ごさんじょう》天皇の復古新政の宸衷《しんちゅう》も伸ぶるにいとまなく崩ぜられ、大江匡房《まさふさ》がその累代の学術もついに実行に入らず、わずかにその教えを承けたる源義家の東国靖撫《せいぶ》、その自強自治の方策を以てわずかに尚俗を支持し、他日幕政創開の基礎を造り、しかして朝廷は院政を以て藤原氏の権威を払い、保元平治の乱を機として、平氏の専権、清盛の擅恣《せんし》に、まったくわが伝統ある政情を一変せしは、これわが朝野上下公同の大典を失却せし結果と考えらるる。

しかれどもそのついに渝《かわ》ることなきものは、大衆の自然而治を愛する、遠祖以来の成俗である。いかにこれを脅威するも、いかにこれを迫害するも、いかにこれを削褫《さくだつ》するも、いかにこれを柔化するもその極ついに耐ゆべからざるに至れば、必ず死生を忘れて立ち、いかに強力なる威令も、これに加う能わざるは、実にわが古今を一貫せる政理の真諦である。

ゆえに鎌倉幕府の創開となり、匡房の曽孫たる大江広元がその祖宗歴代の考究を以て、延喜の碩学三善清行の後裔たる康行等とともに変則的ながら公同の政理を実行し、よく政積を挙げたるは、明らかにわが成俗の根基を知るに足る確證である。

しかして政理の準拠を失却せし建武中興がその成立に至らずして室町幕府に移り、その不統制なる政事がついに戦国時代を招致せしも、地方郡邑は各々民衆の自ら治むるに随って治むるの風を成し、大小諸侯封土内の民政が、戦国なるにかかわらず、意外に整頓せし地方多かりしごときも、わが成俗の基礎のいかに鞏固《きょうこ》なりしかを考え得らる一證である。

続いて江戸幕府において殊に甚だしき独制《どくせい》官治式政策を取り、併せて民衆の柔化政策に腐心せしにもかかわらず、諸侯封土内の民政、そのある一部において、よく古成俗を持続し、安政慶応のときに及び、大政復古の気運を披きたるは、またこれ明らかにわが成俗の潜在本念一時に発煥《はっかん》し、君民上下一致して王政維新の一大偉業を達成したものである。

鎌倉、室町、江戸三幕政のわが公同制典に対する講究は、本論に直接なる関係薄く、かつこれが大要を述ぶるも、事多く根幹に倚《よ》らざるを以て、その大体大要を後篇の論証に挿入し、これを継続的に講述せず、その詳細なる考左は、後日を以て発表することとせり。請う、読者これを諒せよ。

第六章

第一節　君民共治の御体継

明治天皇御即位式の宣命《せんめい》は、天統御体継の誓明にして、最も大切なる御典礼たることは、いまことさらに説明を要せざることにして、幕政永年の間、御歴代あらゆる御苦衷を重ねさせられ、孝明《こうめい》天皇に至り、御祥運ようやく闢《ひら》けしも、不幸にして早く崩御あらせられ、明治天皇の御践祚《ごせんそ》となり、王政復古を仰せ出だされ、翌慶応四年八月二十七日、御即位式を行わせられ、この宣命が発布されたものである。

現神《アキツミカミ》止《ト》大八洲国《オホヤシマクニ》所知《シロシメ》須《ス》

天皇《スメラ》我《カ》詔旨《ミコト》良万《ラマ》止《ト》宣布《ノタマフ》勅命《オホミコト》乎《ヲ》親王《ミコタチ》諸臣《オミタチ》百官人等《モモノツカサヒトタチ》天下公民《アメノシタオホミタカラ》衆聞食《モロモロキコシメセ》止《ト》宣布《ノタマフ》」掛畏《カケマクモカシコキ》伎平安宮《タヒラノミヤ》爾《ニ》御宇《アメノシタシロシメ》須《ス》倭根子天皇《ヤマトネコノスメラ》我《カ》宣布《ノタマフ》此天日嗣高座《コノアマツヒツキタカミクラ》乃《ノ》業《ワザ》乎《ヲ》掛畏《カケマクモカシコ》伎《キ》近江乃大津乃宮《アフミノオホツノミヤ》爾《ニ》御宇《アメノシタシロシメシ》志天皇《スメラ》乃《ノ》初賜《ハジメタマ》比《ヒ》定賜倍留《サダメタマヘル》法《ノリ》随爾《ノママニ》仕奉《ツカヘマツレ》止《ト》仰賜比《オホセタマヒ》授賜比《サヅケタマヒ》恐《カシコ》美《ミ》受賜倍留《ウケタマヘル》御代御代《ミヨミヨ》乃《ノ》御定《オサダメ》有《アル》可上《カウヘ》爾《ニ》方今《イマ》天下《アメノシタ》乃《ノ》大政《オホマツリゴト》古《イニシヘ》爾《ニ》復《カヘ》志賜比弖《シタマヒテ》橿原乃宮《カシハラノミヤ》爾《ニ》御宇《アメノシタシロシメシ》志天皇御創業《スメラミコトミワザハジメ》乃《ノ》古《イニシヘ》爾《ニ》基《モトヅキ》伎大御世《オホミヨ》袁《ヲ》彌益々《イヤマスマス》爾《ニ》吉《ヨ》伎《キ》御代《ミヨ》止《ト》固成賜比弖《カタメナシタマヒテ》其《ソノ》大御位《オホミクラヰ》爾《ニ》即世賜比弖《ツカセタマヒテ》進《ススム》毛《モ》不知《シラ》爾《ニ》退《シリゾク》毛《モ》不知《シラ》爾《ニ》恐《カシコ》美《ミ》坐《マ》佐久《サク》止《ト》宣布《ノタマフ》大命《オホミコト》乎《ヲ》衆聞食《モロモロキコシメセ》止《ト》宣布《ノタマフ》」然《シカル》爾《ニ》天下《アメノシタ》治賜倍留《オサメタマヘル》君《キミ》波《ハ》良弼《ヨキタスケ》乎《ヲ》得《エ》弖《テ》平《タイラケ》久《ク》安《ヤスラケ》久《ク》治賜布《オサメタマフ》物《モノ》爾《ニ》在止奈牟《アリトナム》所聞《キコシメシ》爰《ココニ》朕《チン》雖《イヘドモ》二浅劣《イヤシト》一親王諸臣等《ミコタチオミタチラ》乃《ノ》相穴奈比《アヒアナナヒ》

扶奉《タスケマツラ》牟《ム》事爾《コトニ》依《ヨリ》弖《テ》仰賜《オホセタマ》比《ヒ》授賜《サヅケタマ》倍《ヘ》留《ル》食国《ヲスクニ》乃《ノ》天下《アメノシタ》乃《ノ》政《マツリゴト》波《ハ》平《タイラケ》久《ク》安《ヤスラケ》久《ク》仕奉《ツカヘマツル》倍《ヘ》志《シ》止《ト》所念行《オモホシメ》須《ス》是以《ココヲモテ》彌《イヨイヨ》抱《イダキ》二正直《マスク》乃《ノ》心《ココロ》一弖《テ》　天皇《スメラ》我《カ》朝廷《ミカド》乎《ヲ》衆《モロモロ》助仕奉《タスケツカヘマツレ》止《ト》宣《ノタマフ》　天皇《スメラ》我《カ》勅命《オホミコト》乎《ヲ》衆《モロモロ》聞食《キコシメセ》止《ト》宣《ノル》

由来藤原氏の外戚摂関独制《どくせい》の時代より、幕府政治の武力専権時代のその間においても、まったく善政なしとも限らないが、そのいずれも政理の基礎たる公同の大典を没却し、いたずらに貴賤上下の差隔を設け来たりしものが、王政復古の御大業により、ここに君民共治を以て、新制創定の標準を樹《た》て、大廓清《だいかくせい》の端緒を開かせらるることとなった。

かの有名なる国典学者の福羽美静《ふくばびせい》翁などは、当時の機務に参画せられたのであるが、翁と予が先人（名は直《ちょく》、松門《しょうもん》と号す）とは特別の交際ありしため、この宣命が近江朝廷すなわち天智天皇の御遺謨《ごいぼ》に法《のっと》らせ給い、しかもその御聖旨《ごせいし》が橿原《かしはら》朝廷御創開の御制謨《ごせいぼ》に一貫し、わが日本国体の基礎、確かにここに在りというのであったことを、ひと通り聞かされているわけである。

もとかの大化廓清の御大業は、上皇《かみ》権の微淪《びりん》を更張され、下《しも》万民の愁苦《しゅうく》を払除され、肇国《ちょうこく》の御制謨に遵由《じゅんゆ》して、公同共治の政理を宣昭させられたるものにして、その御鴻烈《ごこうれつ》御偉業が中宗皇帝《ちゅうそうこうてい》の尊称を上《たてまつ》れるわけである。しかしながら、後世の学者、往々にしてその厳正高名なる典範の紹続を推究することを忘れ、妄りに利害上より私説を立て、かえって国体を曲解するは、実に不謹慎の至りである。

第二節　近江朝制御遵由の宣旨

御即位宣命文の前段において、明らかに近江朝制御遵由の叡旨《えいし》が掲げられておる。いまこれを時文に訓訳すれば、

掛《かけ》まくも畏《かしこ》き。平安宮《たいらのみや》に御宇《あめのした》しろしめす。倭根子天皇《やまとねこのすめらみこと》は宣《のたま》う。この天日嗣高座《あまつひつぎのたかみくら》の業を。掛まくも畏き。近江の大津の宮に。御宇《あめのした》しろしめしし天皇の。初め賜い定め賜える法のままに仕えまつれと。仰せ賜い授け賜い。恐《かしこ》み受け賜える御代御代《みよみよ》の御定めあるがうえに。方今《いま》天下《あめのした》の大政《おおまつりごと》古《いにしえ》に復し賜いて。橿原の宮に御宇しろしめしし天皇の御創業《みわざはじめ》の古に基づき。大御世を彌《いや》益々に吉《よ》き御代と固め成し賜わん。大御位《おおみくらい》に即かせ賜いて。進むも知《し》らに退くも知らに。恐み坐《ま》さくと宣う大命《おおみことのり》を、衆《もろもろ》聞食《きこしめ》せと宣う。

この御宣命の大要は、「朕《ちん》天統を承《う》け、ここに平安宮《へいあんぐう》において即位の大礼を行い、親王、諸臣、百官および天下の公民大衆に宣命す。そもそもこの天日嗣高座の業、すなわち天統の御体継を以て天下をしろしめすところの御大業は、畏れ多くも近江の大津の宮に御して、御廓清の大謨《たいぼ》を樹てさせられたる天智天皇の初め賜い、定め賜える御大法のままに仕え奉れと仰せ賜い授け賜い、

そを謹み恐こみ受け襲《つ》ぎ賜える、御代御代の御定めあるが上に、いま天下の大政を古に復し賜う思召により、わが建国の初め、橿原の宮に御鎮御あらせられたる神武天皇御創業の古の御典謨《ごてんぼ》に基づき、彌益々に大御世をよき御世と固め成し賜わんと、大御位に即かせ賜いしその御大命を、天下の大衆に宣命す」というにある。

謹んで按《あん》ずるに、中大兄皇子すなわち天智天皇には、蘇我氏驕虐の時代に御成長遊ばされ、当代の碩学南淵《なんえん》の教えを受け給い、学問知徳千古に秀でられたる皇子であった。しかも蘇我氏は馬子より入鹿、蝦夷の代となり、弑虐《しいぎゃく》を恣《ほしいまま》にし、ついに聖徳太子の嫡王たる山背王《やましろおう》御一家を滅ぼし、その御血胤《ごけついん》を殫《つく》し、内政の紊乱《びんらん》と国民の困弊はその極に到り、しかも大陸は隋の滅亡後、李唐新たに興り、三韓の情勢は刻々に危殆に瀕し、わが三韓の権域も極度までに押し蹙《ちぢめ》られてきた。この天下の危勢を見て、入鹿誅伐の非常手段を決行されたのが、いわゆる大化廓清のお手始めである。

入鹿の誅伐は、皇極朝乙巳《きのとみ》の歳六月十二日に決行され、大化建元の詔《みことのり》を発せられ、皇極天皇の御践祚となり、中大兄皇子には摂政皇太子《せっしょうこうたいし》として万機を摂行《せっこう》せられ、新政の御宣布があった。この間わずかに七日、変革の際に当たり、かくのごとき神速なる配置は、東西古今かつて見ざるところである。

しかしてその新政御宣布の大詔《たいしょう》は、「まさに上古《じょうこ》聖王の跡に遵《したが》い、以て天下を治むべし、また宜しく天下に信あるべし」というにあれば、天統御体継の公典を復し、肇国《ちょうこく》の御典謨に遵依《じゅんえ》され、政《まつりごと》に信あらしむる聖旨であることは、一点の疑義を容《い》るる余地はない。

すなわちこれを明治天皇の御宣命に「大津の宮に御宇しろしめしし天皇の、初め賜ひ定め賜ひし、法のままに仕へ奉れ」とありて、橿原御創業の古代を忍ばせらるる思召に参照し奉れば、わが国千古画一の公典実にここに存することが瞭《あき》らかである。

すなわちその橿原朝御創開の始めにおいて、霊畤《ひもろぎ》を立て、神祇《あめつちのかみ》を祀らせられ「いやしくも民を利することあらば、何ぞ聖造《せいぞう》を妨げん」との御誓旨《ごせいし》を宣布させられ賜いしより、崇神天皇の日本武尊の御嫡胤《ごちゃくいん》としての御登祚《ごとうそ》、応神天皇の胎中皇胤《たいちゅうこういん》としての御冊立、雄略天皇の廓清的御偉業による御登祚、顕《ママ》仁天皇の皇系としての御継承、継体天皇の天統の正位に復し賜える御体継等々、それぞれの異同につき、静かにこれを考察するときは、何も事々しく例證を引くまでもない。ただ御宇しろしめす大御心の御体継にあるのみである。

すなわちその御宇しろしめす御体継ということは、天の化育すなわち自然の化育を助けすすめ賜うことをその御身体に承け継ぎ賜うことを天業と称し奉るのである。

第三節　聖造の公典は衆助にあり

しかるに天下《あめのした》治め賜える君は、良弼《よきたすけ》を得て平《たいら》けく安《やす》らけく治め賜うものにありとなん聞しめす。ここに朕浅劣《いやし》といえども、親王諸臣等の、相穴《あいあな》い扶《たす》けまつらんことによりて、仰せ賜い授け賜える食国《おすくに》の天下の政は、平けく安けく仕えまつるべしと念《おも》おしめす。これを以ていよいよ正直《ますぐ》の心を抱きて、天皇《すめら》が朝廷《みかど》を衆《もろもろ》助け仕えまつれと宣う天皇が勅命《みことのり》を衆聞食《きこしめせ》と宣《のる》。

これは宣命文の後段である。その「天下治め賜える君は、良弼を得て平けく安けく治め賜うものにありとなん聞しめす」とあり。また「親王諸臣等の、相穴い扶けまつらんことにより」とあり。

しかも特に措辞《そじ》を強め「食国の天下の政」なる一句を掲げ、食国すなわちこの国土に住居し、国土に衣食せる、天下の衆庶万姓《しゅうしょばんせい》を治め、自然の漸化《ぜんか》を助け誘《すす》め賜うところの天業は衆庶万姓「いよいよ正直の心を抱き、天皇が朝廷を衆（衆庶万姓）助け仕えまつれ」と、宣命せられたのは、これ明らかに大化二年、天智天皇の御摂政当時に煥発《かんぱつ》せられたる「それ天地《あめつち》の間に君となり、万民を宰《つかさど》る者は、独制すべからず、すべからく補翼《ほよく》を仮《か》るべし。これを以てわが皇祖は、卿等《けいら》が祖考《そこう》と共治す。朕もまた神明の保佑《ほゆう》に頼り、卿等と共治せんと欲す」とある御聖旨の承継たることは、前段において「近江の宮の御宇しろしめしし天皇の法のままに仕へまつれと、仰せ賜い授け賜い、受け賜える、御代御代の御定め」との一説を掲げて、特に大化廓清の御偉業に遵拠《じゅんきょ》せられたることを明確に宣示させられた聖旨である。

かつまた、この君民共治の御制謨は、決して大化廓清の結果として創始されしものと見るべきものではない。橿原朝の当初においても、すでに前例に遵由せられ、爾来《じらい》列聖各朝、みなその成俗の漸運《ぜんうん》進化に遵い、それぞれの儀制を正されたものである。いわゆる「その本を正しその儀を啓《ひら》く」とはこれである。

しかるにこの君民共治の政理を基調とするときは、その司宰権力が独制、威令、専断、強圧に拠らずして、すべてこれを相互の理解調和に置くこととなる。この点が官治《かんぢ》制度と、その政理に一致点なきゆえんである。

もちろんこの共治なる用語が始めて公制に掲げられたるは大化の時であるが、共治の公例は国初以来の政基をなせるもので、この宣命文の前段に掲げられてある「恐み受け賜える御代御代の御定め」とあるに見ても、いささかの疑義も加うべき筋はない。

しかるに明治天皇の御代を隔つる、わずかに二十一年の今日、朝野の耳目に上《のぼ》れる学者先生にして、憚りもなく、官治制度を強調して、大化制すなわち天智天皇の御遺謨にして明治天皇復古御大業の御軌準点を誹議《ひぎ》する者あるは、実に非礼の限り、暴状の限りと謂《い》わざるを得ない。

第四節　公同共治大典の承続

由来俗説邪論の紛起は、本末古今のわきまえなく、ただ眼前の利害に惑うところより起こるものなれば、取り掬《つま》みわが公同共治大典承続の大要を掲げて、反省を促すこととしよう。

神武天皇には橿原朝御開始のときに霊峙を鳥見山に立て、皇祖天神を祀られ、「いやしくも民を利することあらば、何ぞ聖造を妨げん」と宣せられ、皇祖の神詔《しんしょう》「五穀は人民《おおひとくさ》の食って活くべきものなり」との旨を昭《あき》らかにし給い、天皇御親《おんみずか》ら神前に誓い、大衆に誥《つげ》させられた。後世これを御誓誥《ごせいこう》と称するのは味わうべきである。

崇神天皇には前朝以来庶政御振作《ごしんさ》の結果、旧来の佃猟耕牧《でんりょうこうぼく》の民業は逐次に耕農に変ずることとなりしため、古代のままの祝人《はふり》組織より一歩を進めたる政治組織を立てられ、神祇《あめつちのかみ》すなわち社稷《しゃしょく》を祀り、天神国社《てんじんこくしゃ》の差別を正し「農は天下の大本《たいほん》なり、民の以て生を恃《たの》むところなり」との聖詔《せいしょう》を発せられ、一面に開墾灌漑、一面に舟航《しゅうこう》運輸の利を興し、民業を寛《ゆる》うして教化を勧め、その自然の漸化を誘め給う永遠の大国是を定められ、これより漸次《ぜんじ》三韓魏晋の交通が開かれ、その後熊襲の乱、魏使の来朝等々あらゆる経過があって成務天皇の時に及び、さらに肇国の御制謨を正し、自治の成文立制が宣布されたのである。その大主眼は「民自ら治まらしめ、あえて習わざることを強いず」というにある。

しかして応神天皇仁徳天皇の御代ともなり、百済の帰順により三韓問題紛糾し、ついに高句麗の永楽大王と乾坤一擲の大戦争となり、かの勢威燕遼を圧せし永楽大王を挫き、その請和《せいわ》を容れ（永楽大王碑及諸蕃志参照）、帯方一百三十七県の君民全部の帰化となり、ことごとくその人民をわが国に迎え入れ、一大文化の源を開かれ、「天の君を立つる、もと百姓のためのゆえなり、ゆえに君は百姓を以て本となす」との聖詔を下し君民共治、公同協和の皇謨《こうぼ》を正し給い、承けて雄略天皇に至り、一大更新の御断行があって、民政を統制せられ「朕が小心おのれを励む、日一日より慎むゆえんは、けだし百姓のためのゆえなり。義はすなわち君臣、情は父子を兼ぬ。臣《おみ》、連《むらじ》、伴造《とものみやつこ》、国造《くにのみやつこ》、国司《こくし》、郡司《ぐんし》等、庶幾《こいねがわ》くは朕が百歳の後、なんじ等の力を藉《か》り、普天の下をして、永く安寧を保たしめよ」との御遺詔《ごいしょう》を留めさせられ、継体天皇には応神天皇の御真統を以て御登祚遊ばされ、社稷御体系の聖旨を以て「一夫耕せず天下あるいはその饑《き》を受けん、一婦織らず天下あるいはその寒《かん》を受けん……」このゆえに「宗廟《そうびょう》を奉じて社稷を危《あや》うせざるを得んや」と宣せられ、ひとしお祭政の儀範《ぎはん》を固め給い、この明治天皇の御宣命中にある「御代御代の御定め」たる公民を本とせる共治の御制謨を昭らかにせられ、その後蘇我氏の横虐時代を過ぎ、大化大廓清の御決行があって「それ天地の間に君となり、万民を宰る者は、独制すべからず、これを以てわが皇祖は、卿等が祖考と共治す、朕また神明の保佑により、卿等と共治せんと欲す」との聖旨を宣せられ、上古以来承続体継遊ばされたる、列聖の御制謨に遵由して、公同の政化を開かせらるべきことを、誓明遊ばされたのである。

すなわちこれが明治天皇御即位式の宣命に、「近江大津の宮の御法のままに」と特記され賜いしわが政典の根基である。そこで万機公論に決すという御誓明となり、さらに進んでこの精神が、現代における衆議院の開設となって現われたことは、極めて順序ある漸化といわねばならぬ。

すなわちこれを太古の神話にある天安河原神集《あめのやすかわらのかんつどい》に、貧《ひん》の神も福の神も、すべて平等の発言権を以て協睦和修《きょうぼくわしゅう》の準縄《じゅんじょう》を定め、最も勇敢に最も快闊に、暗黒世界の打開に努力してその一大祥運を開きしは、もとよりこれを今日の衆議院の整頓に比すべくもないが、しかしこの国難来《こくなんらい》に際して党閥党利に拘泥し、饒々擾々《じょうじょうじょうじょう》たる有様は、もとより公同共治の聖旨を奉体せる者とは見受けられぬ。

第五節　官治の変制より復制

近江朝倒覆の後、歴朝承続され来たりし公同共治の御制謨は、天武天皇十年壬午《みずのえうま》の御詔命《ごしょうめい》により、官治仏権の政策に変更され、皇孫に当たらせらるる文武天皇に至り、大宝令の御準定を見ることとなり、それより天平時代の仏法昌盛の時代を経過して、僧道鏡の問題が起こるまで、およそ九十七年の間、官治施政が十分に試みられたのであったが、上下の調和宜しきを得ず、郡邑大いに困弊し、餓孚道塗《がふどうと》に充つるの情況となり、大運また変じて光仁天皇の御登祚を拝することとなった。

天皇は天智天皇の曽孫に当たらせられ、ここに天運循環して、共治の公典を復し「当今の急、官を省き役を息《や》め、上下心を同うし、倉廩《そうりん》を充たすにあり云々」の詔を下し賜い、続いて桓武天皇の御嗣立となり、平安城遷都を決行され、延暦三年「民はこれ国の本なり、本固ければ国寧《やす》し云々」の大詔を発し、土地兼併を禁止せられ、嵯峨天皇に及び、さらに民物の独占を禁断せられ、大いに近江朝の遺謨を昌宣されしも、外戚権力の根底と仏教勢力の凶威は、ついに叡旨を阻み民情を遮り、延喜天暦の時に移り、歴世御体継の公典はわずかに儀式のうちに存し、皇朝次第に式微し、荘園繁栄時代となり、窮民忿起時代となり、後三条天皇の時に至り、万機御親裁を以て庶政御《ご》恢興《かいこう》ありしも、不幸在位四年にして崩ぜられ、また変じて院政時代となり、摂関の権ほとんど頽《すた》れ、さらに変じて平氏の勃興となり、ついに鎌倉幕府の創設となり、極めて変則的なる自治尚武の組織が起こった。

由来公同自治の政理を捨つれば、決して国の統制は立てられぬ。かの鎌倉幕府の構成が、いかに変則的なりしにもせよ、その民政に至りては「民の自ら治まるところに随ってこれを治む」という公例の機要点を握り、制度家の泰斗たる大江広元が古今の事例を探究して施設せしところなれば、藤原氏の摂関政治のごとく浮弱極まるものではなかった。これが北条泰時、時頼などの人傑を出だし、また元軍の来寇に対し、世界無比の武威を発揚せし原因である。その大体は拙著の『自治民範《じちみんぱん》』および『八隣通聘攷《はちりんつうへいこう》』に掲出せるゆえ、ここには省略する。

それより建武中興となったが、これは遺憾ながら公卿将士の権勢争奪に瓦解し、ついに民衆の潜在本念の発煥《はっかん》を掩滅《えんめつ》し、室町幕府の不統制極まる組織より、織田氏、豊臣氏を経て江戸幕府に及び、外面は鎌倉幕府に類似せしも、民治のことはまったく似よりもつかぬ有様を以て、安政、慶応の時に至り大政復古の宣命を拝することとなった。

この間の経過において、わが地方郡邑《ぐんゆう》の自制自治に固成されたる尚俗の潜在が、いかなる柔化策にも、いかなる抵圧力にも、これを滅尽し竭《つく》されなかったのは、必ずそこに深き根底ありしことを考えらるる。

すなわち大化廓清、後三条朝における御親裁の思召が、民心に大なる波動を与え、かつ鎌倉幕府の自治尚武の施政が、挙国大衆に歓迎されたる沿革を押して、明治天皇復古御大業の宣命が、上下約束のごとき結果を挙げしことを審考すれば、現在においてもわが国民のどこかに、過去幾千年の間に固成されたる尚俗本念の潜在なれば、その凝滞鬱結《ぎょうたいうっけつ》して、意外の症状を起こすこともあろう。

ゆえにこれを疎通し、これを調斉《ちょうせい》し、これを放瀉《ほうしゃ》することも症状変化の場合に処する按排《あんばい》であらねばならぬ。しかし陋劣なる医者もおり、狡猾なる占者もおり、誤診誤治の結果に人命を弄ぶようなこともある、大いに戒慎すべきである。

第六節　公典破壊の妄論

この明治天皇宣命の聖旨が、天智天皇の御遺謨たる君民共治の公典に法らせられ、しかもこれが列聖御代御代の御定めであると仰せ出だされ、これより万機公論に決すとの御誓明があって、衆議院の開設となっておる。

すなわちその御代御代の御定めを以て、列聖の御体継遊ばされたる御聖謨を、近江朝を中心として前古に遡り、後世に推し下りて例證すれば、大体前述のごとき的確なる證左を得られ、なおそのほかにも幾多の考拠があるのである。

しかるにこのころに至り、意外にもわが国体論に倚托《いたく》せる一部の学者がその官治主張を強調するのあまり、ついに成俗の公例を失却して近江朝制を誹謗し、ひいてこの宣命の聖旨を傷《やぶ》る者も現われ、これに付和雷同して各種の運動も起こっておる。しかもこれに対し当局者は何らの注意も加えないようである。むしろある方面には、その位置身分をも顧みず、これに賛同せる者もあるやに聞く、実に譎恠至極《きっかいしごく》である。よってここに某博士の議論の数節を摘出し、諸君の考察を需《もと》めよう。

中大兄皇子と中臣鎌足は、いかなる思想を抱いておったろうか。御存じのごとくこれらの両偉人は、ともに南淵請安《なんえんせいあん》の弟子であった。南淵先生は帰化漢人の子孫で、儒者でありますから。したがって儒教には通じていたに違いないが、日本の昔ながらの生命となっている神道について信仰も体験もなかった人と見なければならぬ。この南淵請安が二人の先生でありますから、その教えたところのものは儒教思想であったに相違ない。沙門旻《びん》法師、高向玄理《たかむくのげんり》、両人も帰化漢人の子孫で遣唐留学生である。漢唐経術の蘊蓄《うんちく》は豊かであったが、ともにわが国の古道に通ぜざりし者と考えねばなりませぬ。

叙上の事実を綜合してみますれば、吾々は明瞭に大化革新の思想的背景を看得することができます。大化革新はその初めにおいては、実に儒教的精神によって行われたものとしなければなりませぬ。

それは孝徳天皇紀が證拠立てております。「天皇、皇祖母尊《こうそぼそん》、皇太子、大槻《おおつき》の樹の下に、群臣を召集めて盟《ちか》わしめ玉う」とあります。天皇が庭前の大樹の下で群臣とともに盟うというようなことは、純乎たる支那流のやり方で、わが国では空前であり絶後であります。

この時の誓盟の辞は、恐らく僧旻と高向玄理の手に成れるものと思いますが、これまた明らかに支那思想であります――「天神地祇《てんしんちぎ》に告げて曰く、天は覆い地は載せ、帝道唯一《ていどうゆいいつ》なり。しかるに末代澆薄《まつだいぎょうはく》、君臣序を失えり。皇天、手を我に仮し、暴虐を誅し殄《た》てり。今共に心血を瀝《そそ》がん。今より以後、君に二の政《まつりごと》なく、臣は朝に貳《そむ》くことなし。もしこの盟《ちかい》に貳かば、天災《わざわい》し地妖《よう》し、鬼誅《ちゅう》し人伐《う》たん。皎《いちじるし》きこと日月のごとし」。

文中に「皇天、手を我に仮し」とあるは、商書の伊訓に「皇天降災、仮二天於我有命一」とあるのから採ったもので、天神地祇もわが国の「あまつかみ」「くにつかみ」ではなく、支那的のものであります。わけても「帝道唯一」というのが、言葉からして純支那的理想であります。日本の天皇は「天神にして皇帝」であります。この天皇から「あまつかみ」たる神格を奪い去ったのが、支那風の君主思想であります。それでここにも帝道などと申しております――。

またその左右大臣に下させられたる仰せに「まさに上古聖王の跡に遵いて天下を治むべし。またまさに信をもて天下を治むべし」とある。これまた非常な詔と申さねばならぬ。

なぜならばここに上古の聖王というのは、神武天皇のことでもなければ、応神天皇のことでもない。わが国の皇祖皇宗のことでなしに、支那の聖王のこと、堯舜禹湯文武《ぎょうしゅんうとうぶんぶ》のことでであります。すなわち支那の先王の道を遵奉《じゅんぽう》して政治を行おうというのである。

それから「信をもて天下を治むべし」というのは一層驚くべき詔である。支那では有徳作王《さわ》主義でありますから、君主は有徳のゆえを以て命を天に受けたことを民に信じさせなければなりませぬ。ゆえに民に信を示すということは、最も肝要なこととされておる。さりながらわが国では、神武天皇の御子孫として皇位に即くということが無上絶対の信であって、孝徳天皇が神武の裔として天津日嗣の位を継がれたそのこと以外に、またそのこと以上に、信を民に示す必要も方便もないのであります。

満朝みなこれ儒教主義者であります。その間にありて日本の古道を主張して断乎として譲らなかったのが、左右両大臣であり、主として論難力説に努めたのが、右大臣蘇我石川麻呂である。恐らく非常な激論の後に、幸いにも石川麻呂の精神が勝利を得――この様子は日本書紀には載っていないけれども、瞑目して追想すれば、その時の光景がありありと浮かんでくる――「まず以て神祇を祭り鎮めて、しかるのち、まさに政事を議《はか》るべし」ということになった。

神祇を祭り鎮めるということは大嘗会《だいじょうえ》を行うことで――歴代の恒典、即位式と併せてこれを御大礼と呼ぶほどの重大なる儀式であるのに大化革新の当初は、即位後一箇月を経てもその用意さえもせぬという有様であったのであります。この石川麻呂の奏上によって、初めて人を遣わして悠紀《ゆき》主基《すき》を定め、その準備に取りかかられた。これは驚くべきことと申さねばなりませぬ。大化革新が支那的理想によって行われたことは、この一事が最も有力に立證しております。

これらの史説に尾鰭《おひれ》をつけたる議論が八方に唱道されているが、予は強いて人と議論を上下することを好まぬゆえ、ここにわずかにこれだけを掬み、その一、二の注意点を指示しておくのである。

本論の要旨は、大化の御制謨は、南淵以下の諸謀臣のすべてが支那の帰化人、もしくは儒学を修めたるものなるゆえ、支那思想により施設され、わが日本古来の公典を拋棄《ほうき》したものであるというその博士の一家見にして、その一家見の論證は、漢唐学術を修めた彼ら謀臣のすべてはわが国の古道を知れる者でない、と最も大胆に断定されておるが、その南淵請安、中臣鎌足、高向玄理等の諸謀臣が儒学に通ぜしや、はた国典に通ぜしや、もとよりこれを実證すべき何らの文献もあろうはずがない。

これ博士が苦しくも、当時の御誓辞に対し、陛下が群臣とともに盟わせらるるということは「純乎なる支那流にして、わが国では空前絶後である」と叫び、しかもその文辞が支那の出典ある文字なるゆえ「純支那理想」となし、左右大臣に下されたる仰せに上古聖王とあるに対して、支那思想の持主なれば、このいわゆる上古聖王と仰せられたるは日本の皇祖皇宗ではない、支那の聖人を指せるものと強弁して、陛下の御神格ないし御大礼に及ぶ言議をなし、大化の御制謨をまったく「支那的理想」によって行われたものと決定されしは、実に甚だしき不謹慎かと考えらるる。

第一、御誓盟のことは、上代以来祭祀に現われ、上は神祇より宗室以下万民に対して信を示し賜う公典である。これをも支那式として拒斥《きょせき》するとせば、わが国古来の祭祀典礼は、いかなるものであるか。

第二、出典ある周漢文辞は、橿原朝の御詔令《ごしょうれい》中にも『申太考《しんたいこう》』『蒙以養正《もういようせい》』等々最も重要なる主眼点に摘用され、爾来御歴代周漢文辞を以て史冊を埋めておる。しかも特に大化においてのみ、周漢文字を摘用さるれば、わが日本の公典を棄てて支那式となるわけであるか。

第三、御即位式の始まりしより以来、御践祚多く一年以上を経て御挙行あるは、大嘗祭に新穀を供する典例とこの間に御喪忌《ごもき》を過ごさせらるるためである。しかるに博士は「大化革新の時は一ヶ月を経てその用意さえもせぬという有様であった——石川麻呂の奏上によって、始めて悠紀主基を定め、その準備に取りかかられた。これは驚くべきことと申さねばならぬ。大化革新が支那的理想によって行われたことは、この一事が最も有力に立證しております」と云うておるが、石川麻呂が御即位式について奏上せしなどは歴史上影だに見えぬことである。

博士は「瞑目して追想すれば、その時の光景がありありと浮かんでくる」などと云うて、この幻想を論拠としておる。もとより御践祚当初、それらの御準備ありしや否やも何らの考拠ないことで、これをその幻想を以て「その用意さえもせぬ」と断言せるは、これこそ実に驚くべきことと申さねばなるまい。

第七節　公典遵由の政理

わが上世以来の尚俗に遵由して、橿原朝御創開の第一着に、御誓明あらせられたる鳥見山の御祭典――これより列聖の御体継を以て民を本とせる公典、その公典に随うところの政理は、大化に至り「天地の間に君となり万民を宰る者は独制すべからず、すべからく補翼を仮るべし、これを以てわが皇祖は、卿等が祖考と共治す、朕もまた神明の保佑により、卿等と共治せんと欲す」との御詔旨《ごしょうし》により、一層明確となり引きつづきこれを歴世祭典に承継されて、明治天皇御即位式の宣命となり「衆助仕奉《もろもろたすけつかえまつれ》」との御誓明を拝することとなって、君民共治の公典を、万機公論に決すべき具体組織に、欧州の立憲組織を応用さるるまでに進んだ。

かくのごとき好転の継続を認めずして、大化新制は日本の皇典にあらず、支那式なり隋唐の模擬なり摸倣なりと唱道し、あえて強力なる独制政治の必要を説き、甚だしきに至りては、衆議組織を否定する者を見るまでになったのは何ゆえであろう。これわが大小の官吏公人ないし教育家宗教家等の多くが、固く官僚観念に囚われ、目前の利害得失に拘泥し、わが国の高遠至正なる君民共治の公典を、文運進歩の順序に随い、理解体得することを怠りし結果ではあるまいか。

もしこの歴朝列聖の御体統《ごたいとう》によりて伝承され、殊に明治天皇復古御親政の聖旨が、昭らかに近江朝制に遵由して万機公論に決すべき、厳然たる御誓明あるを顧みず、不謹慎にも誣妄荒誕《ふぼうこうたん》を擅《ほしいまま》にし、近江朝制を以て、隋唐の摸倣にしてわが皇家の正典にあらずと論じ、その聖旨を破却せんと擬するは、これを一面より見れば、酷《はなは》だ陰険狡猾なる国体変更の鼓吹である。

しかしながらここに醒覚して、政治家たり、陸海軍人たり、はた学者たり、公人たる者がよくこれを聖旨に鑑みるところあれば、涜職濫行《とくしょくらんぎょう》、非違辱節《ひいじょくせつ》等々のあらゆる弊事は、ある程度までは自然に掃清《そうせい》さるるものである。

さらに終わりに臨み、かの近江朝制を以て、隋唐の摸倣となせる一事を弁じおこう。いわゆる摸倣とは、その本性本体を棄てて、他をまねることである。近江朝においては決してそんなことはない。ただ前代よりも一歩を進めて、審密に厳格に、よく彼の文物を応用適用されただけである。応用適用は、その本性本体を推し立てて、他の文物を取り入れ、これを活用することである。そこに近江朝制と大宝律令との、根本的に相違ある点がある。

大宝律令は、あるいは模倣と見れば摸倣とも見られようが、これにしても基礎本質を失うたものではない。いまこれを明治以降のわが欧州制度に準拠せし現行法度《ほうど》について考うるも、その御誓明当初においてはもとより応用適用であったものが、末を逐《お》うて本を忘れた結果に生れたものは多く摸倣に堕したのである。これがこの最も大切なる明治天皇御即位式の宣命まで忘却して、国典を論議する博士を出だし、これに多数の付和雷同者を出だすまでになったわけではあるまいか。

よって予はわが前世諸碩学が、近江朝制の聖旨に遵い、痛く官治独制を誡《いまし》め、君民共治の政理の本源を、上世の自然而治《しぜんじち》に討《たず》ね、成俗の漸化すなわち順序ある進歩を押し、その代わり移るに随って新たなるべき、千古不磨の公典を正せしゆえんを弁じ、これを諸公に質しおくのである。

内田樹（うちだ・たつる）
1950年、東京都生まれ。思想家、武道家、神戸女学院大学名誉教授、凱風館館長。東京大学文学部仏文科卒業。東京都立大学大学院博士課程中退。専門はフランス現代思想、武道論、教育論など。『私家版・ユダヤ文化論』で小林秀雄賞、『日本辺境論』で新書大賞を受賞。『ためらいの倫理学』『寝ながら学べる構造主義』『レヴィナスと愛の現象学』『先生はえらい』『武道的思考』『死と身体』『街場の文体論』など著書多数。

日本型コミューン主義の擁護と顕彰
権藤成卿の人と思想

2025年4月13日　第1刷発行
2025年6月14日　第2刷発行

著　者　内田樹
発行者　南丘喜八郎
発行所　株式会社　ケイアンドケイプレス

〒１０２－００９３
東京都千代田区平河町２－１３－１
読売平河町ビル５階
ＴＥＬ　０３－５２１１－００９６
ＦＡＸ　０３－５２１１－００９７
印刷・製本　中央精版印刷　株式会社
乱丁・落丁はお取り替えします。

ISBN　978-4-906674-88-6
2025 Printed in Japan